Antropologia e Política

Ernest Gellner

# Antropologia e Política

## *Revoluções no Bosque Sagrado*

Tradução:
RUY JUNGMANN

Consultoria:
RENATO LESSA
*Professor e diretor-executivo, Iuperj*
*Professor-titular de ciência política, UFF*

Jorge Zahar Editor
Rio de Janeiro

Para Raymond e Rosemary Firth

Título original:
*Anthropology and Politics*
*(Revolutions in the Sacred Grove)*

Tradução autorizada da primeira edição inglesa
publicada em 1995 por Blackwell Publishers,
de Oxford, Inglaterra



Capa: Carol Sá

CIP-Brasil. Catalogação-na-fonte
Sindicato Nacional dos Editores de Livros, RJ.

G282a Gellner, Ernest, 1926-
Antropologia e política: revoluções no bosque sagrado/Ernest Gellner; tradução, Ruy Jungmann; consultoria, Renato Lessa. — Rio de Janeiro: Jorge Zahar Ed., 1997

Tradução de: Anthropology and politics
ISBN 85-7110-386-0

1. Antropologia. 2. Ciência política. I. Título

97-0361 CDD 301
CDU 301

# SUMÁRIO

# Prefácio

A antropologia é inevitavelmente política: ela invade a política em vários aspectos. A antropologia teórica não pode deixar de implicar uma visão do que somos, do que nossa sociedade é e do que pode vir a ser: os limites de formas possíveis de organização social constituem evidência crucial no que diz respeito a aspirações políticas, sejam elas sensatas ou absurdas. Eles nos dizem o que está e o que não está ao nosso alcance.

Mesmo que a prática da grande teoria tenha sido mantida em estado latente, toda obra importante na área da antropologia acarreta implicações para essa disciplina e a teorização em si forçosamente voltará à tona, se é que, na verdade, já não o fez. No marxismo, é claro, teorias sobre o homem e a sociedade primitivos ocupam um lugar importante, aliás essencial ao sistema total das idéias; sem elas, o marxismo teria permanecido incompleto. Hegel pode ter inspirado o marxismo, mas foi Morgan quem o completou. Só a teoria do comunismo primordial poderia explicar exatamente por que o homem tinha uma essência coletivista e por que permaneceu alienado durante a era de outras formas sociais. Freud, por sua vez, teve que relacionar sua visão característica da condição humana (e, neste caso, sua mitigação, e não transformação final) com uma teoria sobre o que havia acontecido aos nossos ancestrais no caminho para chegar ao superego.

O próprio processo que provocou a suspensão temporária da grande teoria teve em si mesmo raízes políticas profundas. Na Grã-Bretanha, a revolução malinowskiana — que continua a definir o *status quo* na disciplina — nasceu da transferência de práticas da Europa oriental para o Ocidente e do processo de dotá-las de fundamentos lógicos ocidentais. O antropólogo ocidental foi um homem inspirado pelo darwinismo a estudar a história pré-letrada da humanidade; o etnógrafo europeu oriental foi um homem inspirado pelo amor à sua nação (não raro, apenas parcialmente formada) a estudá-la, codificá-la e, dessa maneira, defender a sua cultura. O antropólogo russo era um homem que preenchia seu tempo no exílio na Sibéria. O europeu oriental "ia ao povo" e aceitava apaixonadamente sua cultura, como uma totalidade. Bronislaw Malinowski pegou esse estilo populista-nacionalista de pesquisa étnica, transplantou-o dos Cárpatos para Trobiand, dotou-o de um fundamento lógico ultra-empirista e quase biológico, que havia aprendido com Ernst Mach, e deu-lhe o nome (no início, em tom de brincadeira) de *funcionalismo*. Separando a etnografia da história especulativa, contudo, separou-a também de sua utilização como propaganda nacionalista...

Recentemente, a virada hermenêutica na antropologia vem sendo ligada à expiação da culpa colonialista, que incluía a antropologia funcionalista como cúmplice do crime. Em conseqüência, todos os que tinham dúvidas sobre as alegações sem controle e irresponsáveis da antropologia interpretativa foram transformados em imperialistas *ex post facto*. A ânsia de considerar a ordem social como artefato da cultura, de interpretar o sistema de idéias, e não flagrantes determinações, como o fator realmente crucial — essa esperança tem múltiplas raízes, além de expiar o crime do colonialismo pelo relativismo total. Os idealistas, sob novos nomes, permanecem entre nós e podem ser ouvidos, em alto e mau som. Esse debate poderá ainda estar conosco por algum tempo.

O colapso do comunismo e a conseqüente desestabilização de tantas fronteiras do Leste europeu aumentaram em muito, é claro, a intensidade do conflito étnico. O conhecimento especializado de *cultura* do antropólogo, que em grande parte define etnicidade, transformou-o em oráculo natural nessa área-problema. Mesmo antes da dissolução e mesmo da liberalização da URSS, o falecido Yulian Bromley, na ocasião o czar da etnografia soviética, esforçou-se para transformá-la em serva da política relativa às nacionalidades. Sua luta para elaborar uma tipologia válida dos grupos étnicos constituiu, em parte, uma tentativa de justificar com uma base objetiva e erudita a hierarquia, politicamente determinada e inerentemente contingente, das unidades e subunidades constituintes da URSS. Em outro contexto, discuti as relações entre antropologia e nacionalismo (*Encounters with Nationalism*).

É complexa a carga política da antropologia. Qual o peso relativo das limitações culturais, econômicas e coercitivas na vida social? Devemos aceitar a tendência idealista curiosamente persistente (ora operando sob novos nomes, tais como hermenêutica, interpretivismo, desconstrução, pós-modernismo) que tornaria a vida social um reflexo de nossos *significados*? A obrigação que temos de respeitar todos os homens nos obriga também a considerar todas as idéias como igualmente válidas (alegação esta absurda, em minha opinião)? Quais as ligações autênticas entre antropologia, política e literatura?

Sem a menor dúvida, os temas que as ligam entre si são ainda mais numerosos. E é justamente esse conglomerado de questões difíceis que estudamos sistematicamente nestes ensaios.

ERNEST GELLNER
Universidade Centro Européia, Praga
Novembro de 1994

# Agradecimentos

A maioria destes ensaios foi escrita enquanto lecionava no Departamento de Antropologia Social da Universidade de Cambridge, e no Centro de Estudos do Nacionalismo na Universidade Central Européia, em Praga. A preparação final deste volume foi feita em Praga. Tenho uma dívida especial com Sally Hames, do gabinete do Vice-Provost, King's College, Cambridge, e com Sally Reynolds, Margaret Story e Humphey Hinton, do Departamento de Antropologia Social, Cambridge, pela grande ajuda. Na UCE, sou particularmente grato ao apoio de Robin Cassling, Vlasta Hirtova, Anne Lonsdale, Eric Manton, Jitka Maleckova, Jiri Musil, Al Stepan, Sukumar Periwal, George Soros, Claire Wallace e Gaye Woolven. Sem a generosa ajuda bibliográfica de Ian Jarvie, é improvável que eu tivesse sido capaz de reunir esta ou, na verdade, qualquer outra coletânea de ensaios. Durante esse período, contei também com o benefício do apoio da Nuffield Foundation e de Patricia Thomas, e do ESRC e de Sir Douglas Hague. Sandra Raphael revelou-se uma admirável organizadora dos textos e foi grande o meu prazer em trabalharmos juntos.

As fontes dos vários capítulos são as seguintes:

1. "The Uniqueness of Truth", conferência proferida na Universidade de Cambridge, King's College Chapel, domingo, 31 de maio de 1992. Publicado também separadamente pelo King's College, Cambridge, e reproduzido com o título "Squaring the *ménage à trois*", no *Times Literary Supplement*, n. 4661, 31 de julho de 1992, p.13-4.

2. "The Politics of Anthropology", *Government and Opposition*, 23, 1988, p.290-303. Versão modificada de "The Stakes in Anthropology", *American Scholar*, 57, n.1, inverno, 1988, p.17-30.

3. "Origins of Society", em A.C. Fabian (org.), *Origins. The Darwin College Lectures*, Cambridge, Cambridge University Press, 1988, p.129-40, e apre-

sentado como palestra especial na série *Origins*, no Darwin College, Cambridge.

4. "Culture, Constraint and Community: Semantic and Coercive Compensations of the Genetic Under-Determination of *Homo sapiens sapiens*", em Paul Mellars e Chris Stringer (orgs.), *The Human Revolution*, Edimburgo, Edinburgh University Press, 1989, p.514-25.

5. Especialmente escrito para uma nova tradução inglesa de *O mal-estar na cultura*, de Freud, Everyman's Library.

6. "Malinowski and the Dialectics of Past and Present", *Times Literary Supplement*, n.4288, 7 de junho de 1985, p.645-6.

7. "James Frazer and Cambridge Anthropology", em Richard Mason (org.), *Cambridge Minds*, Cambridge, Cambridge University Press, 1994, p.204-18.

8. "Pluralism and the Neolithic", resenha de *Vozniknovenie proizvodiaschevo khozaistva* (*O surgimento da sociedade produtora de alimentos*), de V.A. Shnirelman, *Man*, 25, n.4, dezembro de 1990, p.707-9.

9. "On the Highway to Perpetual Growth" (resenha de *People, Cities and Commonwealth*, de E.A. Wrigley), *Times Literary Supplement*, n.4406, 11-17 de setembro de 1987, p.980-2.

10. "An Ideological Might-Have-Been", em Barry Smith (org.), *Philosophy and Political Change in Eastern Europe*, La Salle, IL., The Hegeler Institute, 1993, p.29-46.

11. "An Anthropological View of War and Violence", em Robert A. Hinde (org.), *The Institution of War*, Basingstoke e Londres, Comminan, 1991, p.62-80.

12. "Tribalism and the State in the Middle East", em Philip S. Khoury e Joseph Kostiner (orgs.), *Tribes and State Formation in the Middle East*, Londres, I.B. Tauris; Berkeley e Los Angeles, University of California Press, 1991, p. 109-26.

13. "The Maghreb as Mirror for Man", *Morocco, the Journal of the Society for Moroccan Studies*, 1 n.1, 1991, p.1-6.

14. "Lawrence of Moravia: Alois Musil, Monotheism and the Habsburg Empire", *Times Literary Supplement*, n.4768, 19 de agosto de 1994, p.12-4.

15. "Anthropology and Europe", em *Social Anthropology: the Journal of the European Association of Social Anthropologists*, 1 parte 1, 1993, p.1-7.

16. "Anything Goes", *Times Literary Supplement*, n.4811, 16 de junho de 1995, p.6-8.

É reconhecida com gratidão a permissão concedida por organizadores e editoras para reproduzirmos aqui esses ensaios.

# 1
# O Caráter Único da Verdade

A peça *Huis clos*, de Jean-Paul Sartre, é a história de uma situação triangular na qual três personagens estão de tal modo relacionados entre si que cada um pode prejudicar o outro, mas também está condenado a ser prejudicado. A conseqüência é uma espécie de impasse de três pontas. Nenhum dos participantes pode fugir da situação, tampouco tem permissão para obter a paz da renúncia. Eles estão condenados a atormentar e a ser atormentados. É nesse tipo de contexto que Sartre faz a famosa observação de que o inferno são os outros.

Eu não gostaria de dizer se esse realmente é o paradigma da condição humana, se estamos todos presos em círculos de consciência mutuamente limitadores e pútridos, e se temos que permitir que outros nos cerceiem contra nossa vontade. Mas quando a questão é a atitude moderna em relação à *verdade*, parece-me que a situação contemporânea é triangular e de alguma forma similar.

Há três adversários principais, aproximadamente eqüidistantes entre si. Nenhum deles sozinho pode obter uma ascendência realmente convincente sobre os outros e libertar-se do deboche corrosivo da auto-imagem de, pelo menos, um dos outros membros da tríade. A coisa se parece muito com o jogo infantil de tesoura, papel e pedra: a tesoura corta o papel, o papel cobre a pedra, a pedra cega a tesoura.

Os três adversários ideológicos no cenário atual, tanto quanto posso julgar, são os relativistas, os fundamentalistas e um grupo que, por falta de nome melhor, chamarei de puritanos do Iluminismo. Sinto-me constrangido em designar esta última posição, uma vez que, entre as três alternativas, é a que mais se aproxima da minha, e desejo evitar um nome que já carrega uma carga positiva ou negativa. Um neologismo como o que escolhi, mesmo que seja ligeiramente cômico ou tímido, tem pelo menos a chance de entrar em cena sem enfrentar preconceitos de nenhum dos tipos.

Comecemos com os relativistas. Eles são importantes e numerosos nos bosques da academia, em muitas das ciências humanas e sociais. Certamente são influentes ou, pelo menos, muito barulhentos, na disciplina pela qual sou pago para professar. Em seu repúdio a uma verdade única e exclusiva, eles alegam ter não só a verdade mas, também e acima de tudo, a virtude a seu lado. São presunçosos em sua vociferante condenação dos puritanos do Iluminismo. Consideram-se como os arautos ou herdeiros de um tipo de revelação invertida, que proclamou não a verdade única, mas a validade igual de todas elas. Essa nova igualdade de visões, eles dizem, ocorreu com a equalização dos homens, culturas ou nações e esteve intimamente ligada a isso. Tal equalização é seu alicerce e/ou seu fruto e a ela é indispensável. E *porque* os homens foram considerados desiguais, suas visões de mundo receberam um tratamento também desigual. E *porque* as visões foram tão odiosamente classificadas por ordem de importância negou-se aos próprios homens a igualdade... E será considerando-se todas as visões como iguais que conferiremos igualdade a homens e nações. Agora que viemos a reconhecer o igual valor de todos os homens, somos também obrigados a reconhecer a igualdade das visões: ou, se preferirem, já que não nos permitimos mais desconsiderar algumas visões, também não possuímos mais o instrumento conceitual necessário para subjugar os homens. A equalização das culturas também está ligada à dos sexos, e todos aqueles que contestarem essa posição correm o risco de ser marcados como patriarcas colonialistas ou imperialistas patriarcais. A busca por uma verdade única e que transcenda culturas está condenada ao fracasso. A própria idéia é um disfarce para a dominação. Descartes conduziu a Kipling. Sem Kipling, *ergo*, nada de Descartes.

Os relativistas tendem, de fato, a se apresentar completos, com auréola e tudo mais, e a expor seu ponto de vista não apenas como solução de um problema, mas como símbolo de excelência moral. Eles, na prática, são plenamente capazes de combinar seu relativismo formal com a adesão a uma tradição histórica que, durante a maior parte de sua história e para a vasta maioria de seus adeptos, não era de forma alguma relativista, mas sim profundamente absolutista, alegando ser a portadora de uma única e exclusiva salvação. O *slogan* invocado, então, passa a ser "Na casa de meu Pai há muitas moradas". A insistência em um monopólio da verdade era um erro estranho à fé e *nela* não tinha lugar, como me explicou um desses ilustres relativistas absolutistas. Podemos apenas dizer que se, de fato, a reivindicação do caráter único da verdade é um erro de um observador externo, que ela só pode ser atribuída ao conteúdo interno autêntico da fé por uma má interpretação, então o erro em questão parece ter sido muito difundido e internalizado de forma profunda. Essa obrigação de propagar o evangelho parece ter sido parte integral do próprio evangelho. Se isso é um erro, então os missionários estão, todos eles, profundamente errados a respeito de sua própria fé. O que acontece às fés religiosas que incluem o proselitismo como obrigação? Estarão isentas da nova tolerância relativista?

Nossos relativistas são vulneráveis a muitas acusações: pedantismo, falsidade, incoerência, condescendência disfarçada (muito maior do que a que reprovam nos outros). Nosso mundo é, na verdade, pluralístico, mas baseado na dimensão única da verdade, no espantoso poder tecnológico de um estilo cognitivo específico, isto é, a ciência e sua aplicação. A ciência é cumulativa, não refaz seus passos e, nela, há um extraordinário consenso sem coerção. Ninguém sabe exatamente como isso acontece: o paradoxo é que enquanto a ciência em si é consensual, a filosofia da ciência, visivelmente, não o é. Mas embora a explicação do milagre científico não exista, ou seja de qualquer maneira discutível, o mesmo não acontece com o milagre em si. E todas essas numerosas culturas, cuja autoridade interna independente nosso relativista aprovaria, em sua ânsia para não se mostrar superior, elas mesmas aceitam que, pelo menos na esfera correta, a nova ciência é válida e se esforçam ardorosamente para adquiri-la. O relativista é culpado de contradição inúmeras vezes: não apenas sua própria posição é exposta de forma não-relativista e em linguagem não-relativa (e não abre espaço para si mesma), como ele também aprova outras culturas que, por sua vez, negam igualdade a outras — não raro de duas maneiras, uma ao reconhecer a autoridade da ciência e a outra ao atribuir caráter absoluto a alguma outra parte de si mesmos. Se a verdade só pode existir internamente a uma cultura e às suas normas, em que vazio interestelar ou intercultural nosso relativista articula seu ponto de vista? Não há lugar que ele possa ocupar...

Bem ou mal, a assimetria cognitiva do mundo em que vivemos é um de seus aspectos mais notáveis. Trata-se de uma dupla assimetria:

um estilo de cognição é imensamente mais poderoso do que todos os seus rivais e está transformando rapidamente o mundo. Mas esse estilo só opera de forma convincente em uma esfera da vida humana, sem delimitar com clareza as fronteiras de sua própria aplicabilidade.

Essa desigualdade de estilos cognitivos, note-se, *não* gera uma hierarquia de povos e culturas. Ela não é subproduto do equipamento genético de uma população específica. A população ou cultura onde esse estilo nasceu teria sido inteiramente incapaz de produzi-lo algumas gerações antes daquela em que isso realmente ocorreu. E, desde que surgiu, outras populações o adquiriram sem dificuldade e algumas delas ultrapassaram visivelmente os iniciadores da ciência, quando passamos à questão da aplicação tecnológica da nova ciência. O novo conhecimento não é o prêmio ou o símbolo de alguma superioridade geral. Não obstante, a assimetria do desempenho cognitivo e produtivo é o fator isolado mais importante em nosso mundo. Negá-la, sob a ilusão de que essa atitude favoreceu a causa da igualdade humana é, na melhor das hipóteses, uma autocomplacência absurda. Portanto, nossos relativistas não têm tanto direito assim ao seu halo e à sua complacência, como sugeriria o ar de superioridade moral que às vezes adotam. Mas como é que se saem seus rivais?

Vejamos o caso dos fundamentalistas. Eles nem sempre são considerados como inteiramente adequados à sociedade educada, mas não acho que esse esnobismo deva nos impedir de reconhecer a sua importância. Eles têm importância não apenas porque são numerosos e, em algumas partes do mundo, politicamente dominantes; possuem um argumento extremamente valioso: a verdade, de fato, importa. Ela não é multicolorida e frívola, nem está à disposição de qualquer ângulo opcional de visão.

O fundamentalismo é em parte uma reação a um tipo de ecumenismo relativista superficial, que promove a tolerância e a compatibilidade mútua graças ao expediente de destituir tacitamente a fé de seu conteúdo. O fundamentalismo afirma que, ao contrário, a fé e seu conteúdo devem ser levados a sério, que ela significa o que diz (e que a maioria esmagadora de seus adeptos no passado acharam que significava), em vez de apenas transmitir alguma troca anódina e inteiramente inespecífica de mensagens de boa vontade entre o homem e uma anônima e informe natureza das coisas, uma saudação codificada em algum tipo de alegoria mais concreta apenas para torná-la inteligível aos seus adeptos educacionalmente menos privilegiados. Se o fundamentalismo tem uma doutrina básica que o acompanha, ela se desenvolve mais ou menos assim: a menos que seja aceita literal e seriamente, a mensagem perde a capacidade de guiar e orientar o que dela se espera. Esse expurgo da fé é uma traição. Deve ser ruim viver de acordo com uma escala móvel de interpretações, recaindo em um mínimo vazio sempre que conveniente, em todos os casos em que é contestada, e subindo novamente quando circunstâncias favoráveis tornam possível uma suspensão das faculdades críticas. Essa situação não pode ser benéfica para a constituição moral.

Os fundamentalistas parecem estar prestes a predominar em uma das quatro zonas religiosas cultas nas quais se dividiu o Velho Mundo ao fim da Idade Média. Esta área, a Terra do islã, refutou a aplicabilidade geral da tese da secularização, segundo a qual o mundo moderno é incompatível com a dominação religiosa.

Ao contrário, o islã parece ter-se beneficiado com a modernidade: no passado, o islã era uma espécie de Reforma eterna, na qual os puritanos escrituralistas no centro erudito lutavam ciclicamente, como Sísifo, contra um criptopaganismo popular, sem jamais conseguir impor durante muito tempo sua própria visão à versão popular diluída. A centralização política e econômica imposta pelas condições modernas, ao corroer a comunidade local que havia favorecido a forma excessivamente material, "pagã" da fé, ajudou os reformadores puritanos a obter um sucesso maior e, ao que parece, mais duradouro e definitivo. Conseguiram, assim, uma vitória que jamais lhes foi concedida no passado. Isso significa que a indiferente sociedade ocidental, semi-secularizada, é obrigada a negociar com um vizinho importante que não compartilha de seus pressupostos. O Ocidente, claro, também tem seus fundamentalistas internos — embora não em posição tão dominante — e é obrigado, de qualquer maneira, a aprender a compreendê-los. Muitos dos nossos visitantes fundamentalistas têm deixado claro, nos últimos tempos, seu desprezo pelo sistema de crenças insípido, ambíguo, excessivamente conciliador, da sociedade visitada.

Os fundamentalistas têm um argumento contra os relativistas: vocês não são sérios, vocês não são coerentes, e seu ponto de vista não pode realmente dotar ninguém de uma convicção moral autêntica. Mas que acusação os puritanos do Iluminismo podem fazer contra os fundamentalistas?

A acusação é também, em última análise, de natureza moral, e poderia se desenvolver mais ou menos assim: nós compartilhamos de sua seriedade moral, compartilhamos da maneira como entendem a desonestidade, a displicência e as idéias contraditórias internas incluídas no relativismo; em suma, compartilhamos da opinião de que a verdade é única e importante. Somos apenas um pouco mais exigentes em identificar a verdade que merece tal respeito. A relação simétrica entre um princípio único por trás da totalidade das coisas e observadores individuais é uma lição que aprendemos, talvez bem demais, com vocês, ou com a tradição que defendem. Compartilhamos do apego de vocês à idéia de uma verdade única, de sua importância, e da antipatia por sua diluição, ao tratar todas as alegações rivais como equivalentes: mas, ao mesmo tempo em que compartilhamos da sua aversão por essa desvalorização inflacionária de idéias, não podemos aceitar quaisquer alegações assimétricas em favor de uma autoridade cognitiva localizada, denominada revelação. Claro, foi assim que a idéia da verdade única apareceu pela primeira vez no mundo: uma revelação exclusiva, ciumenta, supostamente monopolista substituiu a *détente* universal das religiões tradicionais, pré-escriturais, que haviam carecido de doutrina, que se contentavam em ser dançadas e não raciocinadas. Foi o ciumento Jeová quem ensinou à humanidade o Princípio do Termo Médio Excluído. Mas tendo aprendido tão bem isso, o utilizamos contra o próprio Mestre.

O puritano do Iluminismo, da forma aqui apresentada, não se sente tentado pela superficial posição relativista — embora possa apreciar a tolerância que ela parece recomendar — e, ao invés disso, compartilha com os fundamentalistas do pressuposto de que a verdade é única. Mas ele não acredita que a possua, ou que ela de fato possa existir com uma finalidade. Tudo o que existe são algumas prescrições processuais, imprecisamente definidas, sobre como o mundo deve ser investigado: todas as idéias, dados, indagações, são iguais; alegações cognitivas têm de competir entre si e comparar dados na base da igualdade e não devem ter o poder de construir visões autoconfirmadoras circulares. Há alguma afinidade entre esta, por assim dizer, ética cognitiva simetricista, e uma moralidade que insiste em tratar *pessoas* de maneira igual.

Mas também há, infelizmente, uma importante diferença entre a aplicação dessa imparcialidade às duas esferas: na cognição, ela pode alegar — além de qualquer atratividade inerente que possa ter — justificação pragmática por brilhante sucesso já alcançado. A tradição científica que se desenvolveu dessa maneira superou todas as suas rivais. Na esfera da conduta, não está claro se existe qualquer justificativa pragmática desse tipo. Afirmou-se, na verdade, que os que se comportavam dessa maneira eram os que geravam — e eram os únicos capazes de gerar — este excepcional mundo moderno: só um comprometimento desinteressado, religiosamente inspirado, com a conduta organizada, *por amor a ela mesma*, poderia gerar a mudança do domínio dos predadores para o domínio dos produtores que caracteriza os aspectos desejáveis de nossa sociedade. Mas não é inteiramente certo que isso seja verdade e nem é óbvio que todos agradeceriam a eles por esse progresso. Os românticos entre nós deploram a grande mudança. E, talvez mais importante, permanece obscuro se, tendo sido formado, o mundo moderno *ainda* defende o estilo que (de acordo com essa opinião) inicialmente o gerou. Desse modo, mesmo que uma ética de tratamento igual fosse, em termos pragmáticos, indispensável para a conquista da prosperidade industrial, logo que ela tivesse concluído sua missão poderia muito bem ser dispensável. Sendo assim, não pode reivindicar a autoridade de ser uma precondição do padrão de vida que todos nós estamos ansiosos para alcançar. A precondição do *nascimento* da sociedade científico-industrial talvez não seja a mesma que as precondições de sua perpetuação bem-sucedida: as duas podem mesmo estar em conflito.

Quais são os pecados do puritano do Iluminismo? A doutrina que ele defende é tênue demais, abstrata demais, distante demais do terreno e do concreto para despertar muito interesse nas massas ou para amparar alguém em uma autêntica crise. A idéia de que um tratamento imparcial e pulverizador da prova, junto a uma proibição da circularidade, levará, no fim, à compreensão correta da natureza (embora não saibamos ainda qual é esse tratamento), talvez seja verdadeira (sustento que é), mas ela não aquece o coração nem ajuda o homem a suportar uma tragédia ou a comportar-se com dignidade quando as circunstâncias se tornam intoleráveis. De modo que nosso filho do Iluminismo, rejeitado pelo relativista por sua alegada arrogância e presunção, será também ridicularizado — ou, com maior probabilidade, simplesmente ignorado como indigno de muita atenção — pelo fundamentalista, este agarrado a uma fé mais substancial e confortante, e não meramente formal, que lhe dá alguma orientação quanto ao mundo natural, social e moral em que vive...

O fundamentalista e o puritano do Iluminismo compartilham do senso de singularidade e respeito pela verdade; o PI e o relativista compartilham da inclinação pela tolerância; e o relativista e o fundamentalista compartilham de um mundo razoavelmente ordenado, habitável, em contraste com o árido vazio do mundo do PI. O relativista tem acesso até a um conjunto inteiro de mundos exóticos, que estão ao mesmo tempo discretamente ligados a todas as conveniências modernas.

Embora minha localização ou identificação nesse *ménage à trois* dificilmente possa ser posta em dúvida, espero ter descrito as duas posições que não são as minhas com simpatia e algum grau de compreensão, sem injustiças. Mas talvez isso não tenha muita importância: a sociedade e o ambiente em que atuo fizeram as pazes com os dilemas que tentei resumir acima. Seus métodos para lidar com esses problemas incluem escondê-los em uma espécie de obscuridade decente, que liberta o indivíduo de qualquer obrigação de esclarecer sua própria posição em qualquer grau maior de clareza, finalidade, ou comprometimento que possa desejar. Não lhe é exigido que se confesse aos demais e, na verdade, a si mesmo. Moral e politicamente muito poderia ser dito em favor de tal ambigüidade. George Orwell errou ao atribuir o *duplopensar* ao totalitarismo: o duplopensar tem um papel fundamental a desempenhar na sociedade liberal, facilitando uma mistura de convicção e tolerância. Um leve toque de fundamentalismo pode garantir que a mistura não será tênue demais, tão incorpórea que perca toda sugestividade moral; o ingrediente do Iluminismo impede a rigidez do dogmatismo; e o relativismo contribui para a tolerância e evita discussões desnecessárias. O coquetel pode ser temperado a gosto... A mistura revela notáveis paralelos com um sistema político bem amadurecido, no qual símbolos absolutistas privados de poder excessivo coexistem amigavelmente com poderes pragmáticos efetivos, privados de potência simbólica excessiva. Sabemos que um sistema político desse tipo funciona bem e só podemos desejar que terras menos afortunadas, apenas recentemente libertadas de um absolutismo secular, possam também alcançar uma versão do mesmo. Observamos, preocupados, os esforços que fazem para assim agir, em circunstâncias muito mais difíceis. Mas o fato de que isso possa funcionar na política não garante que funcionará também, a longo prazo, na ética e na cognição séria.

O compromisso parece ter funcionado bem localmente e é improvável que seja muito afetado por minha tentativa — a tentativa de um leigo admirador — de revelar seus segredos, procedimento este que talvez seja um pouco estranho ao seu próprio espírito. De qualquer modo, esse estilo não está localmente em crise. Mas, talvez, devamos pensar um pouco nas partes menos prósperas da Europa que, exatamente neste momento, atravessam uma autêntica crise.

O Iluminismo não trouxe uma única mensagem. Não se restringiu à doutrina simples e processualística — trate imparcialmente homens e provas —, que tentei expor nos seus termos mais simples. Incluía também uma variante mais sólida e ambiciosa, que argumentava que se um *ancien régime* supersticioso e opressivo baseava-se em falsidade e dogmatismo, então um sistema livre e tolerante se fundamentaria na *verdade*. Quando a tentativa de implementar tal reino da razão sobre a terra fracassou pela primeira vez, os que refletiram sobre esse fracasso esforçaram-se para oferecer um diagnóstico e um remédio. A mais famosa, influente e bem orquestrada versão das doutrinas que ofereciam tal remédio acabou se tornando uma nova religião mundial, a primeira formalmente secular, e esta também fracassou de forma espetacular, quase exatos duzentos anos depois da Revolução Francesa, que constituiu a primeira tentativa de implementar o Iluminismo. Se essa história possui qualquer moral evidente, é a de que o futuro não está em alguma contra-revelação secular, mas sim naquele relacionamento ambíguo, instável e contrafeito entre fé, indiferença e seriedade, que tentei descrever.

Sobre a analogia do sucesso relativo da solução conciliatória local, minha opinião sobre essa aguda e importante crise entre nossos vizinhos da Europa oriental foi, inicialmente, que a diluição da fé local pelo processualismo e pelo relativismo seria melhor do que seu repúdio ostensivo e a possível busca de uma nova revelação absoluta. Era isso o que eu sentia instintivamente. E descobri que estava errado. De qualquer maneira, não foi isso o que aconteceu. A estratégia de administrar a transição de uma revelação secular para uma sociedade de compromisso, mediante o uso de antigas instituições e de antiga imagística, mas privando-as da velha autoridade tirânica — essa estratégia não prevaleceu. Da maneira como se desenvolveram as coisas, o que aconteceu foi a imposição de uma descontinuidade brutal. Dado que não há uma fé clara para substituir a antiga, de que modo gerar uma ambigüidade conciliatória, se temos de fazer isso de imediato, sem poder esperar por um crescimento lento? Como, na verdade? A Europa ocidental precisou de séculos para progredir do absolutismo doutrinário para o compromisso ambíguo e tolerante e esse processo foi, em sua maior parte, espontâneo. A ideocracia suicida da Europa oriental está tentando conseguir o mesmo da noite para o dia e por decreto baixado de cima. Poderá isso ser feito?

A situação triangular com que iniciei este ensaio talvez seja, na verdade, uma bênção, se apenas tivermos permissão para vacilar entre as opções e não nos pressionarem demais. Talvez nossa principal preocupação deva ser por aqueles que enfrentam o mesmo dilema em circunstâncias muito menos favoráveis. Abençoados são aqueles que enfrentam apenas o nosso problema.

# 2

# A Política da Antropologia

A antropologia e a sociologia encontraram originalmente sua inspiração mais imediata em uma visão evolutiva, tipo Escada de Jacó, das sociedades humanas — a idéia do Progresso. As formas sociais eram vistas como localizadas ao longo de uma grande Cadeia do Ser, que por fim conduziria à salvação mundana por meios mundanos. Mas aí terminava a semelhança. A sociologia teve suas raízes em um evolucionismo principalmente histórico, segundo a opinião da geração de Condorcet e Hegel, de que a história humana é uma história de mudança cumulativa, e na esperança de que o modelo desse padrão de mudança constituísse a explicação do significado da vida. A história estava destinada a revelar o potencial interno e o destino da sociedade humana. Em contraste, o evolucionismo, que um pouco mais tarde, por volta de meados do século XIX, deu origem à antropologia, era acentuadamente biológico e veio a ser muito influenciado por Darwin.

A antropologia nasceu do desejo de estudar formas sociais antigas, ou "primitivas", na esperança de encontrar os elos entre o homem moderno e seus ancestrais, fundadores da humanidade. A história tornou-se complicada com o aparecimento, na terceira década deste século, da grande revolução malinowskiana. Bronislaw Malinowski substituiu James Frazer como antropólogo-paradigma, embora a morte de ambos na década de 1940 tenha ocorrido no curso de dois anos seguidos, mal dando tempo a que Bronislaw comentasse a morte e a importância de Frazer e, dessa maneira, indiretamente, a sua própria. Malinowski conservou a definição implícita da antropologia como o estudo das sociedades mais simples, mas vetou, com grande eficiência, a utilização de material reunido por essa pesquisa para a invenção de supostas linhas evolutivas de desenvolvimento.

Refutou tal tendência designando-a como "história especulativa". Daí em diante, a antropologia seria empírica, não especulativa.

Frazer havia sido um extraordinário evolucionista, coletando nos mais variados locais uma rica safra de fragmentos etnográficos. Retirados de seus contextos, esses fragmentos foram usados na pintura de um grande quadro da evolução da mente humana. Malinowski inverteu em dois sentidos essa orientação: insistiu no uso e, na verdade, na obtenção de dados etnográficos no *contexto*, e no emprego de uma forma de explicação que os relacionassem entre si, na unidade de uma sociedade *única*, ou em necessidades humanas, e não em alguma seqüência evolutiva. É isso o que se chama de "funcionalismo". A revolução malinowskiana dominou o Império Britânico e algumas outras terras no que poderia ser denominado de zona da libra malinowskiana. Malinowski também influenciou, mas não dominou, as antigas colônias norte-americanas.

## *O império malinowskiano*

O império malinowskiano sobreviveu ao império político do qual fora uma espécie de sombra etnográfica. Terras que não mais reconheciam a autoridade da Coroa em assuntos políticos poderiam muito bem hesitar em desafiar o Real Instituto de Antropologia em questões antropológicas. Alguns governantes de novos países, como Kenyatta e Busia, possuíam qualificações antropológicas muito apreciadas. Nkrumah, nos dias em que ainda tentava tornar-se conhecido como intelectual, sem desfrutar até então da vantagem de ser ditador, presenteou Audrey Richards, uma das mais importantes figuras da primeira geração de malinowskianos, com um par de meias de nylon, como se ambos fossem Companheiros do Profeta. Isso aconteceu nos anos imediatamente seguintes à guerra, quando as meias de nylon ainda eram uma raridade muito cobiçada. Vale acrescentar, porém, que Nkrumah comportou-se também de maneira igualmente cativante com filósofos britânicos.

Malinowski foi um típico produto da agitação intelectual dos últimos anos do Império dos Habsburgo. Neste sentido, lembra muito Hayek, Popper e Wittgenstein que, como ele, exerceram profunda influência sobre o pensamento em países de língua inglesa. Em termos aproximados, o Império dos Habsburgo se dividia entre o liberalismo cosmopolita da alta burguesia e as inclinações nacionalistas e socialistas de grupos étnicos, incluindo os que falavam alemão. A expressão filosófica do interesse dos primeiros era o ideal de uma Sociedade Aberta, individualista e cosmopolita, idéia esta refinada e tornada famosa por Popper. O interesse dos segundos expressava-se principalmente através do romantismo da *Gemeinschaft*, de uma comunidade fechada saturada por relações afetivas íntimas e delimitada por uma cultura idiossincrática que as sustentava e dotava de rica expressão simbólica. Professava seus sacramentos nos campos e no festival de aldeia, não no mercado livre, fosse este de bens ou de idéias. Hayek e Popper, claro, votaram pela *Gesellschaft*, ou Sociedade Aberta.

Wittgenstein, na sua denominada obra madura, entregou-se ao culto da *Gemeinschaft*, sob o disfarce muito curioso de uma teoria da linguagem e filosofia. Em uma forma codificada — embora não muito refinada — a teoria continha uma teoria da sociedade. Na juventude, Wittgenstein delineara as especificações de uma espécie de linguagem universal que, por ser universal, naturalmente não podia ser o meio de expressão ou emblema de qualquer único campo ou totem de aldeia: só podia ser o idioma autêntico de uma *Gesellschaft* universal, cujos membros se interessavam apenas pela asserção factual e pela forma lógica, e simplesmente não teriam tido meios para expressar qualquer idiossincrasia cultural. Nesta filosofia posterior, ou "madura", a linguagem tornou-se virtualmente incapaz de qualquer outra coisa que não isso. A opinião do Wittgenstein maduro implicava a idéia de que só poderíamos ligar cada língua a uma *Gemeinschaft* íntima e fechada. A linguagem era, e só *podia* ser, um conjunto de costumes de multifinalidade, embebida em uma "forma de vida" inevitavelmente idiossincrásica — a cultura. Não havia humanidade sem linguagem e nem linguagem sem *Gemeinschaft*. A *Gemeinschaft*, portanto, tornava-se a única forma possível de sociedade, excluída a possibilidade de qualquer outra coisa. A comunidade fechada possuía significados, e os significados a sustentavam. O significado era possível *apenas* na comunidade e só ele a tornava possível. Os membros da sociedade moderna, portanto, eram convidados a se comportar como se vivessem em uma *Gemeinschaft* e a procurar o caminho para sua própria comunidade íntima através da investigação da linguagem *comum* de sua própria sociedade. Ela lhes revelaria suas normas conceituais e seria sua salvação. Os numerosos adeptos de Wittgenstein aceitaram com alegria e entusiasmo esse extravagante convite. Nunca na história do pensamento humano tanto foi reclamado por tão poucos. O nãoenvolvimento cartesiano e a transcendência de laços sociais, através de pensamento pessoal e independente, foram declarados impossíveis. Wittgenstein apontou que a aspiração por algo diferente, por uma linguagem que transcendesse a *Gemeinschaft* era patológica, e pensou que, ao contrário de toda prova, seu próprio método filosófico poderia curar, e curaria, todas essas ânsias. Uma linguagem vinculada a uma comunidade fechada, e que evitasse toda e qualquer aspiração à transcendência, tornava-se, por conseguinte, a norma da saúde intelectual. Os que pensavam de outro modo estavam doentes, e ele, Wittgenstein, iria curá-los. Se o leitor acredita nisso, acreditará em qualquer coisa.

Wittgenstein foi muito original ao atribuir o impulso para o universalismo, para o cosmopolitismo cruel, como teriam dito alguns outros românticos, não ao imperialismo cultural francês, ao capitalismo inglês ou à conspiração judaica — candidatos populares a esse papel —, mas à alegada sedução da lógica formal e à teoria dos conjuntos. Wittgenstein, dessa maneira, deu à *Gemeinschaft* um novo e estranho inimigo e dotou-a de uma nova e bizarra justificativa. Essa atitude conferiu à sua posição um certo frescor que de outra forma lhe teria faltado, uma vez que isso teria sido apenas a reencenação de um velho romantismo, e lhe concedeu a atração que veio a despertar, na primeira geração para os filósofos e na segunda para os antropólogos.

Malinowski era originário de um meio formativo intelectual semelhante em muitos aspectos ao do vienense e com o qual, de qualquer maneira, tinha pontos em comum. As reflexões de Wittgenstein sobre como funciona a linguagem da *Gemeinschaft*, absurdas como sejam quando aplicadas ao *nosso* mundo e linguagem, são, na verdade, bastante sugestivas antropologicamente. Malinowski compreendeu muito melhor os respectivos papéis do discurso limitado pelo contexto e do discurso livre de contexto: em suas posições gerais, Malinowski foi melhor filósofo e, Wittgenstein, melhor antropólogo. Só quando este credita ao pensamento e linguagem modernos aspectos que só podem, com plausibilidade, ser atribuídos aos primitivos *e* crê, absurdamente, que isso gera a "dissolução" de nossos problemas, é que ele representa a regressão infantil da filosofia. Os problemas de nosso mundo complexo teriam de ser resolvidos fingindo-se que o uso que damos à linguagem, e, por conseguinte, à nossa sociedade, lembra o dos povos mais simples. O milagre da linguagem só pode ser explicado pelo milagre ainda maior da

*Gemeinschaft.* Dessa maneira, ambos são transformados em uma espécie de mistério final, inquestionável, autoritário, que terá de substituir qualquer aspiração de justificar nossas idéias mediante referência a algo externo. Os membros de uma sociedade aberta e crítica, portanto, são convidados a se comportar como se fossem membros de uma comunidade fechada e a consultar seus costumes tribais, da forma corporificada na fala comum. O que o costume verbal revela tem de ser final, uma vez que não podemos, simplesmente, ter nada além disso. Procurar esse elemento externo era uma doença que, após dois milênios e meio, afinal iria ser curada. A filosofia precisaria curar qualquer tentação de buscar tal alternativa. O espantoso é que essa estranha mensagem tenha sido recebida com entusiasmo.

Malinowski foi ainda mais original do que Wittgenstein no uso que fez dos elementos disponíveis em seu meio formativo. Recombinou, de uma maneira radicalmente nova, os elementos que haviam figurado no debate entre liberais e românticos. Os liberais haviam sido cosmopolitas: gostavam de postular *uma única* humanidade, real ou potencialmente racional, em todos os tempos e lugares. Os românticos valorizavam a diversidade cultural no tempo e no espaço. Apreciavam muito não só a variedade de culturas como a de períodos. Cultivavam um fino senso histórico, de continuidade e mudança, e, acima de tudo, de mudança lenta e dotada de sentido. Para eles, a percepção de lento crescimento orgânico complementava o reconhecimento da interdependência funcional das instituições (não que usassem tal linguagem), como havia acontecido no caso de Edmund Burke.

Malinowski reembaralhou essas cartas. Conservou a ênfase romântica na diversidade cultural no espaço, mas não no tempo. Repudiou a romantização da história. A interdependência funcional foi atribuída a instituições existentes na mesma época, mas não a instituições sucessivas. Malinowski adorava a idéia de que a história era apenas uma forma de mito, servindo a fins contemporâneos como, aliás, outras instituições. A experiência que teve dos nacionalismos rivais do Império Habsburgo deu apoio de sobra a essa opinião. Em sua antropologia, crenças sobre o passado deviam ser consideradas como "cartas constitucionais" de práticas correntes. Constituíam elas também um princípio metodológico ideal para o estudo de sociedades mais simples, que não possuíam registros confiáveis, ou mesmo registros de qualquer tipo. Permitia-lhe substituir a busca por "resquícios" do passado pela busca de *funções* contemporâneas. Tornou-se assim possível para ele derrubar a antropologia frazeriana em seus dois pilares centrais: na busca de um esquema histórico geral e no uso de prova fora do contexto. A história era irrelevante e, o contexto, de suma importância. Isso também lhe serviu politicamente: ele poderia continuar a ser nacionalista ou particularista cultural *e* internacionalista político, invulnerável à retórica histórica do nacionalismo. Não obstante influências posteriores relativamente secundárias — o estruturalismo e seus obscuros avatares tardios ou um atrasado e cansado marxismo, em sua maior parte parisiense — a antropologia social da ainda extensa zona intelectual da libra esterlina continua a ser, reconhecidamente, a mesma disciplina erigida por Malinowski.

No início, a antropologia fora definida em termos de seu interesse pelos povos primitivos. Esse interesse, no tempo de Malinowski, gerou um certo método e estilo, tanto de pesquisa como de explicação: a tendência para a ênfase no trabalho de campo, no contexto, na observação de interconexões sincrônicas. (Sua epistemologia é batista: acredita no conhecimento pela imersão total.) Mas logo que um estilo como esse é institucionalizado, codificado e dotado de fundamentos racionais, como enfaticamente foi o caso de Malinowski, ele adquire vida e autonomia próprias, independentes do interesse que inicialmente o gerou. É possível aplicar o método a outros campos que não o dos povos primitivos e criar para ele fundamentos que não são de forma alguma especificadamente relacionados aos povos primitivos. É possível, por exemplo, mostrar-se cético diante da fixação de historiadores e orientalistas em documentos por razões inteiramente independentes da ausência da escrita e de documentos entre os primitivos. Os antropólogos são os antiescrituralistas naturais das ciências sociais.

A melhor formulação da desconfiança geral em relação a documentos que conheço veio do relato de um homem que não era tecnicamente antropólogo e muito menos cientista social, embora sejam incontestáveis suas realizações como pesquisador: Kim Philby, o traidor britânico e espião soviético. Em uma autobiografia escrita em Moscou mas publicada no Ocidente — cito aqui de memória —, ele diz que o espião ingênuo e inexperiente é aquele que pensa que realizou algo de valor se conseguiu surrupiar um documento confidencial de, digamos, uma embaixada estrangeira. O documento em si não tem valor. Como podemos saber se não foi escrito por algum subordinado, ansioso para conquistar as boas graças do chefe, imitando-lhe as opiniões, e que o superior dificilmente se deu ao trabalho de ler? Como saber se não foi uma manobra em uma intriga interna, destinada a provocar uma reação e levar à adoção de opiniões inteiramente contrárias às que são defendidas no documento? O que *é* importante é poder conversar informal e demoradamente com membros da embaixada em questão e descobrir, na realidade, o que eles habitual e naturalmente pensam. Uma vez compreendido isso, torna-se fácil interpretar até pequenos sinais que nada têm de confidencial. Sem essa compreensão, sinais, vazamentos e documentos são, todos eles, inúteis.

É difícil pensar em uma formulação mais convincente e mesmo mais autorizada do fundamento lógico subjacente à "observação participante" antropológica séria, do que esse depoimento de um mestre da espionagem. Uma forte consciência do poder superior de um enfoque baseado em participação, e a percepção da interdependência entre instituições e significados, podem levar antropólogos a definir sua disciplina mais em termos de método do que de substância. Hoje, a antropologia pode ser puxada em direções diferentes por suas definições substantiva e metodológica. Ainda há algumas sociedades relativamente estáveis, mas elas não são primitivas. Há ainda algumas primitivas, mas elas não são estáveis. De modo que, ironicamente, os antropólogos têm probabilidade de se tornar historiadores de sociedades primitivas e, ao mesmo tempo, estudiosos contemporâneos imersionistas, por assim dizer, de sociedades desenvolvidas. Os que estudam os povos primitivos não podem mais dar-se ao luxo da fantasia do "presente etnográfico".

Há também aqueles que procuram definir e praticar a antropologia não em termos de povos primitivos, tampouco em termos de métodos de campo, mas de noções de cultura e significado. A preocupação inicial da antropologia com sociedades culturalmente muito distantes, "primitivas", levou naturalmente os antropólogos à preocupação com a questão de interpretar idéias e mentalidades bem exóticas. Tratar desse problema, como o do parentesco, constitui uma de suas especialidades profissionais, de modo que uma tendência, bem em moda na disciplina, inclina-se a transformar a noção de cultura, e a interpretação de culturas, em seu centro de gravidade. O selvagem não tem o monopólio de significados exóticos: se a decodificação ou a transmissão dessas significações, decifrando-se os sistemas que as geraram, é nossa habilidade especial, então ainda teremos muito o que fazer, mesmo que os selvagens se tornem raros.

## *Significado na América*

Nesta esfera, minha impressão é que a situação na América é muito especial e suscetível a assumir formas extremas. A América nasceu moderna; não teve de chegar à modernidade nem esta lhe foi imposta. Tem, no máximo, uma recordação muito vaga de qualquer *ancien régime.* Conforme notaram George Santayana e outros autores, a América é filha dos elementos mais extremados do que era em si um país excepcionalmente individualista e emancipado. Adquiriu autoconsciência na Era do Iluminismo, o que lhe deu um idioma natural e secular para codificar sua própria visão. Sustentamos que essas verdades são evidentes por si mesmas...

A Declaração de Independência Americana é um dos documentos mais cômicos e absurdos já escritos. Ainda assim, Thomas Jefferson não era, em qualquer sentido técnico ou comum, um idiota. Isso, porém, não impediu que ele e seus colegas afirmassem algo inteiramente absurdo — isto é, que aquelas idéias que, para 99% da humanidade teriam sido ininteligíveis ou, na melhor das hipóteses, blasfemas, heréticas e subversivas, eram na verdade *evidentes por si mesmas.*

Qual a explicação para essa tolice monumental por parte de homens, quanto ao mais perfeitamente inteligentes, sensatos, responsáveis e competentes? A explicação é simples. Eles consideraram que sua própria e incomum cultura era tão natural que a confundiram com a condição humana em geral. Um mundo individualista no qual os homens são livres para escolher objetivos e meios na base da eficiência parecia-lhes um mundo óbvio, um mundo em que todos os homens vivem como que por direito. Que outro mundo poderia haver?

Ora, acontece que esse não é o mundo em que todos os homens viveram ou no qual vivem, mesmo hoje. Ele é, bem ao contrário, um mundo muito excepcional, que emergiu simultaneamente em várias praias do Atlântico e em territórios vizinhos, de uma maneira que ainda não foi bem compreendida. A América não mudou muito, desde os dias dos Patriarcas, em sua tendência a considerar esse mundo como natural. A filosofia política, por exemplo, em seu recente renascimento, foi e está sendo exposta principalmente no que poderíamos chamar de estilo Mayflower. A sociedade e suas regras são formadas a partir do nada: o pensador individual é convidado a desfazer-se, pelo pensamento, de seus atributos e vantagens especiais, despojar-se de seu papel e posição sociais e utilizar sua nudez social como uma espécie de premissa, na verdade como uma espécie de exercício espiritual revelador da verdade, que lhe permitirá formular o tipo de ordem social que deseja e que possa aprovar. Supõe-se que o resultado desse experimento extraordinário tenha algum tipo de validade e autoridade geral. Presume-se, estranhamente, que os resultados desse exercício, quando executado por várias pessoas, serão convergentes, talvez mesmo especialmente determinados.

Para membros da maioria das culturas, esse experimento não seria nem remotamente inteligível. Mas esse fato não é em absoluto visível aos defensores deste que se tornou o mais recente método no pensamento social. Eles são, tal como os Patriarcas e o autor da Declaração, cegos para culturas. Essas verdades que sustentam ser evidentes por si mesmas... A América tende à cegueira em relação às culturas porque, no todo, aceita como natural sua própria cultura luminosamente individualista e a considera como manifestamente óbvia.

O que acontece com uma pessoa cega para a cultura quando ela, enfim, apreende a idéia de cultura, quando compreende o fato de que os sistemas de significados dentro dos quais vivem os homens diferem de forma radical e que nenhum deles é manifestamente excepcional, autojustificante, universal, evidente por si mesmo? Nesse sentido, *nenhuma* verdade pode ser declarada como "evidente por si mesma": essa evidência por si mesma é a sombra de uma cultura, e culturas *variam*. Os antropólogos são, virtualmente por definição, recrutados entre pessoas que apreenderam esse fato. Mas se sua própria cultura ou origem combinam cegueira para culturas com uma confiança muito grande, a nova idéia de alternativas culturais, de sistemas de significados diversos e incomensuráveis, terá para eles uma potência muito forte, será muito estimulante, inebriante e profundamente entorpecedora. Terá a capacidade de viciar e constituirá uma revelação.

Nada há de antiliberal em proteger pessoas contra os efeitos de drogas intoxicantes e possivelmente prejudiciais, ou mesmo em impor, de forma discriminatória, essa proteção — impô-la com rigor especial àqueles que são especialmente vulneráveis. Lembro-me, por exemplo, de ao passar de carro por uma reserva de índios Navajo, ter parado em um supermercado e notado que, embora em outros aspectos aquele lugar fosse igual a qualquer outro supermercado norte-americano, diferia dos outros porque não havia bebidas alcoólicas à venda. Encontros com Navajos bêbados na estrada deixaram claro que essas restrições impeliam os jovens guerreiros a procurar aguardente fora da reserva, e não sem dificuldade.

Os índios americanos podem ser especialmente suscetíveis a bebidas fortes; os americanos comuns, cegos por formação para culturas, são especialmente vulneráveis às idéias de cultura e hermenêutica, à noção embriagante de que sistemas de significado diferem enormemente, são justificados por seus próprios padrões característicos, e são separados entre si por abismos profundos, cujo cruzamento é tarefa difícil e talvez mesmo perigosa. A idéia de que o mundo não é simplesmente o que parece, mas que sua natureza geral constitua um artefato opcional, culturalmente induzido e limitado, é interessante e perturbadora, em especial para uma pessoa que teve alguma dificuldade em superar uma resistência e incompreensão iniciais. É provável que lhe vire a cabeça.

Bem, não quero ser mal compreendido. Não estou, repito, *não* estou defendendo uma Lei Seca para a hermenêutica. Desejo deixar bem clara essa posição. Se alguém me acusar de ter recomendado tal curso de ação, consultarei meus advogados para processá-lo. Não recomendo nenhuma medida legislativa contra a hermenêutica. Sou uma pessoa liberal, contrária à toda limitação estatal desnecessária a liberdades individuais. A hermenêutica entre adultos que querem praticá-la não deve, em minha opinião, ser objeto de quaisquer restrições legais. Sei bem demais o que isso acarretaria. Botequins clandestinos de hermenêutica surgiriam por toda parte, descrições densas seriam trazidas de caminhão pela máfia, procedentes do Canadá, sangue e significados densos coagulariam nas sarjetas, enquanto quadrilhas rivais de contrabandistas semióticos trocariam tiros em uma série de queimas de arquivo e emboscadas. Os viciados seriam vítimas de chantagem. O consumo de significados profundos e suas correspondentes conseqüências psíquicas em nada diminuiriam, mas o mundo do crime se beneficiaria e toda a estrutura da sociedade civil seria submetida a uma forte tensão. Nunca!

Não. A Lei Seca relativa à hermenêutica deve ser evitada a todo custo. Já a limitação voluntária é assunto inteiramente diferente. Ela não estimularia a criminalidade e, de qualquer modo, é provável que seja mais eficaz a longo prazo. O que estou querendo e, na verdade, ansioso para propor, é a fundação de um grupo de Hermenêuticos Anônimos, cujos membros dariam um ao outro apoio moral e de outros tipos na luta contra a tentação e a embriaguez. Assistência médica seria fornecida para uso limitado e controlado da hermenêutica para fins de estudo e pesquisa legítimos. Não tenho a menor dificuldade em pensar no nome de um acadêmico muito ilustre, cuja aceitação da presidência perpétua dessa associação conferiria a ela grande prestígio e autoridade.

É, claro, um paradoxo apenas superficial que a mente americana seja ao mesmo tempo suscetível à filosofação tipo Mayflower, de que podemos estabelecer *ex nihilo* princípios de justiça social, a suposição de que é possível conceber uma ordem social universalmente compulsória a partir dos recursos de nossa própria mente, sem ajuda da cultura, *e* também à peste hermenêutica, a materialização e fetichismo de sistemas de significados idiossincrásicos e variados.

A hermenêutica, tal como o patriotismo, não basta. De nada adiantará nos apresentarmos como construtores semióticos de pontes entre os vários sistemas de significados, apavorados com a enormidade da tarefa, e convidarmos o leitor a ficar ainda mais espantado com nossas descobertas. As sociedades dispõem de limitações coercitivas e econômicas que em geral não são redutíveis às suas equivalentes semânticas. Mudanças em uma estrutura política podem acontecer com tanta rapidez que é absurdo supor que o sistema de significados tenha mudado também no mesmo ritmo. O peso relativo de fatores conceituais e de outros tipos é algo que devemos estudar em cada caso, e não prejulgar. Acima de tudo, significados constituem um problema, e não uma solução: cultura é um termo abreviado, e não uma explicação autêntica, e jamais tem o caráter de algo logicamente final.

A embriaguez hermenêutica é às vezes acompanhada por um relativismo superficial e autocongratulatório. Sistemas de significados são considerados como possuindo não apenas potência e eficácia mágicas, mas também, cada um em sua própria zona de influência, uma espécie de legitimidade automática. O que quer que antropólogos possam dizer quando falam de suas práticas fora das horas de expediente, eles, quando realmente trabalham, não são nem podem ser relativistas. O que de fato fazem é fornecer uma descrição de uma dada sociedade, ou de alguns de seus costumes, contra o pano de fundo de *nosso* mundo, e não do mundo da sociedade estudada. Um antropólogo que explicasse crenças e práticas de feitiçaria em uma determinada sociedade dizendo, "Bem, para dizer a verdade, no país deles a feitiçaria funciona exatamente como eles dizem", simplesmente não satisfaria os requisitos para passar de ano.

## *Agitação contra a dominação*

Clifford Geertz é um brilhante e ilustre representante da versão americana da tendência hermenêutica. Em um ensaio bem recente e bastante interessante, podemos aprender muito sobre seu ponto de vista.[1] A posição de um homem talvez possa ser melhor compreendida observando-se o que ele ataca e, acima de tudo, o que ele ataca com prazer.

O alvo do ataque foi o falecido Sir Edward Evans-Pritchard, um membro importante da escola malinowskiana (embora, no fim, tenha vindo a detestar Malinowski e fosse, acho, detestado por ele). Geertz não escreve sobre Evans-Pritchard em espírito de aprovação, mas sim de crítica severa, contudo cheia de admiração. O motivo do ensaio foi um artigo pouco conhecido de Evans-Pritchard, publicado em 1973, no último ano de sua vida. O artigo abordava algumas de suas experiências no tempo da guerra e era intitulado "Operações nos rios Akobo e Gila, 1940-1".[2] As extensas citações do trabalho de Evans-Pritchard e dos comentários de Geertz sobre elas são extraordinariamente interessantes.

O argumento básico de Geertz é que a descrição falsamente modesta, aparentemente despreocupada e imparcial que Evans-Pritchard faz de sua própria capacidade de resistência e bravura na fronteira etíope-sudanesa, atuando como uma espécie de mini T.E. Lawrence e vencendo forças inimigas numericamente muito superiores, à frente de um bando variado e indisciplinado de nativos Anuak, assemelha-se muito à sua antropologia acadêmica formal. Geertz sugere que a espirituosa e enganosamente modesta bravata de Evans-Pritchard sobre sua conduta na guerra, e a descrição profissional da estrutura social e da ideologia dos Nuer, Azande e Beduínos sofrem dos mesmos defeitos e têm origem nos mesmos traços profundos.

Geertz propõe que a narrativa de Evans-Pritchard não deva ser engolida por inteiro. Não tenho acesso à prova do que realmente aconteceu em 1940-1, e posso apenas dizer que antropólogos são freqüentemente severos, se não maldosos, uns com os outros: se Evans-Pritchard tivesse sido flagrado em exagero, com toda probabilidade teríamos sabido. Ouvi histórias do mesmo tipo sobre outros antropólogos, mas nenhuma me chegou sobre Evans-Pritchard; e membros da rede de africanistas aparentemente admiravam sua capacidade de resistência física. A folha-de-serviços de Evans-Pritchard na guerra não é realmente o nosso objetivo, e a concessão atrasada de uma medalha a ele não faz parte de nossos planos. O que está em jogo é seu estilo antropológico e suas fraquezas, da forma corroborada por suas reminiscências. Quais são elas?

Evans-Pritchard escrevia com clareza. Pensava com clareza. Era um membro totalmente realizado da raça e classe imperiais (perto do fim do Império, é verdade, mas isso não importa). A clareza de seu estilo e pensamento e a atitude imperial eram, argumenta Geertz, facetas da mesma moeda:

> Esta tranqüila certeza de percepção é difícil de exprimir retoricamente, em especial quando tratamos... exatamente, do tipo de materiais que mais seriamente a desafiam...
>
> A chamada Escola Britânica de Antropologia Social... se mantém coesa muito mais por sua maneira de resolver situações pela prosa... do que por qualquer tipo de teoria consensual ou método estabelecido...
>
> Ocorre a supressão de qualquer sinal de luta com as palavras. Tudo que é dito é dito com clareza, sem confusão...
>
> O principal efeito, e a principal intenção, dessa... etnografia é demonstrar que as estruturas tradicionais de entendimento social, aquelas em que instintivamente confiamos, são inteiramente adequadas...
>
> Este transporte de africanos para um mundo concebido em termos rigorosamente ingleses, confirmando, destarte, o domínio desses termos, não deve... ser mal compreendido. Ele não é etnocêntrico... não o "eles são iguais a nós"... [mas] que suas diferenças em comparação conosco, por mais impressionantes que sejam, no fim não representam muita coisa.

O que essa citação final e crucial significa é que Evans-Pritchard era, afinal de contas, etnocêntrico, embora apenas em um nível muito profundo. Ele representava um imperialismo conceitual, a dominação do mundo pelo tom lúcido e equilibrado dos ingleses educados.

O mundo, porém, não será dominado dessa maneira. Todos esses africanos, insinua Geertz, são diferentes em um sentido mais profundo do que reconhece Evans-Pritchard. Eles não podem realmente ser trazidos "para um mundo concebido em termos rigorosamente ingleses...confirmando... destarte, o domínio desses termos". Esse tipo de inteligibilidade e de domínio o vento levou e foram devidamente substituídos.

Pelo quê? Por uma nova raça, é o que parece, de Hamlets antropológicos, com um senso mais apurado do culturalmente exótico, não mais condicionados por uma arrogância imperial a supor que, no fim, todos os homens podem ser subornados pelas categorias dos dominadores, não mais inclinados a pensar que, nas palavras de Geertz, "até o exótico é mais interessante e divertido do que perturbador ou perigoso. Isso dobra nossas categorias, não as quebra".

Esses novos Hamlets antropológicos são tão sensíveis que evidentemente suas categorias são não apenas dobradas, mas quebradas, e bem quebradas. Precisamos ver nossas categorias quebradas para saber o quanto isso dói. A recompensa chega sob a forma de *insights* transcendentes de grande profundidade, mas isso não permite mais a lucidez límpida dos imperialistas. Esses autores lutam realmente com seu material e recusam-se a esconder qualquer sinal de luta. Para eles, "nada da supressão de qualquer sinal de luta com as palavras. Nem também a paixão pelas frases simples, tipo sujeito-predicado, sem adjetivos e sem adornos."

Geertz não sugere que Evans-Pritchard estivesse livre de conflito interior — insinua o oposto, com toda a razão —, mas parece censurá-lo porque ele não permitiu que esse fato aflorasse em sua prosa. Lembro-me dos comentários de Heinrich Heine sobre os poetas românticos nacionalistas alemães, ansiosos para cantar a vitória de Herman sobre os romanos nas profundas florestas e pântanos: eles transmitem o espírito do lugar, diz Heine, com o uso de versos que lembram a dureza da madeira e a umidade do ambiente. Não é óbvio para mim que, porque o mundo é um lugar diversificado, complexo e atormentado, como de fato é, apenas frases desajeitadas e ambíguas possam fazer-lhe justiça e que a clareza seja um tipo de traição intelectual. Ou como diria Geertz:

> A confiança [de]... Evans-Pritchard parece cada vez menos acessível a muitos antropólogos. Eles enfrentam sociedades em parte modernas, em parte tradicionais; um exército de enfoques loucamente contrastantes de descrição e análise; e temas que podem falar (e falam) por si mesmos. São ainda atormentados por graves incertezas internas, equivalentes a quase que um tipo de hipocondria epistemológica, isto é, como podemos saber que qualquer coisa que dissermos sobre outras formas de vida é uma questão de fato. Essa perda de confiança e a conseqüente crise na literatura etnográfica são modernas e causadas pelo desenvolvimento moderno.

É espantoso que alguém que tenha de enfrentar tudo isso possa obrigar-se a dizer alguma coisa.

O que Geertz fez neste particular é interessante. Ele acrescentou uma nova peculiaridade aos fundamentos lógicos do hermeneuta, que anteriormente se concentravam na existência de "formas de vida" idiossincrásicas auto-sustentáveis. (Na famosa frase de Wittgenstein.) Mudança e complexidade crescentes, dúvidas epistemológicas, uma relação mais simétrica e interativa entre antropólogo e tema, todos esses elementos são listados como confirmações adicionais do novo estilo.

Não posso aceitar nem um relativismo obscuro nem um misticismo semiótico. Em primeiro lugar, não estou muito impressionado com a "hipocondria epistemológica" (expressão esplêndida). Sinto grande simpatia por Hamlets sinceros e por dúvidas autênticas, embora as modas recentes pareçam menos marcadas por seu ceticismo aparente do que por seu dogmatismo real. O argumento tende a ser o seguinte: uma vez que todo conhecimento é dúbio, sendo saturado por teoria/etnocêntrico/ dominado por paradigma/ligado a interesses (marque com um x sua preferência e risque as outras, ou acrescente as suas) etc., o autor angustiado, lutando contra dragões, pode escrever o que quiser.

Mas permitam-me ir direto ao núcleo da questão. O que está realmente em jogo é o repúdio ao relativismo, à doutrina do caráter final lógico das "formas de vida" ou culturas. Culturas não são cognitivamente iguais, e à única cultura na qual, e exclusivamente nela, a antropologia é possível, não pode ser negado um status especial. A natureza e fundamento dessa preeminência é uma questão profunda e difícil. Mas tem origem em algo muito mais importante do que a arrogância de uma classe imperial. Está ligada à própria possibilidade da *razão*. A sócio-análise do estilo de Evans-Pritchard foi muito engraçada, mas essa arma pode, com uma facilidade grande demais, ser voltada na direção oposta. O que é aplicável ao imperialismo também o é para o relativismo. A clareza de Evans-Pritchard, seja arrogante ou não, permite-nos avaliar sua teoria de política sem Estado, porque sabemos exatamente o que está sendo dito. Uma descrição "hermenêutica" de um sistema político deixa-nos em dúvida se nos foi dada uma explicação de ordem social ou simplesmente uma descrição de sua atmosfera.

Precisamos de uma antropologia que não transforme a cultura em fetiche, que reconheça com a mesma franqueza tanto as limitações coercitivas como as conceituais, e devemos voltar ao mundo real, que não trata mundos conceituais como se fossem auto-explicativos.

## NOTAS

1. C. Geertz, "Evans-Pritchard's African Transparencies", *Raritan*, outono de 1983. Reproduzido em C. Geertz, *Works and Lives: The Anthropologist as Author* (Polity, Oxford, 1988).

2. *The Army Quarterly*, 1973.

# 3
# As Origens da Sociedade

Sinto-me honrado e grato aos membros do Darwin College pelo convite para participar da série "Origens". Perdô-os também pelo absurdo que cometeram ao me convidar — principalmente porque acho que não sabem que o cometeram. A disciplina que sou pago para ensinar nesta universidade, antropologia social, tem sido definida há umas cinco ou seis décadas pela proibição, e essa palavra não é forte demais, de especulação sobre suas origens. Não se trata apenas de um preceito estabelecido no *mores* da comunidade de professores que ensinam a matéria, pois, na realidade, tornou-se parte de sua definição. Lembro-me que quando estava me qualificando nesta disciplina, preparando uma tese de PhD sobre um tópico norte-africano, mencionei certa vez ao meu orientador o nome Ibn Khaldun, o grande sociólogo do século XIV nessa parte do mundo. A reação dele foi a seguinte: "Bem, se você vai falar sobre isso, é melhor desistir e estudar outro assunto." De modo que não voltei a mencionar Ibn Khaldun até conseguir meu grau de PhD.

Ora, os membros do Darwin College jamais tentariam subornar um policial para conseguir que os deixassem estacionar o carro em zona proibida, porque sabem que não devem corromper ninguém. Não obstante, em certo sentido, eles fizeram isso comigo quando me induziram a falar sobre origens. E se estou aqui falando sobre elas a razão não é o suborno, mas porque acho que a proibição de especular sobre origens está pedindo uma discussão e revisão sérias. Portanto, tenho algumas razões eruditas válidas para fazer o que, de acordo com o *mores* predominante em minha disciplina, não deveria fazer em absoluto.

Quando fui convidado para fazer a palestra sobre a qual se baseia este capítulo, pediram-me que dissesse alguma coisa sobre a origem da *sociedade.* Ao ser publicado o programa, notei que a palavra estava no plural e que se referia a *sociedades.* Essa mudança foi inteiramente correta: a relação entre o plural e o singular, entre *sociedades* e *sociedade,* proporciona uma das principais e mais importantes pistas para discutir a origem das primeiras, as origens da sociabilidade humana como tal, às origens do tipo de ordem social que denominamos de sociedade. Claro, tudo isso envolve especulação. Essa especulação, contudo, não deve ser destituída de interesse e é exatamente a relação entre plural e singular que me permite fazer uma tentativa de reformular a pergunta e torná-la muito mais viável. Se você não sabe a resposta a uma pergunta, mexa em sua formulação. Este foi um princípio que aprendi quando era professor de filosofia.

O aspecto realmente importante do que chamamos de sociedade humana é sua espantosa diversidade. Essa diversidade é não só muito interessante em si, mas fornece também uma pista para a origem do que chamamos de *sociedade.*

A faixa de coisas denominada de sociedade humana é muito ampla, e sociedades diferentes fazem coisas espantosamente diferentes. Todos sabem que se trata de um problema, ou que provoca um problema, isto é, o do relativismo. Dado o fato de que a diversidade existe, e que às vezes sociedades diferentes se encontram ou até vivem no mesmo território, como saber qual delas é a melhor, qual a que corporifica princípios que devem prevalecer? Trata-se, na verdade, de uma pergunta séria, mas não é a que me interessa aqui. A pergunta não é: como lidar com as conseqüências e implicações dessa diversidade? — mas sim, como afinal a diversidade é possível? Trata-se de uma pergunta kantiana.

As pessoas geralmente não consideram isso como um problema. A diversificação possui vantagens óbvias. Permite-nos variedade. Quanto mais opções são exploradas, maior a possibilidade de sucesso. O fato de que o homem seja capaz de construir ordens sociais tão diversificadas, e culturas não menos diversas, encerra uma implicação imediata: uma espécie capaz dessa diversidade no espaço é também capaz de diversidade no tempo e, portanto, de crescimento sustentado, qualquer que possa ser a direção desejada. A especificação dessa direção apropriada é o que incomoda pessoas que se sentem perturbadas com o problema do relativismo.

Mas a própria *possibilidade* da diversidade constitui também um problema, e de natureza fundamental, pelas óbvias razões seguintes.

Evidentemente, os seres humanos não são geneticamente programados para serem membros desta ou daquela ordem social. Podemos pegar um bebê e colocá-lo em qualquer tipo de cultura, qualquer tipo de ordem social, e ele se comportará aceitavelmente. Sem dúvida há limitações genéticas ao que o homem pode fazer. Mas essas limitações são muito mais amplas do que as impostas por qualquer dada sociedade. Em interesse próprio, por assim dizer, todas as sociedades as reduzem em número.

Em outras palavras, a diversidade exemplificada *entre* culturas simplesmente não é tolerada *em* qualquer cultura. Por que uma diversificação ilimitada de pensamento e conduta, de um crescimento canceroso em todas as direções é permitido geneticamente, mas inibido em qualquer dada sociedade? Esta é a primeira pergunta que temos de fazer sobre a origem de sociedades caracteristicamente humanas.

De que maneira é possível esse tipo particular de rebanho humano? O gregarismo como tal não é em nada característico; a humanidade não exerce monopólio sobre ele e, em conseqüência, esse tipo de comportamento não constitui um problema específico. O que torna a sociedade humana tão característica não é, talvez, a existência de multiplicidade cultural (há um pouco dela em outros tipos de espécies), mas sua amplitude verdadeiramente fabulosa. O problema é o seguinte: o que *impede* que seres humanos se desenvolvam rápida e descontroladamente, dado o fato de que as limitações genéticas são amplas demais para explicar a estabilidade e homogeneidade de *sociedades* humanas específicas?

Mas há outro traço humano que discutirei nessa tentativa de reformular a pergunta. A fim de abordá-la, mencionarei o que é provavelmente a teoria mais famosa, mas também a menos sustentável, das origens da sociedade humana, isto é, a de um contrato social. Essa teoria sustenta que a sociedade humana tem origem quando certo número de indivíduos se reúne e, para vantagem mútua, elaboram um acordo que passam a cumprir dali em diante, e que foi assim que surgiu a sociedade. Não vou discutir a fundo essa teoria, porque é fato bem conhecido o seu absurdo. O argumento que desejo apresentar é que esse absurdo contém lições que não foram suficientemente estudadas.

A objeção à teoria do contrato social é devida, claro, ao seu caráter patente, descarado e obviamente circular. Essa teoria pressupõe a própria coisa que deveria explicar, ou seja, a existência de um ser capaz de fazer um contrato, isto é, um ser com capacidade de conceitualizar uma situação distante no tempo e abstratamente especificada e, de forma efetiva, obrigar-se a se comportar de certa maneira se e quando surgir essa situação. Os que desprezam e ridicularizam a teoria de contrato da sociedade, porém, não exploram o esclarecimento que ela nos dá sobre o que é característico das sociedades humanas. O característico é a capacidade de cumprir obrigações abstratas e de conceitualizar situações isoladas em uma faixa muito ampla e talvez infinita de situações. O número de situações de que podemos nos obrigar a participar é muito grande e presumivelmente da mesma natureza que aquela famosa infinidade atribuída à linguagem e que constitui a premissa principal do enfoque chomskiano do assunto e da rejeição do behaviorismo em lingüística.

De que modo uma sociedade é criada, e se diversifica em uma série delas, quando todas são impedidas de explorar caoticamente a ampla variedade possível de comportamento humano? Há uma teoria sobre como isso pode ser feito e esta teoria é uma das bases da antropologia social. A maneira como impedimos pessoas de fazer uma grande variedade de coisas não compatíveis com a ordem social da qual são membros é submetendo-as a um ritual. O processo é simples: nós as obrigamos a dançar em volta de um poste totêmico até ficarem alucinadas de excitação e se tornarem abúlicas na histeria do frenesi coletivo; intensificamos seu estado emocional usando um meio qualquer, através de todos os auxílios audiovisuais disponíveis no local, drogas, dança, música, e assim por diante: e logo que ficam fora de si, gravamos na mente de todas o tipo de conceito ou idéia dos quais se tornarão subseqüentemente escravas. Na manhã seguinte, o selvagem acorda com uma brutal ressaca e um conceito profundamente internalizado. A idéia é que o aspecto fundamental da religião é o ritual, e a função central do ritual é inculcar no indivíduo conceitos compulsivos que simultaneamente lhe definem os mundos social e natural e lhe restringem e controlam opiniões e comportamento, tudo isso de forma mutuamente reforçadora. Essas opiniões profundamente internalizadas obrigam-no, daí em diante, a agir dentro de uma faixa de limites prescritos. Todo conceito tem um conteúdo normativo, compulsório, bem como uma espécie de teor descritivo organizacional. O sistema conceitual planeja minuciosamente nossa ordem social e a conduta requerida, e inibe tendências de pensamento ou comportamento que transgrediriam seus limites.

Essa é uma das teorias fundamentais da antropologia e, até que outra melhor seja encontrada, continuarei inclinado a crer que deve ser válida. Não consigo ver outra explicação para a maneira como são mantidas a ordem social e conceitual e a homogeneidade *em* sociedades que, ao mesmo tempo, são tão espantosamente diversificadas quando comparadas entre si. Uma espécie conseguiu, de alguma maneira, escapar da autoridade da natureza e não está mais geneticamente programada para permanecer em uma faixa relativamente estreita de conduta, portanto ela precisa de novas limitações. A fantástica gama de condutas possíveis geneticamente é restringida em qualquer população específica, e obrigada a respeitar limites socialmente demarcados. Isso só pode ser feito através de limitação conceitual e esta, por seu lado, tem de ser inculcada de alguma maneira. De algum modo, limites semânticos, culturalmente transmitidos, são impostos ao homem.

A pura diversidade possível em uma espécie desse tipo também torna possível a mudança social, mudança baseada não em qualquer transformação genética, mas sim no desenvolvimento cumulativo em uma certa direção, consistindo em uma modificação no sistema de limitações semânticas, e não genéticas.

Essa possibilidade de progresso, que em nossa cultura consideramos como algo glorioso cria, contudo, um problema. Inicialmente, a principal dificuldade enfrentada pelas sociedades era *limitar* essa flexibilidade excessiva. A preservação da ordem é muito mais importante para elas do que a consecução de mudança benéfica, possibilidade esta que só se apresenta depois, quando a conservação pode ser aceita como coisa natural e quando possibilidades de mudança realmente benéfica estão disponíveis. O progresso é possível porque a *mudança* é possível, porque as limitações internas ao homem permitem essa faixa tão ampla de conduta. A maioria das mudanças, no entanto, não é absolutamente benéfica; a maioria subverteria a ordem social, sem qualquer vantagem correspondente. Mas antes de podermos explicar como a mudança benéfica é possível, temos, em primeiro lugar, de mostrar como mudança em excesso, com todos os tipos de efeitos caóticos, é evitada. Esta palestra não é um programa de propaganda política do Partido Conservador, mas o argumento precisa ser apresentado. Conservação é o problema inicial de uma população instável e, ao que parece, resolvido através de conceitos profundamente internalizados.

Surge, naturalmente, a questão do que surgiu primeiro: essa extraordinária capacidade e variedade de condutas possíveis ou a linguagem? Obviamente, não sei, mas o argumento que tem de ser sugerido é que as duas estão estreitamente correlacionadas. Logo que surge a possibilidade de uma faixa espantosamente ampla de comportamento, ela tem de ser restringida de alguma maneira e é preciso haver algum sistema de sinais que indique os limites. Esse fato, acho, é fundamental para as origens da linguagem. A linguagem torna possível esse notável tipo de variedade ao permitir que ela seja contida. Ela consiste de um conjunto de indicadores que assinalam as fronteiras da conduta, fronteiras cujos limites *genéticos* tornaram-se amplos demais para qualquer ordem social. Somente as espécies dotadas de algo parecido com uma linguagem podem ter uma ampla faixa de comportamento geneticamente possível, e uma faixa geneticamente extensa de conduta que necessita de algum mecanismo — isto é, da linguagem — que restringe aquilo que a natureza não conseguiu limitar.

Parte de meu argumento é que uma certa quantidade de coisas não habitualmente conectadas deve ter evidentemente se reunido: a possibilidade de uma ampla faixa de conduta, os meios para indicar os itens opcionais nessa faixa que vieram a ser adotados por qualquer população (em outras palavras, a linguagem) e a presença de ritual, que socializa e integra o indivíduo nesse sistema. Uma vez que tenhamos esse conjunto de traços, embora não tenhamos ainda a realidade do crescimento, temos de fato a potencialidade de crescimento. Portanto, a sociabilidade propriamente dita, a transmissão semântica e não genética, a linguagem, a diversidade, o cumprimento por meio de ritual e o potencial de crescimento constituem um conjunto de características que devem, todas elas, ter surgido mais ou menos simultaneamente.

Nosso problema é: como criar uma comunidade inteira que difira de um rebanho de animais não apenas na faixa de flexibilidade cultural potencial, mas também na capacidade de seus membros de respeitar contratos? O ritual por si só não nos dá ainda toda a resposta: o tipo de obrigação inculcado pelo ritual ainda não é um contrato. O ritual é rígido demais. Ele não é negociável, tampouco é opcional do ponto de vista do indivíduo a ele submetido. Confere status ao indivíduo que lhe está submetido, mas não lhe permite ainda sujeitar-se ao contrato. O status é, pode-se dizer, um tipo de contrato congelado, ao passo que o contrato é opcional, aberto à escolha, uma condição variável. O status congelado, tal como eleições com um único partido, é uma fraude, uma caricatura, de forma alguma um contrato autêntico.

Por isso, precisamos também perguntar: por que etapas concebíveis podemos passar de um sistema de indivíduos agrupados em uma ordem social, razoavelmente estável, não mais geneticamente limitada, para o tipo de sociedade que *nós* julgamos normal, que consideramos uma sociedade autêntica, e que os autores de teorias de contrato social consideram normal — para uma sociedade na qual homens podem se comprometer de forma abstrata, à distância, com um *tipo* de comportamento não mais nem genética nem ritualmente congelado? Os que descobriram no contrato o fundamento da sociedade deram uma má explicação, mas, na verdade, ofereceram uma boa definição de nosso tipo de sociedade, daquilo que estamos nos esforçando para explicar.

O sistema limitado pelo ritual não nos dá ainda o tipo de sociedade que possamos considerar como normal e aceitável. Algumas coisas têm de acontecer após o aparecimento de um sistema ritual e conceitualmente limitado, antes que surja uma ordem na qual pessoas possam, por opção, e não por compulsão, conceitualizar e escolher padrões alternativos e se obrigarem com seriedade a cumpri-los. Em outras palavras, algo mais tem de acontecer, antes que o contrato possa tornar-se um modelo de conduta social. Mais uma vez, acho que devemos especular sobre o que foram esses aspectos.

Em primeiro lugar, houve a revolução neolítica, ou desenvolvimento de um sistema de produção e armazenamento de alimentos. Mas a sociedade humana já era altamente diversificada antes que isso ocorresse. A adoção da produção e estocagem de alimentos estava claramente dentro do potencial de uma sociedade que usava conceitos e era ritualmente controlada, mas expandiu enormemente seu possível tamanho e complexidade.

Mas isso era também uma enorme armadilha. A principal conseqüência da adoção do sistema de produção e armazenamento de alimentos foi a difusão geral da dominação política. Atribui-se ao profeta Maomé o ditado que diz que a sujeição entra em casa com o arado. Há nessas palavras uma profunda verdade. No momento em que há excedente e estocagem, a coerção torna-se socialmente inevitável, quando fora antes opcional. O excedente tem de ser protegido. E também dividido. Nenhum princípio de divisão justifica-se por si mesmo ou se faz cumprir por si só: tem de ser imposto de alguma maneira e por alguém.

Essa consideração, juntamente com o princípio simples da violência preemptiva, que afirma que devemos ser os primeiros a fazer com os outros o que eles nos farão se tiverem oportunidade, inevitavelmente transforma pessoas em rivais. Embora não estivessem ausentes da sociedade pré-agrária, a violência e a coerção tinham um caráter contingente. Não eram, por assim dizer, necessariamente inerentes a ela. Mas elas *são* necessariamente inerentes à sociedade agrária, se com isso queremos nos referir a uma sociedade possuidora de um excedente armazenado, mas não ainda do princípio geral de descobertas adicionais e sustentadas na agricultura. A necessidade de produção e defesa também impele a sociedade agrária a dar valor aos filhos, o que significa que, por razões malthusianas conhecidas, suas populações freqüentemente se aproximam do ponto de perigo.

O problema com a imagem popular de Malthus é que ela é um tanto etnocêntrica e supõe um tipo de ambiente institucional estável no qual, se a fome ataca, pessoas definham à margem: esperam pacientemente na fila e as pessoas no final dessa fila morrem. Mas a coisa não funciona assim. Os membros de sociedades agrárias sabem em que situação se encontram e não esperam que o desastre aconteça. Organizam-se de maneira a evitar tanto quanto possível ficar no fim da fila. Assim, de modo geral, a sociedade agrária é autoritária e fortemente inclinada para a dominação. É constituída de um sistema de armazéns seguros, protegidos, com acesso diferencial e restrito. A disciplina é imposta, não tanto por violência direta constante, mas por acesso diferencial aos armazéns, mantido pela força. A simples coerção não garante o lugar na fila: a ameaça de rebaixamento, a esperança de promoção na fila também garantem a disciplina. Daí, a coerção pode em geral ser indireta. A espada é usada apenas contra os que desafiam abertamente os organizadores da fila.

Há vários tipos de situações em que não ocorre a dominação centralizada, em que algum tipo de equilíbrio de poder gera sociedades organizadas participativas e igualitárias. Nômades, alguns camponeses sedentários localizados em terras inacessíveis e, às vezes, também cidades comerciais, servem de exemplo dessa situação. Mas a maioria esmagadora das sociedades agrárias é constituída na realidade de sistemas de armazenamento e proteção de alimentos impostos pela violência. Esses sistemas podem variar de todos os tipos de maneiras, de armazéns tribais coletivos a silos controlados pelo governo.

De modo geral, embora não universalmente, a centralização política segue a produção e o armazenamento de excedentes. Ela nos ajuda a nos libertar do primeiro tipo de ordem social, o sistema de papéis ritualmente sancionados, que pode ser genericamente denominado de durkheimiano. A produção de alimentos aumenta o tamanho das sociedades: nas grandes, a lógica da rivalidade e da ação preemptiva geralmente leva à concentração de poder. Um mecanismo formal de cumprimento de normas suplementa ou substitui parcialmente o ritual. A produção de alimentos e a centralização política, e também outra etapa posterior de grande importância, constituem em conjunto uma condição necessária, ainda que não suficiente, para a transformação seguinte, em direção ao tipo de sociedade que estamos tentando explicar. Esse terceiro fator adicional é o armazenamento, não de excedentes materiais, mas de significados, de proposições e de doutrina. Esse armazenamento doutrinário e conceitual é tornado possível pelo aparecimento da *linguagem escrita*. Esta é aquela etapa extra a que nos referimos. A viabilidade do armazenamento e da codificação de idéias é tão profunda em suas implicações como o armazenamento e a distribuição socialmente imposta de um excedente.

Há uma assimetria entre as duas descobertas de tipos de armazenagem. O excedente material, de modo geral, embora não universalmente, facilita a centralização política. Embora o poder político e a centralização na sociedade agrária sejam frágeis, não raro instáveis, ainda assim são extremamente difundidos. Em contraste, a codificação de conceitos pela escrita não leva com a mesma freqüência à centralização doutrinária. Além do mais, a centralização doutrinária ideológica tem dois aspectos: o organizacional e o ideológico. Os portadores da origem codificada podem ou não ser centralmente organizados e essa organização pode ter ou não um único vértice lógico, um único princípio normativo. A classe dos letrados pode ser ou não reunida em uma única organização, com liderança central, e as idéias podem ter ou não um ápice, de modo que as duas centralizações, a ideal e a organizacional, não caminham necessariamente juntas.

A teoria sobre o que pode acontecer, e o que parece ter acontecido pelo menos uma vez, desenvolve-se mais ou menos da seguinte maneira: se a doutrina é centralizada e dotada de um único ápice, como, por exemplo, uma única, exclusiva e ciumenta divindade, esse fato pode produzir efeitos notáveis. O importante nos conceitos ritualmente inculcados nas sociedades durkheimianas pré-alfabetizadas, ideologicamente descentralizadas, é que eles não têm necessidade de ser logicamente coerentes. Não há razão terrena para que o ritual que acompanha a abertura de uma pastagem deva ser de alguma maneira logicamente compatível com o ritual que acompanha casamentos.

O ponto principal na ordem social durkheimiana é que esses conglomerados de conceitos, esses conglomerados de expectativas e obrigações, não só se apresentam em conjuntos, mas são ainda profundamente holísticos de outra maneira: não se decompõem em seus elementos. Os vários conglomerados tendem, de fato, a se articular no mesmo estilo, dessa maneira proporcionando às sociedades simples aquela coerência social pela qual são tantas vezes invejadas. Mas elas não são logicamente coerentes e, na verdade, não se espera que elas sejam.

Desconfio que há uma lei que afirma que as coerências social e lógica relacionam-se de forma inversa. A partir do tipo de sociedade dotada de um nível muito alto de coerência social e *in*coerência lógica, de que maneira chegamos à situação oposta, que parece ser a nossa, em que um grau razoavelmente alto de coerência lógica se faz acompanhar de um grau mínimo de coerência social? Se a explicação preferida das origens da conceitualização logicamente diversificada mas socialmente harmoniosa é o ritual, então a explicação preferida do aparecimento deste outro estilo conceitual é o impacto de uma religião racionalista, centralizadora, monoteísta e exclusivista. É importante notar que ela era hostil à magia manipuladora e que insistia na salvação através da observância de regras, e não na lealdade a um rede espiritual de patrocínio e pagamento de tributos. É isso que leva à exclusão daquela coabitação superficial de esquemas conceituais diferentes, de uma tolerância lógica tão característica das sociedades simples e também do que poderiam ser denominadas de tradições não-abraâmicas.

Trata-se de uma teoria plausível e, mais uma vez, até que surja outra melhor, acho que é com ela que devemos continuar a trabalhar. É claro que a divindade ciumenta não conseguiu tudo isso sem ajuda. Devemos desconfiar dessa misteriosa exclusividade se um único Alto Espírito teve necessidade do apoio de outro. Provavelmente teve que ser uma alta *inteligência*. Coube a Platão notar e compreender o significado manifesto do governo da humanidade por conceitos e elaborar uma teoria sobre os mesmos. Ironicamente, ele fez isso no exato momento em que conceitos local e socialmente específicos, nascidos de ritual, estavam sendo substituídos por idéias nascidas da escrita, potencialmente universais, transétnicas. Sua teoria das idéias confirmou o controle da conduta através de conceitos-normas autoritários, ao atribuir a essas normas uma origem e autoridade transcendentes. A teoria platônica das idéias é, ao mesmo tempo, uma transcendência, mas também uma espécie de autoconscientização do mundo durkheimiano: reconhece que a sociedade é uma comunidade de mentes organizadas por *conceitos*, que são, simultaneamente, meios de acumular objetos *e* meios de impor obrigações ao homem.

Na mesma época ele delineou também o que é, na realidade, a estrutura social genérica das sociedades agroletradas, ou seja, governadas por guerreiros e clérigos, por coatores e por escribas. Em sua versão, os dois estratos dominantes eram aliados e os altos escreventes eram selecionados na base do mérito na classe dos criminosos autorizados. Na prática histórica, os detalhes desse tipo de governo variam muito. Platão é relevante porque ofereceu uma descrição maravilhosa de como esse tipo de sociedade funciona e como justifica a si mesma.

Seu grande erro, contudo, foi caracteristicamente intelectual. Ele percebeu com grande clareza que, nesse tipo de mundo, os conceitos de cumprimento obrigatório são desiguais, formando uma espécie de hierarquia, com um conceito superior governando todos os demais. O Conceito do Bem, por assim dizer, incorpora e justifica genericamente a autoridade de todos os demais, que orientam a conduta em níveis mais específicos. Essa teoria pode agradar aos intelectuais, que se sentem lisonjeados quando ouvem dizer que seus instrumentos de trabalho profissionais, isto é, conceitos, devem ser considerados sagrados, e que o Mais Alto Conceito deve governar a todos os demais e a todos nós. A maior parte da humanidade, porém, não tremerá diante de um Alto Conceito: ela tremerá diante de um Deus Supremo. Essa personificação era essencial para a imposição efetiva de uma visão centralizada. A fim de poder concentrar a mente da humanidade, o ápice do sistema teria de ser *pessoal* e portador da ira e da fúria. Mas, ao mesmo tempo, para alcançar o efeito que nos interessa, precisaria ser uma Divindade *Oculta*, que estabeleceria regras e normas, mas que seria orgulhosa ou distante demais para interferir na administração do dia-a-dia do mundo. Teria de recusar abrir exceções, teria de ser distante e organizada, não poderia ser uma espécie de chefe de rede de patrocínio subornável, o que é exatamente o que os Deuses Supremos são em muitos outros sistemas.

Uma vez que prevaleça essa idéia de um ápice organizado, distante, imperioso, único, outras coisas tornam-se possíveis. A mudança do ritual para a doutrina, como instrumento principal para sancionar as restrições que mantêm coesa a sociedade, ocorre nesse momento e essa mudança reveste-se de suprema importância. O que acontece é que a compulsão não deve ser mais inerente a conceitos isolados, mas a alguns aspectos de segunda ordem da vida conceitual em comum. Os conceitos devem ser disciplinados, aplicados de forma disciplinada e ser partes de sistemas disciplinados. O comportamento disciplinado de conceitos e homens é realmente obtido por uma única e mesma revolução.

A conduta conceitualmente determinada, conforme declarado acima, implica uma compulsão que não é mais geneticamente prescrita, mas sim culturalmente variável e ritualmente fixada. Os conceitos seguem uma espécie de gramática: na situação em que um deles opera, outro também poderia ser incluído. Conceitos só em raros casos são *inteiramente* idiossincrásicos; cada um deles é uma espécie de alternativa dentro de um sistema. Sua gramática, porém, é inicialmente muito rudimentar no mundo durkheimiano, porque eles não se decompõem em unidades, e mudá-los de posição ou substituí-los são atividades rigorosamente restringidas. Isso ocorre apenas dentro de subsistemas limitados: não há uma gramática universal, nenhuma inclusão de todas as idéias em um único sistema, com um único conjunto de regras. Mas logo que o senso de compulsão deixa de ser inerente a conceitos isolados, e assim permanece apenas no tocante ao sistema disciplinado, ao pensamento disciplinado, como tal, e ao fracionamento disciplinado de conceitos em seus elementos constituintes, algo mais torna-se possível: uma sociedade, que é um sistema de contratos, e não de status, e uma natureza construída a partir de prova, na expectiva de uma ordem simétrica, e uma sociedade em que conceitos e homens são iguais. A revelação, ou atribuição assimétrica de autoridade a algumas idéias, alguns homens ou algumas instituições, torna-se moralmente repelente.

Em certo sentido, *todo* conceito é um ritual: é um conglomerado, identificado por nome, de expectativas e obrigações, desencadeado por condições e contextos socialmente prescritos. O que denominamos de sociedade durkheimiana vive de acordo com seu panteão de conceitos, com hierarquia própria, alguns muito mais importantes do que outros e mantidos por rituais muito rigorosos. O sistema, como um todo, é relativamente fixo e inegociável. Agora comparemos tudo isso com um mundo monoteísta, iconoclasta, puritano, nomocrático: um Deus distante, oculto, limitado por regras e instituidor de regras, inspirador de medo, que proibiu a magia, o ritual, o êxtase, os objetos sagrados e impôs às suas criaturas uma moralidade codificada em regras e, analogamente, uma regularidade cumpridora da lei a toda a natureza. Ele concentra a sacralidade em Si Mesmo. A religiosidade, daí em diante, deve ser manifestada em conduta disciplinada séria, na observância cega de regras.

O sagrado está agora simetricamente difuso no mundo. Nenhum homem é sacerdote, mediador especial, ou melhor, todos os homens participam por igual do sacerdócio. Todos os homens, *e* todos os conceitos, são iguais perante Deus. A sociedade ainda é governada por conceitos, mas os conceitos sob os quais vive e pelos quais é limitada são iguais, simétricos e disciplinados. A reverência se deve a todos eles igualmente, ou melhor, é devida às suas propriedades formais, ao fato de que são partes de um sistema unificado e disciplinado, e não aos seus traços específicos e característicos. Nenhum deles é garantido por rituais especialmente rigorosos: o ritual mais potente dos protestantes é a ausência de ritual, a imagem neles gravada é a ausência de imagens gravadas. Todas as ocasiões na vida adquirem nesse momento peso igual, todas as afirmações são igualmente obrigatórias: não há necessidade de rituais especiais de confirmação da fé.

Para dizer o mesmo de forma pedante, a autoridade dos conceitos passou para suas características formais, de segunda ordem. Agora, a *Natureza* no sentido moderno torna-se possível; ela constitui um sistema unificado e delimitado por normas no qual nenhum objeto, nenhum evento, nenhuma teoria são sagrados. Não há doutrinas impostas antecipadamente, consolidadas — o que é a essência da religião teológica. Da mesma maneira, a produção racional (que é uma precondição do capitalismo, embora não coextensiva com o mesmo), torna-se também possível: ela significa a escolha livre, irrestrita, de meios na persecução de fins claramente especificados e isolados.

Uma sociedade faz a primeira mudança da religião centralizada no ritual e na magia, e interessada principalmente em confirmar a existência de grupos de status estáveis e em perpetuá-los, quando cria uma classe de escribas que se especializa na codificação de *doutrina*. Em sua concorrência com xamãs *free lance* e, possivelmente, com outros grupos sociais rivais, os escribas destacam a autoridade e a primazia da doutrina, sobre a qual a familiaridade com a palavra escrita lhes dá uma espécie de monopólio. "Reformas" provavelmente serão endêmicas nesse tipo de sociedade: os escribas procurarão promover a autoridade exclusiva da doutrina contra formas rivais do sagrado. As reformas, no entanto, geralmente falham. Em uma única ocasião especial, porém, uma Reforma teve sucesso, pelo menos em parte, e dela emergiu um novo tipo de mundo.

Não estou formulando uma teoria idealista de emergência da sociedade moderna, em termos de ideologia, apenas porque estive salientando esses aspectos. Não tenho, na verdade, nenhuma teoria desse tipo. Os elementos que vim destacando e tentando explicar são necessários, mas não suficientes. Obviamente, certo número de outras coisas teve que acontecer, antes que a sociedade moderna pudesse emergir. A separação da guilda dos escribas do estrato dos guerreiros no governo da sociedade agrária, a rivalidade entre eles, e a vitória eventual da organização burocrática unificada foram importantes, assim como a neutralização de vários grupos de coatores hereditários ou profissionais, a centralização política eficaz, e o aparecimento de estratos orientados para a livre produção. Tudo isso tornou possível uma explosão cognitiva e produtiva simultânea. Outro fator que manteve rigidamente coeso o anterior sistema de status, à parte o velho estilo conceitual, foi um sistema rígido de parentesco. Homens haviam ficado enredados entre reis e primos e só escapavam de uns para cair em poder dos outros. Pelo menos duas importantes teorias foram recentemente formuladas a respeito da corrosão dessa limitação, as de Jack Goody e de Alan Macfarlane. Não sei se essas teorias são verdadeiras, mas elas fornecem um modelo de como poderemos ter chegado ao ponto em que hoje estamos.

Logo, contudo, que as condições sociais e econômicas se tornaram favoráveis, esse novo estilo de pensamento pôde emergir: ele permitia que conceitos fossem livremente dissociados e recombinados, sem sacralizar nenhum deles. Limitação e compulsão são impostas apenas em um segundo nível: os homens são obrigados a pensar e a produzir de forma disciplinada. Não estão mais presos a determinados conceitos específicos, a maneiras de ver as coisas, a funções especificadas, a certas técnicas de produção. Um dos grandes codificadores da nova visão foi David Hume. Sua famosa teoria da causalidade afirma que, de fato, não há conglomerados inerentes, gratuitos ou obrigatórios de coisas. Tudo pode se combinar com tudo e os conglomerados só podem ser provados por observação. Em primeiro lugar, todos os separáveis devem ser separados e, em seguida, suas ligações reais determinadas à luz da prova, e somente da prova. Hume proporciona assim uma receita e um modelo para a cognição, mas ela poderia ser igualmente, é claro, uma receita para o comportamento de mercado, cujas regras foram estabelecidas na mesma época por um grande amigo seu, Adam Smith. A combinação e recombinação de elementos produtivos, sem a limitação de conglomerados conceituais e de papéis sociais vigentes, constitui a essência da livre iniciativa liberal consagrada por Adam Smith. Seus princípios são os mesmos que embasam a exploração cognitiva livre do mundo, codificada por Hume e por Kant.

A história aqui contada termina com o tipo de sociedade que os teóricos do contrato social ingenuamente consideraram como natural quando invocaram o contrato como explicação da ordem que torna o contrato possível. A ampla faixa de conceitualização, o livre comprometimento com obrigações a uma distância temporal de qualquer conteúdo livremente escolhido, é o que entendemos por contrato. A sociedade que apresenta esses aspectos é também igualitária no sentido em que não admite sistemas congelados de status. É também protestante em sentido genérico, na medida em que não permite a existência de uma espécie separada de especialistas cognitivos privilegiados. Indivíduos e conceitos são iguais e fazem parte de um sistema onde a *forma* pode ser sagrada, mas o conteúdo é variável. Essa sociedade é também *nacionalista* no sentido em que, pela primeira vez na história, acontece alguma coisa que era inconcebível em um período anterior: a alta cultura, transmitida por escrito e pela educação formal, vem a constituir a cultura geral de toda a sociedade, definindo-a e tornando-se objeto de lealdade.

O que fiz, na verdade, como deve ter compreendido qualquer pessoa familiarizada com este tópico, foi dar uma versão muito abreviada das idéias de Durkheim e de Weber, fundidas de maneira a formar uma história contínua. O problema de Durkheim era o seguinte: por que todos os homens são racionais? Com isso, ele queria dizer: por que homens pensam em conceitos e por que são limitados por eles? Ele compreendeu muito melhor o problema do pensamento conceitual do que filósofos empiristas, ou antropólogos empiristas, por falar nisso, como Frazer. Durkheim compreendeu que, se conceitos fossem formados simplesmente pelo processo de aprender com a natureza, por "associação", um câncer semântico poderia se desenvolver rapidamente. Não haveria limites ao comportamento ou à formação de conceitos. Se a associação gerava conceitos, não haveria limite ao conteúdo dos mesmos e seria inexplicável o comportamento espantosamente disciplinado de conceitos e homens. O fato de que conceitos significam a mesma coisa para todos os membros de uma dada comunidade se tornaria um mistério. O mesmo aconteceria com o fato de que todos eles também impõem disciplina ao homem. Esse problema não podia ser solucionado de maneiras convencionais e Durkheim indicou a direção onde estaria a solução.

A pergunta de Weber, é claro, não foi por que todos os homens são racionais, mas por que alguns são mais racionais do que outros, nos casos em que racionalidade é concebida em acentuado contraste com a racionalidade durkheimiana. O que o interessava era a nova e especial racionalidade, uma racionalidade que não mais tremia diante de conceitos ritualmente inculcados, e que respeitava apenas certas regras formais concernentes à distribuição de todos eles. Weber formulou uma teoria, que descrevi em uma versão simplificada e exagerada, sobre como esse novo mundo surgiu, tornando possível, dessa maneira, a explosão cognitiva e produtiva.

Ele deixou claro também o custo de tal mundo. O preço da separação e do nivelamento de todos os elementos, a plena utilização do potencial envolvido na unificação de todos os conceitos em um único espaço lógico disciplinado, obrigando-os a se dissociar e se reassociar segundo nosssa conveniência, é muito grande. O preço, naturalmente, é a separação entre fato e valor e o fim daquele confortável endosso de arranjos sociais a que a humanidade se tornou habituada.

Ouvimos muitas queixas sobre a ausência de uma boa legitimação de nossa ordem social. A sugestão é que isso equivale a um escândalo e que a filosofia deveria fazer alguma coisa a respeito. Se minha versão está correta, a filosofia não pode fazer coisa alguma. Admito que há no mercado um grande número de relegitimações e reencantamentos substitutos. Mas não valem grande coisa.

O que apresentei é, evidentemente, uma teoria, uma teoria especulativa. Pequei de forma desavergonhada contra a famosa injunção que proíbe a especulação sobre as origens. A especulação, no entanto, parece mais ou menos compatível com os fatos disponíveis, ou, de qualquer maneira, não se choca frontalmente com eles. Explica-os melhor do que qualquer alternativa disponível e sugere a necessidade de mais pesquisas etnográficas, históricas e de outros tipos. Como bom popperiano, não peço mais das teorias. A ironia da antropologia é que ela nasceu de uma preocupação apaixonada pela questão das origens. Em algum momento entre as décadas de 40 e 80 do último século, e finalmente estimulada pelo darwinismo, essa preocupação gerou uma disciplina distinta, que se esforçou para usar povos contemporâneos mais simples como uma espécie de máquina do tempo. E foi isso o que virtualmente definiu a disciplina.

Mas em seguida, na década de 1920, na zona conceitual da libra esterlina, toda essa construção foi derrubada. E derrubada de maneira extremamente fecunda por Bronislaw Malinowski. Dizem que os maiores prazeres são repulsas que foram dominadas e talvez os tabus mais poderosos sejam atrações reprimidas. O novo tabu da especulação sobre origens foi, de fato, poderosamente internalizado. Talvez seja tempo de mudar novamente. O grande argumento sobre a antropologia pré-malinowskiana dizia que, se seus dados não eram muito bons, suas perguntas eram extremamente interessantes. A antropologia malinowskiana está agora, talvez, em situação oposta. Se os dados são admiráveis, as perguntas são um tanto triviais. Talvez tenha chegado o momento de combinar alta qualidade de dados com revitalização das perguntas. E elas podem ser, na verdade, perguntas sobre as origens.

## REFERÊNCIAS

Burtt, E.A. *The Metaphysical Foundations of Modern Physical Science.* International Library of Psychology, Philosophy and Scientific Method; Kegan Paul, Londres, 1925.

Childe, V.G. *Man Makes Himself.* Library of Science and Culture, 5; Watts, Londres, 1936.

Durkheim, E. *The Elementary Forms of the Religious Life,* trad. de J. W. Swain, George Allen and Unwin, Londres, 1915, reeditado em 1976. [Ed. bras.: *As formas elementares da vida religiosa.* São Paulo: Abril Cultural, 1973.]

———. *The Division of Labour in Society*, trad. de G. Simpson. Free Press, Glencoe, IL., 1933, reeditado em 1960. [Ed. bras.: *Da divisão do trabalho social*. São Paulo: Abril Cultural, 1978.]

Ellen, R.(org.). *Between Two Worlds. The Polish Roots of B. Malinowski*. Cambridge University Press, 1988.

Firth, R.(org.). *Man and Culture: An Evaluation of the Work of B. Malinowski*. Routledge and Kegan Paul, Londres, 1957.

Frazer, J.G. *The Golden Bough*. 3ª ed., Macmillan, Londres, 1907-15.

Goody, J.(org.). *Literacy in Traditional Societies*. Cambridge University Press, 1968.

———, (org.). *The Development of the Family and Marriage in Europe*, Cambridge University Press, 1983.

———. *The Logic of Writing and the Organization of Society*. Cambridge University Press, 1986.

MacFarlane, A. *The Origins of English Individualism: The Family, Property and Social Transition*. Basil Blackwell, Oxford, 1978.

Sahlins, M. *Stone Age Economics*. Tavistock, Chicago, 1972.

Weber, M. *General Economic History*, trad. de F.N. Knight. Adelphi Economics Series; George Allen and Unwin, Londres, 1927; reeditado por Transaction Books, New Brunswick, NJ, 1981.

———. *The Protestant Ethic and the Spirit of Capitalism*. Londres, 1930, reeditado por George Allen and Unwin, Londres, 1965. [Ed. bras.: *A ética protestante e o espírito do capitalismo*. São Paulo: Pioneira, 1967.]

# 4

# CULTURA, LIMITE E COMUNIDADE

A existência de cultura entre espécies que não a humana é assunto controvertido. Há autores que chegam a ponto de declarar a ausência de cultura entre outras espécies.[1] Já provoca menos discussão a idéia de que a cultura é incomparavelmente mais importante entre os homens do que entre membros de qualquer outra espécie. Essa premissa, muito menos contestável, é tudo de que realmente necessitamos para nossa atual discussão.

O que significa *cultura*? Basicamente, um modo não-genético de transmissão, existente em uma comunidade contínua. Comunidade é a população que tem a mesma cultura. Poderíamos dizer que cultura refere-se ao que quer que seja que é transmitido não-geneticamente. As duas noções, cultura e comunidade, estão intimamente ligadas.

Cultura e comunidade se definem em termos uma da outra: cultura é aquilo que uma população compartilha e que a transforma em comunidade. A comunidade é a subpopulação de uma espécie, que com ela compartilha de traços geneticamente transmitidos, mas que se distingue da população mais ampla por algumas características adicionais: estas, de uma ou outra maneira, dependem do que a comunidade, ou subpopulação, faz, e não de seu equipamento genético. A comunidade compartilha de uma série de características transmitidas semanticamente: o que se reproduz é *comportamento*. Os limites impostos a esse comportamento, no entanto, dependem de indicadores inerentes à sociedade e não aos genes de seus membros. O comportamento cultural não é ditado geneticamente e não pode ser reproduzido, seja por algum *Diktat* genético interno nem mesmo por uma mera conjunção de programação genética com estímulos externos não-sociais. Por isso mesmo, suas fronteiras ou limites devem ser definidos por uma ou outra característica pertencente à comunidade dentro da qual ocorre essa reprodução do comportamento. Essa delimitação não-genética de fronteiras de conduta, ou de opinião, na manutenção da comunidade, é uma definição mais ou menos tão boa de *significado* quanto qualquer outra que ora possuímos. Significado, cultura, comunidade — são idéias que se entrelaçam. A circularidade de suas definições, a interdependência entre elas, não têm importância.

O que a espécie humana compartilha geneticamente é um inacreditável grau de plasticidade ou variabilidade comportamental. A diversidade em conduta concreta encontrada entre membros dessa única espécie é absolutamente incrível: ela faz coisas muito diferentes, fala línguas notavelmente diferentes, celebra códigos diferentes, e assim por diante. É razoavelmente óbvio que tais diferenças não são transmitidas geneticamente: bebês retirados de um estoque de população podem ser social e lingüisticamente incorporados e criados com sucesso em comunidades inteiramente diversas. Se a nova comunidade possui uma auto-imagem incompatível com algumas características geneticamente transmitidas, pode surgir algum problema. Se, por exemplo, a comunidade que se considera como pertencente a uma categoria de cor de pele adota e socializa um bebê de outra categoria, a criança em questão pode, mais tarde, experimentar alguma dificuldade para conseguir plena incorporação moral. Isso, contudo, não constitui um conflito com a alegação de que a criança não experimenta habitualmente dificuldade em assimilar bem todos os traços social ou semanticamente transmitidos.

Racistas distinguem-se pela convicção de que algumas características socialmente importantes são muito comuns, ou estão mesmo presentes exclusivamente em certas populações *geneticamente* definidas, de que algumas delas possuem fortes concentrações de características boas ou más. É duvidoso que isso seja verdade em qualquer grau significativo: traços considerados moralmente importantes parecem depender muito mais de elementos sociais do que geneticamente transmitidos. Aspectos moralmente admiráveis ou repulsivos foram com freqüência transformados ao longo da história, com uma rapidez que torna muito implausível, ou impossível, atribuir a metamorfose em questão à mudança genética.

O que *de fato* parece geneticamente próprio da humanidade é a plasticidade, a variabilidade em si. Todos os membros da espécie a possuem e nenhuma outra. Mas, possivelmente, o fato sociológico isolado mais importante sobre a humanidade é que tal plasticidade raramente se destaca muito *em* uma única comunidade. Muito ao contrário: membros da mesma comunidade, em sua maioria, assemelham-se muito em um grau acentuado. Geralmente eles falam a mesma língua, tanto em sentido literal quanto mais amplo; usam símbolos lingüísticos semelhantes; e a maneira geral como os utilizam, sua *cultura*, é também muito similar.

Talvez esse argumento necessite de alguma modificação no tocante a civilizações complexas, que contêm grande diversificação de papéis em sua estrutura social e nas quais os atores responsáveis pelos diferentes papéis muitas vezes fazem coisas bastante diferentes, usam roupas diferentes, são obrigados a falar de maneira diferente, são dominados por valores diferentes, e assim por diante. Embora tal diversidade prevaleça entre membros de sociedades complexas, esse fato não contesta realmente nosso argumento principal: homens são, quando tudo é levado em conta, espantosamente bem disciplinados e controlados em conduta e pensamento. Todos os membros de sociedades mais simples podem, como frisou Durkheim, fazer, pensar e sentir as mesmas coisas, ao passo que membros de sociedades mais complexas talvez se complementem por sua diversidade, embora nem os primeiros nem os últimos se afastem muito do que se espera deles culturalmente. Nos casos em que a diversidade de papéis é esperada ou imposta pela cultura, o comportamento não é menos restringido dentro de limites bem estreitos. O comportamento verdadeiramente caótico e imprevisível, cruzando os limites das alternativas culturalmente aceitas, é extraordinariamente raro.

Mas vamos resumir o argumento até agora: se estudamos a humanidade interculturalmente, encontramos uma espantosa diversidade. Se a estudamos em uma única comunidade/cultura, descobrimos uma igualmente assombrosa disciplina e controle. Pergunta: de que modo pode uma espécie, geneticamente dotada pela natureza com uma liberdade e autonomia tão notáveis, observar ainda assim tal disciplina, limites tão rigorosamente definidos, na conduta concreta? O homem nasce geneticamente livre, mas por toda parte está preso por grilhões culturais. Como isso é possível?

Quais as condições necessárias a essa escravização cultural? Quais as condições suficientes? E quais as funções ou, para dar à funcionalidade seu antigo nome aristotélico, qual a sua Causa Final? Em um mundo no qual se pode supor que a seleção natural — e social

— opere até certo ponto, as Causas Finais, ou Funções, têm grande interesse; fornecem pistas importantes para as causas eficientes. Aquilo que serve a um fim, que por sua vez é uma precondição de sobrevivência, constitui legitimamente um elemento na explicação dessa mesma sobrevivência.

Mas comecemos com a função: é razoável supor que sem homogeneização, padronização e disciplina *locais*, comunidades humanas seriam inviáveis. Membros bastante imprevisíveis e diversificados de forma desordenada de um grupo ou população local simplesmente não seriam capazes de cooperar. Deixariam de existir como qualquer tipo de grupo e, presumivelmente, como indivíduos. Existe uma teoria plausível que alega que o *Homo sapiens sapiens* adquiriu inteligência no curso da invenção de meios para prever e lidar com a variabilidade, a desonestidade e a esperteza de seus semelhantes: fomos impelidos à inteligência, por assim dizer, por termos sido obrigados a nos manter à altura da esperteza alheia.[2]

Grande parte dessa descrição dos Gadarene ou da corrida competitiva para a esperteza pode ser verdadeira, mas isso só teria funcionado se instabilidade e imprevisibilidade permanecessem dentro de limites bem definidos. Posso forçar minha inteligência até seus limites na tentativa de vencer um habilidoso jogador de xadrez ou de pôquer, mas se ele for tão instável que esteja na verdade jogando uma série de jogos inteiramente sem relação entre si (como acontece na peça de Tom Stoppard, *The Real Inspector Hound*), nenhuma estratégia eficaz se torna possível. Na verdade, ele deixa de ser qualquer tipo de jogador e não há jogo.

Qual é a condição necessária a essa disciplina essencial, indispensável, intracultural ou intracomunal? Uma espécie geneticamente capaz de tal diversidade, mas que ao mesmo tempo exige grande homogeneidade e disciplina em subpopulações selecionadas de forma arbitrária, simplesmente *tem* que ser capaz de usar e reconhecer um sistema extremamente rico de indicadores, que estabelecem limites ao que pode e não pode ser feito em qualquer comunidade. Dadas a espantosa complexidade interna e diversidade externa das culturas, e sua bem comprovada capacidade de transformação rápida, parece-me óbvio que esse sistema de indicadores também deve possuir aspectos que, como resultado das idéias e *insights* básicos de Chomsky, vieram a ser agora associados à *linguagem*: o sistema de indicadores tem que ser capaz de obter resultados infinitos através de meios finitos.

A linguagem é, por assim dizer, um sistema modular de indicadores, no qual os mesmos elementos podem ser combinados e recombinados em uma grande variedade de maneiras, gerando o delineamento de limites muito diferentes e alternativos de comportamento. Por exemplo, uma linguagem que contenha a noção de sete dias na semana, e os opostos "trabalhar" e "não trabalhar", pode comandar os membros de uma dada cultura a não trabalhar nos domingos. No mesmo sistema de idéias, a noção de proibição do trabalho em qualquer outro dia é também facilmente inteligível, assim como a idéia da obrigação de trabalhar neste ou naquele dia.

As limitações semântico/culturais ao comportamento são extraordinariamente abundantes em dois sentidos: em todas as línguas, outras obrigações além das efetivamente impostas são concebíveis e compreendidas. Em outras palavras, membros da cultura vivem em um *mundo* tal que o estado real das coisas é apenas uma possibilidade entre outras. As possibilidades excedem por larga margem a realidade, mas elas são compreendidas e, em certo sentido, estão presentes. Um mundo é um sistema de possibilidades inteligíveis, das quais apenas uma fração é realmente concretizada. Sem uma linguagem e sua combinação modular de elementos diversos, não é claro se faz muito sentido falar em um ser consciente vivendo em um mundo. Um mundo só surge para conceitualizadores que podem especificar as opções, as possibilidades não concretizadas. Um conjunto de estímulos não chega a ser um mundo. Um sistema modular de indicadores, gerando possibilidades alternativas, todas elas conceitualizáveis, mas apenas uma delas realmente concretizada — *isso* é um "mundo". Sem linguagem não há *mundo.* Animais sem linguagem, vivendo apenas dentro de possibilidades concretizadas, acrescidas talvez de um pequeno número de medos e previsões, de certa maneira não habitam em absoluto um *mundo.*

O segundo e mais abstrato sentido que torna a humanidade rica em recursos é que, além das possibilidades alternativas presentes em todas as linguagens, nós somos evidentemente capazes de adquirir e internalizar mais do que um único conjunto de elementos prontos para combinação. Linguagens e culturas diferem radicalmente nas maneiras como constroem um mundo. O homem, sem a menor dúvida, tem capacidade de internalizar e submeter-se a visões muito diferentes. As linguagens são ricas, mas a humanidade também o é em possíveis tipos alternativos de linguagem.

A cultura é um sistema de restrições, limitando um conjunto infinito e variável de possibilidades, dentro de fronteiras que são em si também muito complexas e que se aplicam a uma faixa muito ampla de situações. Parece-me inteiramente inconcebível que os princípios que tornaram possível um sistema assim tão complexo tenham que ser inventados e construídos *ad hoc* no caso de todas as culturas: e ainda menos concebível que cada proibição, cada proscrição, devam ser, todas elas, inventadas e inculcadas separadamente. Chomsky popularizou o argumento de que os dados disponíveis a uma criança que aprende uma língua não são suficientemente ricos para lhe permitir apreender a estrutura da língua que ela está tentando adquirir. Ela não poderia aprender a falar tal língua, se não fosse pelo fato de que a criança já é em alto grau e, por assim dizer, genericamente inclinada para a língua. Estou argumentando que, de forma análoga, não poderíamos viver em uma cultura se já não fôssemos muito inclinados à proibição. Somos inclinados para a cultura e também para a língua e essas duas suscetibilidades estreitamente ligadas têm que se radicar em alguma predisposição geral bem estruturada, sem a qual nossa variabilidade seria nossa perdição.

As proibições *específicas* a que estamos sujeitos são culturalmente idiossincrásicas, ao passo que nossa forte tendência a observar algum conjunto razoavelmente coerente de proibições e nossa pura capacidade de compreendê-las com precisão e conformarmo-nos a seus requisitos são um atributo compartilhado por toda a espécie. Além disso, as predisposições para as disciplinas cultural e lingüística são em grande parte coincidentes. A linguagem é, inicial e basicamente, um sistema de proibições. *Am Anfang war das Verbot.* No princípio era a proibição. A linguagem consiste de indicadores estabelecendo o que não farás. As regras que governam a combinação dos elementos são empregadas para formar indicadores, e são em si cumpridas por uma humanidade lingüística e culturalmente muito obediente.

O aspecto referencial da linguagem foi, é claro, muito exagerado por teóricos empiristas, que projetam nossa própria meticulosidade empírica sobre outros usuários da linguagem. A referencialidade não esteve de todo ausente entre antigos usuários da linguagem, na medida em que indicadores precisam ser desencadeados por *alguma coisa*: mas essa alguma coisa é principalmente social, e natural apenas em grau muito menor. Os estímulos sociais dominam e triunfam sobre os naturais. Linguagens científicas sofisticadas, cujos termos são *operacionalizados*, como dizemos hoje, em termos de condições naturais, e que simultaneamente se tornam muito independentes dos sociais, constituem exceções, um desenvolvimento tardio e incomum. Um sistema referencial, sensível à natureza e cego à sociedade é uma conquista rara, uma parte do que queremos dizer com a palavra "ciência".

A diversidade é uma pista para a história da humanidade e, poderíamos acrescentar, para o sucesso que ela teve em dominar o planeta. Essa diversidade manifesta-se sob dois aspectos, o intra-social e o intersocial. O fato de sociedades serem tão diferentes permite que várias delas explorem opções ou estratégias diferentes: muitas culturas adotaram costumes que não foram claramente bem-sucedidos. O que trouxe a humanidade à sua atual condição foi o fato de podermos experimentar tantas opções. Cabe supor que as bem-sucedidas foram sempre minoria, talvez mesmo uma minoria insignificante. Mas isso não importou do ponto de vista evolutivo, na medida em que tantas alternativas foram tentadas, e as bem-sucedidas podiam ser imitadas pelas demais ou eliminá-las.

A diversidade intra-social (compatível com uma conformidade e disciplina finamente sintonizadas) é de igual importância, embora por outra razão. Ela e só ela permite a grande complexidade das organizações sociais, que por sua vez permitem a exploração de alternativas culturais de grande poder. Poder-se-ia tentar opções que não estariam disponíveis a sociedades cujos membros se parecessem muito entre si. Esse foi um dos maiores *insights* de Émile Durkheim. Foi ele quem propôs a distinção entre solidariedade mecânica e orgânica, na qual a primeira gera coesão social baseada na similaridade dos elementos aglutinantes, sejam eles indivíduos ou grupos, enquanto a segunda consegue coesão baseada em complementaridade e interpendência mútuas. Estivesse Durkheim certo ou não sobre os mecanismos da coesão social, dificilmente poderá haver dúvida sobre o argumento de que a grande diversidade de papéis permite uma faixa incomparavelmente mais ampla de organizações sociais possíveis, muito mais larga do que teria sido possível na base de uma simples acumulação de elementos que basicamente se assemelham.

Coube a Adam Smith, aliás, apresentar esse argumento, *nur mit ein bisschen anderen Worten*. Foi ele que, com grande eloqüência e capacidade de persuasão, propôs a idéia de que a chave para o progresso era a divisão do trabalho. O sistema de atividades diferenciadas e minuciosamente prescritas que constituem uma dada sociedade não é predeterminado, mas pode ser criado e desenvolvido a um ponto de refinamento em que aumenta grandemente nosso bem-estar e prosperidade. Tal foi o argumento de Smith.

Durkheim sugeriu mais tarde que o que realmente importava eram as conseqüências sócio-políticas, e não econômicas, da divisão do trabalho: seu impacto sobre a sociabilidade humana tinha mais importância do que o impacto sobre a produção de alfinetes. Adam Smith, porém, tampouco desconhecia a importância política do fenômeno. O erro na teoria de Smith foi que, talvez por ter vivido muito antes de Darwin, sua antropologia básica era muito ingênua: aceitava um número grande demais de coisas como naturais. Ela simplesmente supunha como *dadas* certas características básicas da natureza humana que, na realidade, são muito misteriosas e não devem ser consideradas como evidentes por si mesmas: a nossa capacidade de conceitualizar objetivos muito específicos, de adotar procedimentos muito específicos, não raro estendendo-se por longos períodos de tempo — em outras palavras, nossa capacidade de criar e persistir em papéis muito diferentes e específicos. Essa situação pressupõe um mundo conceitualmente organizado, dentro do qual alternativas são facilmente compreendidas. Essa capacidade talvez pareça óbvia a pessoas viciadas em uma espécie de etnocentrismo pan-humano, a considerar nossa condição humana compartilhada como natural, óbvia, um direito inato dado e inquestionado. Mas na verdade ela não é nada disso. Outras espécies dela carecem. Após Darwin, precisamos explicar nossos dotes característicos.

A divisão do trabalho exige e pressupõe a capacidade de conceitualizar. Nem todas as especializações, nem todas as especificidades de papel são econômicas e nem todas elas são benéficas: mas, antes de podermos nos especializar economicamente, e nos especializar de uma maneira que aumente nossa eficiência e produtividade, temos que, em primeiro lugar, ser capazes de uma conceitualização que seja precisa, persistente e independente de estímulos imediatos. Temos que dominar e respeitar um sistema conceitual e modular de indicadores que controlam o comportamento. Trata-se de um dom que não é compartilhado, ou é compartilhado apenas em grau incomparavelmente menor por nossos primos primatas.

E assim voltamos, por intermédio de Adam Smith, ao nosso argumento inicial. O homem é definido por sua plasticidade, que permite à humanidade manifestar a notável diversidade que a caracteriza, tanto em sociedades individuais como entre elas. Esse potencial para a diversidade, contudo, seria inútil se não fosse também restringido por algum mecanismo compensatório. O mecanismo mantém o comportamento em limites relativamente estreitos em qualquer meio cultural, mas não nos *mesmos* limites em todos eles. Suponhamos que o homem seja tão instável como de fato é, mas também que a aprendizagem e o conhecimento operam da maneira como filósofos empiristas simplórios supunham que operavam: pela interação entre mentes individuais e a "experiência". De acordo com esse modelo, cada indivíduo construiria seu próprio sistema de associações à luz de uma experiência inevitavelmente diversificada e idiossincrásica. A divergência entre mentes individuais seria enorme e sempre crescente, a uma taxa assombrosa. Nossas mentes sofreriam de câncer semântico, porque os significados se expandiriam através de associações idiossincrásicas. Seriam essas mentes instáveis capazes de se comunicar e de cooperar entre si? Isso é inconcebível. Sem plasticidade não há diversidade e, sem diversidade, nada daquela rápida exploração de estratégias alternativas que fez da humanidade o que ela é. Sem a limitação da cultura, no entanto, a plasticidade se tornaria maligna e excessiva, desenvolvendo-se com uma rapidez grande demais. E também não poderia, por causa de sua própria variabilidade, *conservar* quaisquer vantagens obtidas. Elas passariam simplesmente por cima, por assim dizer, movendo-se com uma enorme rapidez. Qualquer ganho seria logo perdido. A plasticidade, portanto, precisa ser compensada por restrição e limitação. A linguagem constitui a maior parte do sistema de marcadores que indicam as fronteiras toleradas, impostas em qualquer cultura, em qualquer tempo.

Notem que duas famosas definições do homem — o homem é um animal racional e o homem é um animal social — não são realmente básicas ou elementares, mas derivadas. São ambas corolários de nosso argumento mais fundamental — a humanidade é a espécie plástica, ou variável. Aceito isso, racionalidade e sociabilidade tornam-se conseqüências necessárias: o animal variável não pode sobreviver a menos que seja racional e sociável. Ou melhor, ele tem que ser racional e, para ser racional, também tem que ser social. A idéia de racionalidade aqui utilizada é a de Émile Durkheim: significa simplesmente ser suscetível e limitado por conceitos socialmente impostos e compartilhados. Um ser instável destituído dessa capacidade seria instável *demais*.

O homem, porém, também tem que ser social: é difícil compreender como uma comunidade muito pequena poderia perpetuar um sistema realmente rico de indicadores ou inibir um desenvolvimento super-rápido de tais sistemas. Todos os novos desvios da norma poderiam tornar-se, e se tornariam, com uma facilidade grande demais, uma nova norma. É preciso uma população de certo tamanho — não um tamanho muito grande, mas pelo menos um bando — para impor uma sensibilidade à distinção entre o que é uso aceito e o que constitui um desvio. Racionalidade e sociabilidade são corolários da variabilidade. Sem elas, o animal plástico seria descontrolado demais para ser viável.

Portanto, linguagem e plasticidade surgiram juntas: nenhuma é possível sem a outra. Cada uma pressupõe a outra, cada uma torna a outra necessária. É difícil conceber uma linguagem inteiramente desenvolvida antes de variabilidade de conduta: que uso teria esse sistema altamente ajustável e rico de indicadores? Um sistema de indicadores rico, gerador de alternativas, acompanhando uma forma de comportamento rígida, invariável, geneticamente determinada, seria um luxo inteiramente inútil ou prejudicial. Um indivíduo acorrentado não tem usos possíveis para a capacidade de conceitualizar caminhos alternativos para a liberdade. Mas é igualmente impossível imaginar a ausência da linguagem *após* o aparecimento da variabilidade. Assim, é razoável supor que os indicadores da variabilidade da conduta são pistas para as origens da linguagem.

Mas se a linguagem é a condição necessária para restringir a plasticidade *excessiva*, será ela também suficiente? A doutrina que afirma que isso de fato acontece constitui na verdade uma das formas do idealismo sociológico. Essa opinião diz que os nossos sistemas de significados é que nos limitam e que são *suficientes* para formar ou definir uma sociedade. Outra maneira de dizer a mesma coisa seria — dê-me um sistema de significados, em outras palavras, de cultura, e lhe direi com que tipo de sociedade está lidando. Nenhum sistema de limitações acima da cultura precisa ser levado em consideração: a especificação da cultura será suficiente. Tenho sérias dúvidas sobre a adequação dessa idéia, amplamente aceita.

Ora, de fato me parece verdade que, cultural e lingüisticamente, somos espantosamente obedientes, dóceis e bem-comportados. Talvez também seja verdade que, no caso da humanidade pré-agrária, essa antropologia culturalmente orientada podia ser apropriada e talvez quase suficiente. Não tenho certeza de que seja assim, mas isso é pelo menos concebível e pode constituir uma aproximação da verdade. A humanidade pré-agrária não tinha muito por que lutar, e a mera descrição de uma cultura compartilhada pode constituir algo que se aproxime de uma descrição quase completa da manutenção da ordem social na sociedade em questão. Talvez ela carecesse de sistemas coercitivos desenvolvidos. Há também alguns motivos para duvidar disso, mas, pelo menos, é uma possibilidade *prima facie* e merece investigação.

Ela, contudo, perde toda plausibilidade quando passamos às sociedades produtoras de alimentos, armazenadoras de recursos. Uma vez que nenhum princípio de distribuição de recursos é axiomático ou de cumprimento automático, mas muitos são *concebíveis*, e todos injustos com *alguns* participantes, essas sociedades são inerentemente inclinadas para o conflito e precisam de sistemas coercitivos, que por sua vez transcendem o sistema cultural. O mesmo sistema cultural de significados e indicadores compartilhados é compatível não só com ocupação diversificada de posições-chave na sociedade, mas também com estruturas de autoridades e métodos de coação muito diferentes. Estrutura e cultura são com freqüência independentes entre si em grau considerável. A mesma cultura, ou sistema semântico, geradora de indicadores, pode ser compatível com sistemas coercitivos organizacionais diferentes.

Meu argumento sobre a diferença entre a humanidade coletora de alimentos e a agrária poderia ser formulado da seguinte maneira: a humanidade é suscetível a dois tipos de limitações, culturais/lingüísticas e coercitivas. No todo, o homem obedece às regras gramaticais e culturais de sua comunidade sem precisar de muita coisa sob a forma de sanções, embora se pudesse dizer que o escárnio que se segue a solecismos, fonéticos ou na aparência, seja uma espécie de sanção, e muito poderosa. Mas quando a questão é ocupar posições na hierarquia econômica e política, em geral são necessárias sanções muito mais potentes do que a simples "gramática da cultura".

Minha alegação é que o equilíbrio entre esses dois tipos de limitação mudou profundamente com a descoberta da agricultura e com a presença de um excedente armazenado. Entre os coletores de alimentos, os sistemas semânticos eram sem dúvida reforçados por alguma violência, esta também presumivelmente importante na destinação de papéis a indivíduos. Nas sociedades agrárias, porém, estruturas coercitivas desenvolvidas reforçavam e mantinham a sociedade e sua organização em uma extensão muito maior. Talvez se trate aqui de uma mera questão de ênfase: a violência física também esteve sem dúvida presente entre coletores de alimentos, e a submissão humilde ao simples costume, sem ameaça de força, não é desconhecida entre povos agrícolas. Mas mesmo que seja uma questão de ênfase, e não de descontinuidade radical, deve ter ocorrido uma mudança muito importante no equilíbrio entre esses dois elementos.

Nosso argumento geral dizia que o homem é basicamente moldável, mas que, em qualquer sociedade, seu comportamento é restrito por limites notavelmente estreitos. A espécie geneticamente subdeterminada é limitada por novos laços, semanticamente transmitidos. O que a humanidade *recebeu* em termos genéticos foi, exatamente, essa liberdade de ação *e* a capacidade de construir um sistema aberto de indicadores, que compensaria a flexibilidade ou subdeterminação genética. O homem é dotado também de uma docilidade notável em relação a esses sistemas de indicadores, e de uma capacidade de reconhecer os limites que eles impõem e aceitá-los. Nos termos deste esquema global, nosso argumento sobre a revolução neolítica e as implicações da produção e armazenamento de alimentos para o tamanho e complexidade das sociedades é o seguinte: sistemas muito complexos de papéis surgem com a produção e armazenamento de alimentos e não podem mais ser mantidos apenas pela cultura, necessitando também de coerção sistemática. Ou dizendo tudo isso à maneira tradicional: a produção e o armazenamento geram o Estado, ou coerção institucional. Podemos falar de Estado propriamente dito quando os agentes dessa coerção institucional são concentrados em uma única parte da sociedade.

A cultura, ou a limitação da conduta por meios conceituais, é claro, não esteve ausente nem era destituída de importância na época agrária. As sociedades agrárias geralmente aspiravam à estabilidade, e sua complexa organização tendia a ser garantida e apoiada por uma maquinaria cultural correspondentemente desenvolvida. Nos casos em que sociedades mais simples tinham a dança e a fábula, elas possuíam doutrinas, bem como mitos, aos cuidados de um grupo de especialistas ideológicos. A fórmula básica dessas doutrinas era que o que existe *deve continuar* a existir, e com toda razão. As provas oferecidas em apoio a essa sacralização da realidade social não podiam de modo algum ser autênticas e válidas por si mesmas.

Por esse motivo a era agrícola deve parecer, àqueles não mais escravizados por ela, como uma era de superstição e coerção. Foi exatamente dessa maneira que o Iluminismo a considerou.

Uma fórmula geral que poderia ser aplicável às sociedades agrárias é que elas precisavam *simultaneamente* tanto de sistemas culturais/semânticos como de sistemas coercitivos desenvolvidos de controle social. Sua complexidade e necessidades e, poderíamos acrescentar, sua desigualdade, eram tão extremadas que, sem a coerção e o medo, a ordem social desmoronaria. Mas a coerção apenas jamais teria sido capaz de manter essas sociedades complexas. O que elas precisavam era, por assim dizer, de coerção *à distância*. Um rebanho de animais incapazes de formular conceitos não pode ser obrigado a fazer alguma coisa altamente específica, e de fazê-lo *imediatamente*, sob a ameaça de uma punição terrível posterior. Animais só obedecem a instruções muito simples, impostas por sanções simples e que compreendem na ocasião. Podem, reconhecemos, ser treinados para certos tipos de desempenho ou abstenção de desempenho, mas são muito pequenas a faixa e o refinamento dessas instruções internalizadas. Eles nunca poderiam criar os padrões intrincados e sensíveis de conduta pressupostos pela ordem social complexa que achamos natural. Civilizações humanas complexas precisam que o homem faça coisas minuciosamente circunscritas e que as faça à luz de sanções que não estão imediatamente presentes e atuantes. Civilizações complexas não seriam possíveis se o homem não fosse capaz de ter *medo* e *pensamento* abstrato, alternativo, conceitual. Elas precisam de ação coercitiva à distância, medo à distância, que são finamente sintonizados, precisos, discriminadores. Precisamos ser simultaneamente inteligentes e medrosos.

Poderíamos resumir tudo isso da seguinte maneira: sistemas semânticos ou culturais apenas não são suficientes como compensação para nossa subdeterminação genética. Eles precisam ser suplementados por sistemas coercitivos. Essa necessidade torna-se visível e dominante no ponto em que a institucionalização da produção e armazenamento de alimentos abre a possibilidade de formação de sociedades populosas, complexas e diversificadas. Coerção sem significado é cega, significado sem coerção é ineficaz. Por si só, o significado impõe conformidade cultural, mas não política. Somente operando juntos é que a força e o significado constroem aquelas obras-primas de organização social que emergiram na era agrária. De Maistre disse que o carrasco é o alicerce da ordem social. Mas ele não é suficiente. A humanidade civilizada precisa estar sob o domínio de carrascos *e* de gramática normativa.

A presença simultânea de técnicas semânticas e coercitivas para impor ordem ao comportamento refletiram-se na importância, e na separação, de especialistas em legitimação e especialistas em violência. Essas duas categorias sociais supremamente importantes e dominantes governaram em geral, sob alguma forma de cooperação às vezes contrafeita, sociedades complexas. Sua preeminência constitui testemunho eloqüente do fato de que a manutenção da disciplina social é muito problemática e que dificilmente pode ser conseguida sem eles. A sociedade não poderia sobreviver sem a ajuda deles e, uma vez que os tivesse, não poderia resistir facilmente às suas exigências. Por isso, eles em geral conseguiram grandes privilégios para si mesmos. Os indicadores que delimitavam as fronteiras de subgrupos e do comportamento requerido precisavam ser objeto de serviço e manutenção, e isso conferia poder aos sacerdotes. Os instrumentos da coerção precisavam também ser distribuídos e estar prontos para a ação, e isso conferiu poder aos seus possuidores, na maioria das vezes monopolistas. Mas por que essas categorias são tão freqüentemente diferentes e separadas? Presumivelmente, a natureza dos dois conjuntos de habilidades é de tal ordem que seu emprego, e/ou o treinamento que leva à aquisição do status de *virtuose*, não se combinavam facilmente. A pergunta correta, ao que me parece, não é por que instituições como o reinado divino ou o governo de sacerdotes foram ocasionalmente encontradas, mas por que jamais estiveram ausentes. A separação dessas duas categorias de dominadores, e a rivalidade entre elas, podem ser uma das pistas importantes para a questão de saber como conseguimos escapar da ordem agrária. Os sacerdotes ajudaram-nos a conter os brutos e, em seguida, aboliram a si mesmos por excesso de fanatismo, universalizando o sacerdócio. Primeiro Canossa, depois a Reforma.

Sabemos agora que é de fato possível escapar da era agrária do Medo e da Fé. Sabemos disso porque realmente escapamos dela, embora os românticos entre nós prefiram dizer que dela fomos expulsos. Sabemos que isso aconteceu, embora ainda não compreendamos totalmente como ocorreu essa fuga ou expulsão. O que de fato sabemos é que as regras do jogo mudaram radicalmente mais uma vez. Coerção e cultura continuam entre nós, mas de uma forma inteiramente nova. A coerção diminuiu em grau, pelo menos nas sociedades liberais. A sociedade agrária era inevitavelmente malthusiana, com uma população que pressionava os recursos de forma constante. A distribuição desses recursos não podia ser senão odiosa e daí exigia alto grau de imposição coercitiva, não raro de grande brutalidade. A sociedade pós-agrária é próspera e pode dar-se o luxo, ou pelo menos freqüentemente se permite tal conduta, de um acentuado relaxamento da coerção. A coerção não está absolutamente ausente, mas foi muito suavizada, pelo menos em algumas sociedades.

Quando passamos ao novo papel da cultura, descobrimos uma mudança não só em grau, mas também em espécie. Em sua vida cognitiva, esse novo tipo de sociedade respeita a *ciência*. Este respeito é constituído de um curioso sistema de indicadores, na maior parte desconectados de quaisquer gatilhos sociais, e relacionados de forma sistemática com alguma coisa extra-social ("natureza", "experiência"). Como conjunto de imperativos comanda apenas hipoteticamente, e se relaciona com a escolha de meios, e não de fins. Não se espera que seja estável.

Em sua vida produtiva, essa sociedade também é incomum: nela tampouco se espera estabilidade e há uma escolha livre e sem limites de métodos e pessoal. Em outras palavras, tanto a cognição como a produção foram liberadas das limitações sobre papel e inovação em métodos que as haviam dominado, no interesse da estabilidade social, durante toda a era agrária. É como se essa mutabilidade genética, que caracterizou o homem por cerca de duzentos mil anos, tivesse finalmente, e pela primeira vez, permissão para manifestar-se plenamente, não apenas sob a forma de variedade *entre* culturas e sociedades, mas *em* uma delas. Surgiu um tipo de sociedade que podia tolerar uma relativa liberação da flexibilidade humana, mesmo dentro dos limites de uma única ordem social. A explosão de inovação cognitiva e produtiva está, é claro, ligada a uma limitação bastante nova e internamente imposta, que pode, por uma questão de conveniência, ser denominada de racionalidade caracteristicamente moderna. Esse fato permite, misteriosamente, que o homem seja disciplinado e social, mesmo quando livremente recombina elementos de produção e cognição. Uma limitação internamente sancionada leva produtores e pesquisadores a observar e respeitar regras formais, mesmo no curso de inovações substanciais. A disciplina passou para um plano mais alto, permitindo um volume assombroso de inovação no nível do solo, enquanto a ordem social é preservada.

Portanto, as limitações também não estão ausentes nessa sociedade, embora tenham assumido uma nova forma. A sacralização compulsiva de conceitos importantes, que tanto havia preocupado Durkheim, foi substituída pela sacralização de segunda ordem da correção processualística, pela regra de tratar casos iguais de maneira igual, pela elegância conceitual, pela unificação de conceitos referenciais em um sistema idealmente unificado, e por sua separação, em grau notável, dos indicadores que delimitam a conduta social. Os imperativos cruciais são formais, não substantivos. Nenhum conceito isolado é fortemente protegido e tornado imóvel por algum ritual impressionante. Nossos rituais literais são lúdicos e semi-sérios. Um sistema unificado, disciplinado e aberto de conceitos referenciais convive agora em relativo isolamento dos indicadores que orientam a conduta social.

O requisito de simetria disciplinada está no núcleo da ética social e cognitiva da sociedade moderna. A ausência de ritual tornou-se o ritual mais poderoso, e a ausência de imagens gravadas o fetiche mais geral. Ambos inculcam tratamento organizado e experimental da natureza e ajudam a gerar a tecnologia, que constitui a nova base da sociedade. O suborno pelo crescimento econômico substitui até certo ponto o medo como pedra fundamental do edifício social.

A importância da sociologia de Max Weber reside no fato de que ela oferece uma teoria de como surgiu esse novo tipo de limitação. Como acontece com tanta freqüência, o mérito da teoria está mais no reconhecimento de um problema antes despercebido e importante do que na solução que oferece para o mesmo. Weber nos tornou sensíveis à diferença entre um mundo no qual a ordem formal é sagrada, mas todos os objetos específicos são iguais, e um mundo mais antigo, no qual alguns objetos substantivos eram muito mais sagrados do que outros — o mundo analisado por Durkheim.

Esse novo tipo de sociedade, e também a visão que a acompanha, transformam inteiramente a relação entre a Alta Cultura e a Baixa Cultura,[3] que estiveram em estado de tensão mútua durante toda a parte final da era agrária. A Alta Cultura foi perpetuada pela escrita e pela educação formal, a Baixa Cultura pela socialização informal dentro da comunidade local. A nova natureza do trabalho, que consiste na manipulação fora de contexto de significados e pessoas, e não de coisas, exige que a maioria esmagadora da população tenha acesso a uma cultura Alta, letrada. Sua aquisição é a qualificação mais valiosa para a maioria dos indivíduos e precondição da qualidade de membro de uma sociedade: os homens identificam-se apaixonadamente com ela e isso é conhecido como "nacionalismo". O controle social opera agora em parte através desse nacionalismo, ou identificação ardente com uma nação-estado existente ou desejada. É imposto também por um estado centralizado e disseminado, e tornado aceitável por um interesse compartilhado pela prosperidade e na promessa de seu avanço contínuo.[4]

Meu argumento foi que a subprogramação genética deve ter estado ligada à presença de um sistema compensatório de limitações culturais/lingüísticas. Esses sistemas culturais e de coerção complementaram-se de diversas maneiras em diferentes estágios. A variabilidade deve obviamente ter tido suas próprias precondições genéticas, de modo que nossa mutabilidade, e nosso dote de talentos e propensões compensatórias, devem ter acontecido simultaneamente. A conseqüência de tudo isso foi o surgimento de uma espécie em cuja vida a transmissão social ou semântica e a coerção institucional se tornaram muito mais importantes do que a mutação genética, possibilitando que a mudança ocorresse com espantosa rapidez.

## NOTAS

1. Ver Robert A. Hinde, *Individuals, Relationships and Culture: Links between Ethology and the Social Sciences* (Cambridge University Press, Cambridge, 1987), p.3: "Podemos, assim, falar em posse de 'cultura' como sendo uma característica exclusivamente humana."

2. Ver N. Humphrey, *Inner Eye* (Faber, Londres, 1986).

3. Ver S.N. Eisenstadt, *The Origins and Diversity of Axial Age Civilizations* (State University of New York Press, Albany, 1986).

4. Ver E. Gellner, *Nations and Nationalism* (Blackwell, Oxford, 1983).

# 5

# O Contrato Social de Freud

*O mal-estar na cultura* é um mito fundacional, um argumento a respeito da origem da atual ordem social e, na verdade, do aparecimento da humanidade, uma teoria antropogenética. É também uma versão do contrato social, uma teoria sobre o que justifica a ordem moral — reconhecidamente uma história um tanto indiferente e menos do que entusiástica, um endosso menos que apaixonado. Contém uma sugestão para modificação do contrato, para uma diminuição de sua severidade, embora isso se faça acompanhar de um medo visível das possíveis conseqüências sociais da suavização de seus termos. A ambivalência pouco entusiasmada do contrato social de Freud é um de seus aspectos mais notáveis. O tom é: isto é o melhor que poderíamos fazer... Talvez possamos nos sair um pouco melhor sendo menos severos conosco; mas estou apavorado com minha própria audácia em fazer tal proposta. Há alguns entre nós que poderiam tirar proveito disso. Isso poderia conduzir a uma catástrofe. (Pensamento ambivalente à parte: *seria* uma catástrofe?)

As teorias de contrato social são, na verdade, uma *espécie* de mito de fundação. Constituem uma subespécie muito especial, que se destaca de maneiras importantes. Os mitos de fundação tradicionais em geral invocam o sobrenatural ou, de qualquer modo, poderes e seres excepcionais e acima do normal. Esses poderes tornam possível os eventos iniciais excepcionais, que passam a constituir o próprio início do mundo e/ou da ordem social e, dessa maneira, a legitimam. O fato de os eventos e poderes serem de tal maneira excepcionais e de terem ocorrido nos primórdios do tempo justificam conjuntamente a sociedade que criam. Esses mitos são as atas naturais de fundação de sociedades religiosamente orientadas, com suas diferenças de status internalizadas de forma profunda e tornadas absolutas. Essas diferenças adquirem caráter impositivo simplesmente pelo fato de estarem tão saturadas pelo transcendente. O respeito que o status inspira nessas sociedades é refletido na natureza excepcional dos eventos que geraram o sistema predominante de categorias sociais.

Em contraste, todo o interesse das teorias de contrato social está no fato de que elas constroem a ordem social sobre a base de alguma coisa mundana, humana, comum, isto é, o contrato voluntário entre dois ou mais homens. Nada de extraordinário ou extraterreno é necessário para o estabelecimento da sociedade — apenas boa vontade e bom senso. O estabelecimento de uma ordem social é bom *negócio* e suas precondições são as dos bons negócios: que sejam benéficos para as duas ou para todas as partes interessadas. A mudança da mitologia da fundação para as teorias de contrato social é também a transição de sociedades de status transcendente para sociedades de consentimento imanente, voluntário. A natureza superficial e temporária do status nessas sociedades, ligado como está à ocupação meramente transitória de uma dada posição em uma burocracia conveniente, e não sacramental, ou a um saldo bancário analogamente contingente, e à ausência de qualquer internalização profunda, refletem-se na natureza mundana do documento que criou a própria ordem social. Em termos bem resumidos, sociedades hierárquicas com status imputado têm mitos; as sociedades igualitárias e dotadas de mobilidade têm contrato. A transição do status para o contrato é refletida na mudança do mito para o contrato.

A versão de Freud é pouco usual em diversos aspectos: em primeiro lugar, para ser preciso, ela combina uma história, ou mito de fundação, com um contrato e, em conseqüência, enfrenta de uma só vez os problemas colocados por cada um desses tipos de produção intelectual. Todos eles se defrontam com um tipo de regressão: os mitos, ingenuamente, supõem um mundo que serve de pano de fundo, dentro do qual nosso mundo foi criado; os contratos supõem outro, de obrigação moral, que garante o contrato primordial em si. O elemento de contrato na versão freudiana difere de outros por não ser racional, mas emocional. Postula um padrão de sentimento, não de pensamento ou cálculo.

A história, naturalmente, desenvolve-se na natureza, no mundo. O pensamento de Freud é naturalista e empirista, para não dizer materialista — é dispensável mencionar isso. Os críticos de Freud dirão que o inconsciente que ele descobriu ou postulou tem todas as características do antigo transcendente: é poderoso, ameaçador e apenas seletivamente acessível, como especificado pela teoria que postula sua existência e que, ao mesmo tempo, confere acesso privilegiado e autoridade ao proponente da própria teoria e a seus acólitos. Dessa maneira, estranhos são privados de acesso e não podem realmente criticar toda a estrutura. Tudo isso pode ser verdade e, do ponto de vista da lógica interna do sistema de crenças em questão, o inconsciente pode de fato ser o equivalente funcional e o substituto de velhos reinos religiosos mais respeitáveis. Não obstante, do ponto de vista da compreensão da teoria de moralidade e sociedade de Freud, é também de extrema importância que essa nova versão do transcendente seja formalmente localizada na natureza e na história. O mito da criação e os termos do contrato social básico são terrenos, e não celestiais.

O naturalismo tanto da história da criação como do contrato é importante. Isso significa que a história da criação terá que reivindicar uma verdade histórica, assim como o episódio do contrato. No caso de Freud, como mencionado, o contrato em si é emocional, e não racional: esse fato é derivado, de qualquer maneira, de sua localização no inconsciente, e qualquer outra coisa dificilmente se adequaria ao espírito do pensamento de Freud. Versões anteriores da teoria do contrato social pressupunham, de forma um tanto cômica, um conjunto de indivíduos antes associais porém misteriosamente racionais, reunindo-se e estabelecendo a lei e a ordem no interesse de todos, embora, possivelmente, contra o interesse de alguém. Bertrand Russell comentou certa vez a singularidade de uma teoria contratual da origem da linguagem, baseada na suposição de que um grupo de anciãos até então mudos concordara solenemente em chamar, dali em diante, uma vaca de "vaca". A visão do homem em Freud não o leva a qualquer visão tão implausível de racionalidade instantânea: a ordem social é criada por um evento que gera uma certa constelação emocional, que em seguida sustenta a sociedade, e não pela aceitação e implementação de um argumento racional.

À parte o fato de que uma versão racionalista dificilmente seria coerente com a visão freudiana do homem, ela também não funcionaria por outra razão: Freud está longe do convencimento de que as condições que criam a ordem social sejam racionais, no sentido de ser do verdadeiro interesse de todos. Ele continua a se perguntar se o preço de tudo isso não é alto demais e esse é, na verdade, o tema principal do livro. De modo que se, *per impossibile*, uma tentativa de criar racionalmente uma sociedade tivesse realmente acontecido, ela poderia também ter fracassado: um dos anciãos milagrosamente racionais que tomaram parte na primeira assembléia constituinte, um dos beneficiários de sua misteriosamente autogerada racionalidade, poderia ter se levantado e denunciado esse Maastricht paleolítico e feito um discurso contendo precisamente o argumento central de *O mal-estar na cultura*, advertindo os colegas contra o grande perigo do caminho que estariam prestes a tomar — *Cuidado com a estrada para a servidão emocional! Vocês compreendem no que estão se envolvendo? Logo que criarem esse superego, vocês não serão mais seus próprios senhores!* — e, supondo que seus ouvintes fossem também dotados dessa racionalidade precoce ou sobrenatural, eles teriam compreendido a sabedoria dessas palavras e levado em conta o aviso, e a sociedade não teria surgido. O próprio Freud claramente se pergunta se isso não teria sido melhor, mas, infelizmente, não há muito o que fazer agora a esse respeito. É tarde demais para revogar aquela funesta decisão. O laço primordial é trágico e irreversível, embora, ao que pareça, possa ser suavizado.

O contrato social freudiano, portanto, tem que ser um modelo de sentimentos, e não de idéias. As teorias mais antigas de contrato tornaram-se moda no período em que o homem mudou da religião para a razão na busca por fundamentos sociais. A versão de Freud substituiu as anteriores no ponto da história do pensamento em que o culto da razão cedeu lugar à celebração do sentimento ou do instinto, quando o romantismo prevaleceu sobre o racionalismo, quando sua vitória anterior na literatura e (em parte) na filosofia pareceu finalmente confirmada e completada pelo seu triunfo na ciência, na medicina e na psiquiatria — uma vitória que se deveu mais a Freud do que a qualquer outro homem.

As mitologias da criação e as teorias filosóficas do contrato social em geral sofriam de certas fraquezas. As primeiras tendiam a padecer de uma espécie de infantilidade e miopia. Diziam-nos como o mundo havia começado e, enquanto contavam a história, supunham a existência de um mundo dentro do qual o mundo estava nascendo... A história judaico-cristã, por exemplo, conta a origem da humanidade com o casal primordial e, em seguida, supõe que seus descendentes interagiram com *outras* pessoas! Esse fato levou alguns africanos, a quem missionários contaram a história, a inferir, como disseram ao antropólogo Isaac Schapira, que algum incesto não mencionado devia ter ocorrido, o que explicava a existência desses *outros*, e que essa era a verdadeira pista para toda a história. A circularidade narrativa das mitologias, que supõem um mundo dentro do qual outro mundo surge, tem contrapartida na circularidade lógica das teorias dos filósofos: eles tiveram grande dificuldade para explicar como, em um mundo onde apenas o primeiro contrato tornava outros obrigatórios, o contrato inicial, destituído de qualquer base anterior, poderia ser em si também de cumprimento obrigatório. A retroação de confirmações aplica-se aos contratos como a tudo mais.

Será interessante verificar se e como o próprio Freud, ao tentar oferecer simultaneamente um mito e um contrato, pôde escapar das dificuldades que acompanham ambos os gêneros. Mas, em primeiro lugar, é melhor verificar o que realmente seu argumento, ou argumentos múltiplos (embora não necessariamente harmoniosos) são na realidade.

Freud começa com um certo hedonismo, o "Princípio do Prazer", mesmo que este tenha sido mais tarde extensamente modificado. O hedonismo de Freud é ingênuo, simples, quase benthamita, em sua formulação (prazer e ausência de dor); em suma, é muito *pré-freudiano*. O quadro que devemos a Freud, que uma vez formulado foi claramente superior ao seu predecessor, é o do homem sujeito a fortes impulsos irracionais, cujos objetos específicos são identificados por um intrincado sistema privadamente codificado de interpretações, na maior parte oculto do próprio agente. Nem o caráter geral dos impulsos nem a maneira de seleção de seus objetos estavam a serviço do contentamento humano.

Freud teve que superar duas vezes o modelo empirista de natureza humana, a primeira ao mostrar que nossos desejos eram tenebrosos, turbulentos, como os de um animal, irrealistas e indiferentes à realidade e, além disso, em absoluto transparentes, não gerados como ecos ou ressaibos de sensações, mas mediados por uma enigmática máquina interna, tortuosa, complexa e de operação ininteligível para seu possuidor. É assim que nos comportamos e, embora a literatura romântica nos tivesse dito isso por algum tempo, o que realmente pôs a chancela do reconhecimento foi o fato de que era o *dr.* Sigmund Freud, clínico e terapeuta (e não algum mero escriba ou filósofo) quem dizia isso. Mas embora ele tenha nos ensinado a ver a humanidade dessa maneira, ele mesmo permaneceu apegado — não tanto em suas conclusões, mas nos dados onde baseou o argumento — à velha maneira hedonista-empirista de interpretar a conduta humana, opinião esta formulada por empiristas britânicos e pela qual o parcialmente reconhecido mentor de Freud, Nietzsche, sentia profundo desprezo.

E o que é pior, ele não só usou esses dados como ponto de partida, mas o fez sem qualquer sofisticação filosófica. Afirmava que a resposta à pergunta a respeito do que os homens exigem da vida dificilmente podia ser posta em dúvida. A resposta era, disse-nos ele, a seguinte: "Eles se esforçam para conquistar a felicidade; querem tornar-se felizes e assim permanecer." O que ele na realidade nos ensinou foi que, com maior freqüência, os homens estão determinados a se tornar miseráveis.

Estará o Princípio do Prazer, como o chama, realmente acima de qualquer dúvida? Qualquer principiante que leia Sigmund Freud sabe muito bem que o princípio está não apenas em dúvida, mas que é falso: só o próprio Freud parecia ocasionalmente imune ao seu próprio ensinamento, preservando uma espécie de estrato lógico arcaico de uma doutrina anterior. Sabemos por intermédio de Freud — e pela literatura, pela vida — que o homem muitas vezes procura ardentemente o sofrimento. A doutrina de que o homem procura acima de tudo a felicidade só pode ser tornada verdadeira por uma definição apropriada, considerando-se "felicidade" sinônimo de "tudo aquilo que o homem busca". Neste caso, é claro, a doutrina de que o homem procura a felicidade e nada mais torna-se necessária e tautologicamente verdadeira: o homem procura o que procura. Mas embora o endosso afável (e inicial, provisório) por Freud do princípio hedonista deva sua plausibilidade ao elemento tautológico que contém, ainda assim ele não mantinha consistentemente esse sentido, na medida em que o levava a dizer que tudo isso conduzia o homem "no geral ou mesmo exclusivamente" a procurar a felicidade. Mas se de alguma forma é possível buscar qualquer outra coisa, mesmo que não "no geral", então a tautologia cai por terra e, em qualquer sentido não-tautológico, a proposição inicial é falsa de qualquer maneira...

Esse não foi o primeiro ponto obscuro que Freud não conseguiu esclarecer e que debilitou seu argumento. A conduta humana pode ser descrita em uma terminologia de terceira pessoa do verbo como a obediência a motivos, ou ser vista (como os empiristas geralmente a viam) em termos da primeira pessoa, como resposta a sensações internas de prazer e dor. Motivos certamente podem existir sem sensações e, mais duvidosamente, sensações podem existir sem motivos. (Evidentemente, se uma sensação é descrita como agradável ou dolorosa, isso já inclui a idéia de que ela será procurada ou evitada, conforme o caso.) Não é óbvio qual dessas terminologias é preferível para uma caracterização eficaz da conduta, e os *insights* gerais do freudianismo nos levariam, acho, a escolher uma linguagem de motivos e não de sensações. Na verdade, Freud usou ambas e as combinou de uma maneira que nos desperta o receio de que versões tautológicas da mesma fórmula sejam usadas para prová-la em outro e mais discutível sentido.

O homem na verdade só pode agir a partir de motivos que efetivamente existam nele: isso é tautologicamente verdadeiro. Mas, traduzido na linguagem das sensações, na suposição de que todo motivo é experimentado interiormente, isso leva ao Princípio do Prazer, à escravização às satisfações internas. É duvidosa, porém, a alegação de que sensações internas acompanham todo e qualquer motivo, e a tautologia do motivo, quando traduzida para a linguagem da sensação, não é mais verdadeira. Freud usou a linguagem dos motivos tanto para tendências a longo prazo, para padrões de comportamento, quanto para seu eco interno, ou os mecanismos responsáveis por tendências ou comportamento (embora ele confunda muitas vezes uma metáfora com a especificação concreta do mecanismo). Eros e sua sinistra força oposta aparecem em três níveis, no individual, no da civilização em geral, e em toda a vida orgânica... (Todo esse drama se parece muito com a peça dentro da peça em *A gaivota*, de Tchekhov, que é aproximadamente do mesmo período e se destina a refletir o modernismo *fin de siècle* e seu *problema* interno... Tchekhov fez seu trágico jovem escritor dizer tudo isso em muito menos palavras.) Invocar um espírito por trás de toda vida orgânica, antes da emergência de toda nossa civilização, e que ao mesmo tempo explica os sofrimentos particulares de pessoas, realmente parece uma peça absurdamente auto-indulgente de *Naturphilosophie*... Evidentemente, Freud era um poeta metafísico.

Freud era dotado de um nível baixo de sofisticação ou meticulosidade filosófica e de pouco, se é que algum, senso do tipo de problema que Ernst Mach injetou tão profundamente na filosofia austríaca, isto é, a relação entre dados e idéias explanatórias. Mach e outros dotaram o pensamento vienense de um poderoso superego *lógico*, mas esse fato não parece ter sido em absoluto internalizado por Freud. Ele faz algumas observações percucientes sobre o filósofo Vaihinger, que deixaria a religião entrar pela porta dos fundos como uma ficção pragmática, atitude pela qual Freud tinha aversão, dizendo em outro contexto que a única religião digna desse nome (e, é de se presumir, psicologicamente eficaz) era a do homem comum. Além disso, ao final de *O futuro de uma ilusão,* ele abordou, embora sem espírito de decisão ou profundidade, o tema de que nosso conhecimento é determinado ou limitado por nossa estrutura intelectual... Dado o uso que deu à idéia de que o conhecimento é também determinado por nossa estrutura psíquica *inconsciente*, e que ambas as opiniões criam o problema de saber como, neste caso, podemos reivindicar validade para nossa teorização, ele poderia, na verdade, ter tratado o problema com um pouco mais de seriedade. Sua falta de paciência com um método sofisticado para entender a explicação revelou-se, por exemplo, na irritação com a sugestão de que o inconsciente pudesse ser simplesmente um expediente explicativo, e não o nome de uma coisa real. Como podia alguma coisa que tinha conseqüências tão poderosas, perguntou irritado, ser meramente um construto de nossas estratégias explanatórias? Há, de fato, essa característica rude em seu pensamento e temos que aceitá-la, embora eu a considere constrangedora. Freud usou a linguagem fisicalista tanto no sentido descritivo quanto no explicativo, e a linguagem subjetivista mais uma vez como descrição e como explicação. Ele exige apenas um baixo nível de solidez, precisão e comprobabilidade em todas elas, e a questão em nada foi melhorada com as mudanças simplórias que ele fez entre elas.

O que ele faz com seu princípio hedonista, tendo-o formulado de uma maneira que o deixou cheio de ambigüidade? De forma geral, ele o interpreta como uma sujeição a motivos internos. Em seguida, ele deixa esse tópico por uma discussão descritiva da civilização e pela afirmação de sua tese principal, isto é, "que aquilo que todos chamamos de civilização é em grande parte responsável por nosso sofrimento e que seríamos muito mais felizes se renunciássemos a ela e voltássemos às condições primitivas". Essa tese geral substitui ou resume o levantamento anterior das frustrações ou satisfações parciais. O que ele entendia por civilização parece ter sido em parte o estabelecimento da ordem social, de regras impostas ao indivíduo e, em parte, um tipo de civilização mais alta, obcecada por ideais elevados, abstratos, exigentes. Todas as civilizações têm seus descontentes, embora algumas mais do que outras, poderíamos dizer. Após uma digressão, na qual invoca suas descobertas anteriores em *Totem e tabu*, ele passa ao uso do *amor* como cimento social, à formação da civilização no sentido de grandes unidades sociais.

Nesse ponto ele oferece sua primeira contribuição à resposta às seguintes perguntas: de que modo é absolutamente possível existir uma sociedade? De que maneira a ordem é mantida ou legitimada? A resposta é, na prática, através da modificação do amor sexual. Sua primeira experiência deve ter sugerido ao homem, diz Freud, "que ele devia tornar o erotismo genital o ponto central de sua vida". Mas, nesse momento, uma coisa interessante acontece: por questão de segurança, ao que parece, o homem generaliza o amor. Amar um único objeto deixa o homem à sua mercê, ao passo que, generalizando-o — bem, o risco é distribuído. O amor pela humanidade pareceria ter começado, se Freud tivesse razão, como um seguro contra risco. Uma mulher pode nos abandonar, na verdade provavelmente fará isso, mas se amamos a humanidade, sempre haverá alguém que não nos enganou ainda. Não considero isso nem uma explicação convincente nem um sermão inspirador em favor da religião da humanidade ou do amor universal, mas deixemos as coisas assim. De qualquer modo, a segmentação ou distribuição do amor são complementadas por sua regulamentação, sua delimitação por regras. O amor diluído por difusão e restringido por regras permite ao homem formar grandes unidades, o que, para Freud, constituía parte da essência dessa civilização que ele estava tentando explicar e avaliar. O grande é belo. Nenhuma especificação era dada ainda sobre os mecanismos que *obrigavam* o amor a submeter-se à diluição ou à regulamentação. Nesse ponto, porém, Freud entrega-se a uma dura descrição da (sua) "civilização contemporânea", observando que

> ela deixa claro que só permitirá relações sexuais na base de um laço solitário, indissolúvel, entre um homem e uma mulher, e que não gosta da sexualidade como fonte de prazer por direito próprio e está disposta a tolerá-la apenas porque não há até agora substituto para a mesma como meio para propagar a raça.

Freud admitiu que essa era uma situação extrema, que se verificou ser impossível de pôr em execução. Novamente a mesma coisa: é isso, ao que parece, o que nossa civilização *quer*. Em seguida ele faz uma observação curiosa de que não apenas a civilização, mas alguma coisa mais, dentro de nós, nos contraria. O inimigo final está dentro de nós. São muitos os inimigos de nossa satisfação. Mas, aparentemente, não havia dúvida de que a civilização, isto é, a ordem social, era um deles, de crucial importância. Essa ordem, por seu lado, devia alguma coisa aos inimigos dentro de nós, à agressão ou seu controle, ou a seu papel em frustrar o amor...

O argumento real de *O mal-estar na cultura* é estranho e não muito organizado ou inteiramente coerente. O sumário mais resumido do livro — a civilização contraria nossas necessidades instintivas e nos torna infelizes e neuróticos — é naturalmente muito simples, aparentemente lúcido e dificilmente controverso. Mas, na verdade, logo que analisamos com qualquer grau de detalhe os argumentos oferecidos, aparecem curiosas lacunas e incoerências. Originalmente, diz Freud (Cap.4), é o *amor* que gera unidades sociais. O amor sexual, prossegue, gera uma unidade familiar quando deixa de ser intermitente, adquirindo caráter permanente. A *continuidade do amor sexual* parece ser o primeiro e autêntico cimento social. Deixando de lado por um momento a transição da patriarquia autoritária para a irmandade da culpa (uma transição de importância fundamental para Freud, mas que ele, nesse momento, trata de maneira muito superficial), somos levados a pensar em como esse cimento primordial pode ser posto em uso mais geral: inicialmente, isso une apenas aqueles ligados por amor genital, e, no máximo a prole desse amor.

A fim de gerar unidades maiores, alguma coisa mais é necessária. Freud aparentemente considera a obtenção de tamanho social um elemento importante da civilização, observando que "um dos principais esforços da civilização é reunir pessoas em grandes unidades". O pequeno pode ser belo, mas o grande é civilizado. Por isso, o amor sexual precisa ser duplamente transformado: seu objetivo tem que ser inibido e privado de seu objetivo estreito, literalmente sexual, e, ao mesmo tempo, deve ser estendido a uma classe muito mais ampla de pessoas. Em curtas palavras, em vez de desejar sexualmente algumas pessoas, temos que amar platonicamente muitas delas (embora Freud insista em que este último amor permanece radicado no primeiro). Tudo termina nessa civilização frustradora, que é a origem de nossos descontentamentos, que restringe o sexo ao mínimo compatível com a sobrevivência (um e apenas um parceiro heterossexual, no máximo), e que reprova a sexualidade como fonte de prazer.

Entendemos a idéia geral e, a despeito de seu caráter exagerado (que o próprio Freud reconheceu), não é uma má descrição do estado de espírito de muitas pessoas na segunda metade do século XIX. A versão de Freud, o Libertador, foi ocasionalmente contestada pela alegação de que a Viena de Strauss e de Schnitzler era tão permissiva que não tinha necessidade alguma de libertação. Na verdade, a permissividade era seletiva e restrita. Podia-se conseguir o que se quisesse com as jovens floristas nas ruas, nenhum problema a esse respeito. A situação demográfica que permitia ao exército *K. und K.* ("Imperial e Real") transformar todos os seus recrutas educados em oficiais e ainda lhes deixar uma massa de camponeses para comandar, significava também que havia um enorme exército de reserva de filhas de camponeses disponíveis para serviços domésticos — ou para a prostituição. Para elas, a "libertação" seria um desastre, não um alívio da condição humana. Em uma data tão posterior como 1944, ouvi um recruta silesiano, quando um companheiro de farda ousou referir-se à sua irmã, responder de forma irada que queria que ele soubesse que sua irmã era respeitavelmente casada, em um tom de voz que revelava que isso era uma vitória difícil e importante, e que ninguém devia tomar como natural. A simples menção da irmã desencadeou medo e raiva. Em curtas palavras, o texto de Freud é um guia melhor do que o *Fledermaus*, de Strauss, para as realidades sociais e psíquicas enfrentadas pelos cidadãos da Monarquia Dual.

Mas voltemos ao argumento de Freud. O amor restringido e generalizado levava à formação daquelas unidades mais amplas que, em sua opinião, constituem a essência da civilização. Mas que força impõe essa restrição e generalização? Neste ponto o argumento não é esclarecido realmente, embora, é claro, possamos buscar ajuda em outros livros do autor. A libido volta-se contra si mesma ou é sua agressividade que fornece a força inibidora? Será o amor um amigo ou um inimigo da civilização — pois parece fornecer o impulso inicial para a formação de laços mas, ainda assim, precisa ser contrariado, pelo menos em parte, se queremos que esses laços sejam estendidos além do mínimo.

Essa obscuridade sobre o papel do amor no estabelecimento da sociabilidade é agravada pela apresentação da importante personagem seguinte no drama, isto é, a agressão. A agressão é importante (quem negaria isso?), mas é precisamente sua maldade aparentemente inequívoca que, em contraste, transmite a forte impressão de que o amor, o outro parceiro no enredo, tem que ser inteiramente bom. Isso não pode ser exatamente correto, na medida em que ambos os parceiros precisam pelo menos de algum grau de frustração e regulamentação, e assim permanece a pergunta — que força é responsável por essa restrição? A tendência de Freud neste particular, de condenar de modo tão completo a agressão, forma um contraste interessante com o papel que ela desempenha no esquema de Platão em *A República*, no qual o elemento que ele chama de espírito tem um papel importante a desempenhar tanto na manutenção da ordem interna quanto na defesa externa, e como uma espécie de mediador entre o que Freud chamaria de superego e o id. Em *O mal-estar na cultura* Freud parece aproximar-se cada vez mais de uma espécie de dualismo maniqueísta — amor, bom; agressão, má — que não é compatível nem com o que ele diz em outro contexto nem com as necessidades de seu argumento, tampouco com os fatos do caso. Levaria o Amor, sozinho, livre da presença da Agressão inimiga, a humanidade à harmonia universal? Nos próprios termos de Freud, a resposta obviamente é não. A libido frustra a si mesma, ou é a agressão que a contraria, ou, quem sabe, a agressão contraria a si mesma? Será o superego tornado forte por medo internalizado, amor contrariado, ou agressão frustrada? O texto vacila no tocante a esses problemas, ou até alega que não há problema algum.

A compulsão de Freud para uma versão cruamente dualista, maniqueísta, de nossa vida psíquica e, na verdade, de toda a vida, emerge vividamente e sem disfarce no Capítulo 4. Nesse momento, a polaridade final entre Eros e Thanatos faz sua aparição, e toda a libido é unificada em uma única força, creditada com a preservação da substância viva e com a formação de unidades mais amplas, mas, ao mesmo tempo, lhe é designada uma força oposta negativa, ou *Doppelgänger*, que conduz à dissolução e à destruição, o instinto da morte. Neste caso a utilidade é concedida ao impulso destrutivo, na medida em que pode ajudar um organismo a sobreviver auxiliando na destruição de seus inimigos. Mas, simultaneamente, o fracasso em encontrar tal utilização faz com que ele se volte para dentro, reforçando a autodestrutividade que, de qualquer modo, está atuante...

O problema com essa versão excessivamente maniqueísta é que ela não faz muito sentido nem nos próprios termos de Freud. Será o amor totalmente bom, gerando apenas fusão e aquelas tão procuradas e civilizadas unidades mais extensas? Não, evidentemente não, pois que em suas formas naturais, as unidades que promove são pequenas demais, e as unidades que é ***obrigada*** a buscar não a satisfazem, para nada dizer do fato de que não pode desfrutar devidamente seus objetivos, no original e instintivamente satisfatório sentido sexual... De modo que a agressão, especialmente quando voltada para dentro, é em parte boa, afinal de contas e, de qualquer maneira, útil na consecução do objetivo positivo de criar unidades maiores...

No Capítulo 7, Freud de fato concentra-se na utilidade da agressão para gerar aquela autodisciplina tão necessária à civilização e que a torna tão dolorosa. Pouco o incomoda uma contradição, que declara ser apenas superficial, entre a origem da consciência na internalização da autoridade externa, e sua origem na força interna da própria agressão que está sendo contrariada. Freud acredita que essa contradição é aparente. Depois disso, ele chega a uma das partes mais intrigantes de sua teoria.

Todas as teorias de contrato, da forma como são expostas, enfrentam o problema do retorno: se o contrato em si cria obrigação moral, que obrigação (anterior!) pode garantir e estabelecer a autoridade do contrato em si? A teoria de Freud é uma versão de uma teoria de contrato destinada a explicar a emergência da ordem social, mesmo que seja necessariamente redigida na linguagem do sentimento e não do pensamento, localizada no inconsciente. A sociedade é criada pela consciência (bastante plausível), devido a um sentimento de culpa. A sociedade é uma irmandade de pecado. O senso de culpa surgiu através do ato conjunto dos irmãos na horda primordial, quando assassinaram o pai autoritário. Mas aqui, também, há um retorno! De que modo poderia o assassinato primordial explicar a emergência de consciência se, antes dela, eles não tinham consciência? Eles podiam *fazer* aquilo, mas o que poderia fazer com que se sentissem *arrependidos*? O assassinato, da forma mais vil possível, foi necessário para criar a sociedade: providenciar o assassinato não foi tão difícil, o problema está no sentimento de maldade. Como podemos sentir que alguma coisa é vil, se *já* não tivermos uma consciência? Se o problema é a origem e o estabelecimento da consciência, então o assassinato em si, pré-vileza, por assim dizer, não nos dará o que queremos sem uma gritante circularidade. Se precisamos da consciência para saber efetivamente que estamos pecando, o primeiro pecado não pode nos dar consciência! É uma pergunta terrível, que questiona toda a teoria freudiana. Há uma saída?

Freud percebe o problema e acha que tem uma solução. Os participantes do assassinato primordial do pai não tinham ainda consciência: afinal de contas, estavam prestes a tomar parte no ato que geraria a consciência e, daí, a verdadeira sociedade, e se, de qualquer maneira, já tivessem uma consciência, poderiam ter se poupado esse trabalho todo. (Mas, se *não* a tivessem, o ato nada faria por eles — eles o aceitariam tranqüilamente. O que é um assassinato a mais ou a menos para um proto-homem sem consciência? Aí é que está a dificuldade!) De qualquer modo, a questão permanece. Ah, mas embora não tivessem consciência, eles *de fato* tinham ambivalência. "Os filhos odiavam-no, mas o amavam também. Muito." E *como* o amavam e odiavam! Odiavam-no tanto que o mataram, mas o amavam também tanto que, tendo-o assassinado, a consciência nasceu do arrependimento. "Após o ódio deles ter sido satisfeito pelo ato de agressão, o amor que sentiam subiu ao primeiro plano sob a forma de remorso pelo ato. E isso criou o superego." Kant teve que postular um sentimento autoforjado, vivendo precariamente entre a Natureza e o Noumenal, que serviria de mediador entre a razão sem pecado e a sensibilidade amoral, de modo a tornar possíveis obrigação e moralidade. Freud usa a ambivalência para o mesmo fim.

Assim, o ato de matar foi o motor de partida, separado do motor psíquico principal, que rompeu o impasse e pôs o processo em andamento. Freud deixa claro que, em gerações *subseqüentes*, não importa mais se o crime é realmente cometido: a ambivalência de sentimentos por si só, mesmo sem o ato, tornara-se suficiente, nesse momento em que enfrenta o superego devidamente criado, que afinal de contas (como ele frisou) não se incomoda em distinguir entre desejo e ato e pune ambos com igual rigor. Agora podemos pecar, estamos equipados com o órgão necessário para a detecção do pecado e, melhor ainda, podemos pecar (e pecamos) sem realmente fazer coisa alguma. O mau pensamento é suficiente. A ambivalência inerente e inescapável representa o mesmo papel no sistema de Freud que o pecado original na teologia: garante a ubiqüidade do pecado. Isso é necessário porque, de outra maneira, a sociedade não poderia funcionar. Mas para que tudo isso funcione, temos que possuir daí em diante um superego que puna até a ambivalência com o mesmo rigor com que pune o ato concreto. Não há mais necessidade do ato. *Am Anfang war die Tat, aber spaeter ist die Tat ueberfluessig. Gefuehl ist alles.* (No início era o ato, mas depois o ato tornou-se redundante. O sentimento é tudo.)

Uma vez funcionando, o motor alimenta-se de si mesmo, não tem mais necessidade de um motor de partida. Mas para transformar a mera ambivalência (ou o medo de autoridade externa) em uma consciência, um superego, um *ato* é absolutamente necessário, ou é isso o que diz Freud. A realidade histórica do assassinato primordial constitui parte essencial da teoria. A emenda que Goethe fez às

Escrituras — *Am Anfang war die Tat*, no início era o *ato* — adquire um significado muito definido e preciso nas mãos de Freud. Sem um ato inspirador de culpa — nada de humanidade, nada de sociedade. A realidade histórica do contrato primordial e sangrento era parte integral, indispensável, da teoria.

A conclusão final do volume é algo a que voltaremos mais tarde: Freud, o profeta da redução das exigências do superego, seja no neurótico individual, ou na humanidade em geral. No próprio trecho final ele, mais uma vez, entrega-se ao maniqueísmo binário, como se o amor fosse inteiramente benéfico e seu "igualmente importante adversário" constituísse *o* perigo — enquanto que, na verdade, o argumento (se válido) mostraria que ambos eram essenciais à vida, à civilização, à emergência de agregados maiores. Mas antes de passarmos à análise da posição geral de Freud, algo mais precisa ser dito sobre os detalhes da própria posição, principalmente à luz de outras obras suas, relevantes e estreitamente relacionadas com o assunto.

Freud não é simplesmente um crítico da moralidade supersevera (embora este, talvez, seja o aspecto mais importante de sua obra e influência), mas é também um terrível esnobe moralista. Não é apenas o homem que chama atenção para os descontentes da civilização, mas mostra-se também extremamente orgulhoso deles. É claro que ele acha que *nós* (o melhor tipo de gente, se vocês entendem o que quero dizer) temos o privilégio de desfrutar o melhor e mais vívido tipo de descontentamento e não desejaríamos morrer sem eles. Eles constituem um emblema de categoria social. Sem nossos descontentamentos, seríamos *déclassé*...

Esse fato relaciona-se estreitamente com um aspecto curioso de sua versão particular do contrato social, ou seja, o contrato não tem virtualmente qualquer ligação com o problema do *Estado*. O Estado mal é mencionado, e isso só ocorre em um contexto tangencial. O importante é que Freud não estava muito interessado em ordem social imposta por medo de alguma coisa externa e, na verdade, ele exibe um desprezo mal disfarçado por pessoas que só se comportam bem por causa desse medo externo, politicamente inspirado. As instituições da coerção externa não o interessam muito, não só principalmente porque ele é médico clínico, e não cientista político, mas também porque prefere a melhor companhia dos que conhecem o *innere Führung*, e abomina rebaixar suas idéias com aqueles que precisam do prêmio e do castigo. (Ele tem medo deles, mas isso é outra questão). Essa ordem mantida por medo externo ocorre na tirania patriarcal primordial que precedeu o primeiro tiranocídio-patricídio, e o fato de tal sistema político ter se repetido em forma de governo autoritário ao longo de toda a história, e ser necessário para ordens culturais inferiores, não é o que mais o interessa. Ele conhece o fato, é claro, deplora-o e se assusta com suas implicações (o medo surge de forma muito intensa em *O futuro de uma ilusão*), mas isso não ocupa realmente o próprio centro de sua atenção. O que de fato o interessa, *e o que respeita*, é o tipo de ordem social que, em termos relativos, dispensa sanções externas e funciona através de suas equivalentes internas. Ele está interessado na sociedade civil de homens conscienciosos, internamente dirigidos, algo como o Reino dos Fins, de Kant, uma associação de agentes racionais profundamente respeitosos da racionalidade recíproca — exceto que, na versão de Freud, o laço não é razão compartilhada, mas culpa compartilhada. Sua versão do auto-infligido sentimento de obrigação, como o descreve Kant, é edípico, não noumenal. E, embora o considere patogênico e hostil ao contentamento, e lhe procure reduzir as exigências (um esforço no qual, acho, ele teve êxito em escala maciça), ele ainda assim orgulha-se de ter tais problemas e, penso também, se a opção lhe houvesse sido oferecida, teria rejeitado desdenhosamente qualquer oportunidade de voltar à condição de um superego fraco e medos fortes de agentes externos.

Nesse ponto chegamos a um problema interno de sua teoria. Todos os homens têm superegos, embora alguns o tenham mais do que outros. Além disso, a distribuição dos dois tipos não é aleatória, mas muito sistemática. A consciência excessiva ao menos parece relacionada com uma divindade exigente, solitária e ciumenta e, por outro lado, com a emergência de sociedades nas quais o papel da autoridade externa é diminuído e o da autoridade interna aumentado, e que, presumivelmente como conseqüência, orienta-se menos para a coerção e mais para a produção. (Ou a conexão será o inverso? É esse o problema entre Marx e Weber. Freud, provavelmente, é favorável à explicação psicogênica, embora o mecanismo que propõe seja muito diferente do de Weber.) Em suma, não só a ordem social como tal, mas suas mais altas variedades também precisam ser explicadas. Freud ao mesmo tempo nota e não nota essa distinção.

Em outras palavras, o problema do estabelecimento da ordem social ocorre não uma, mas pelo menos duas vezes: Émile Durkheim, por exemplo, formulou uma teoria do aparecimento inicial de compulsão interna em *As formas elementares da vida religiosa*, tratando da segunda transição em *A divisão do trabalho social.* Max Weber não estudou o primeiro contrato, mas tratou do segundo em uma de suas obras mais famosas, *A ética protestante e o espírito do capitalismo*, na qual ofereceu uma explicação que se parece com a de Freud em pelo menos dois aspectos, isto é, invocando processos inconscientes e devendo muito a Nietzsche. Mas, tal como Freud, Weber, no fim, não pôde resistir a contar a história duas vezes, a primeira como ela ocorreu durante a Reforma e a outra, durante o ensaio geral no Velho Testamento. Freud, embora não muito interessado nos aspectos econômicos do segundo contrato, tinha uma percepção muito clara de sua importância geral, e certamente acreditou que se relacionava com a emergência de um monoteísmo moralmente exigente e desdenhoso de magia. Daí o seu *Moisés e o monoteísmo*, que termina como se fosse uma reencenação de *Totem e tabu.*

O problema é que, embora Freud de fato percebesse que havia dois problemas, ele só tinha uma solução e, assim, teve que repeti-la e obrigá-la a trabalhar em dois turnos. *Moisés e o monoteísmo* é uma das mais notáveis histórias de detetive do século, muito mais apaixonante do que as de Agatha Christie ou Dorothy Sayers. Um assassinato foi cometido *e* ocultado durante séculos. Mas os assassinos — que formavam uma coletividade inteira — não contaram com a esperteza do "tira" Sigmund. Ele notou a pista decisiva, a existência de uma comunidade altamente consciencioza e, uma vez acionado seu faro, não perdeu tempo em desmascarar o fato oculto e seus perpetradores. Nenhuma comunidade (*a fortiori*, nenhuma comunidade excessivamente conscienciosa, moralista, desdenhosa quanto a sanções internas) sem consciência, nenhuma consciência sem culpa compartilhada e, portanto, assassinato compartilhado. A pura existência da sociedade *é* a pista para a autoria do assassinato, pois onde há sociedade deve ter havido assassinato: a existência de um espírito *consciencioso*, que ignorava a magia, moralista, e não manipulativo, era o tiro de misericórdia. Esses assassinos podem ter pensado que foram inteligentes quando ocultaram o ato, mas não tinham idéia de que estavam se traindo, pelo menos para um investigador de olho vivo, com *insights* psicanalíticos, principalmente pelo fato de que *tinham* uma consciência severa (e não pelo que especificamente pensavam que tinham na consciência, o que pouco importa; todas as consciências são iguais, Édipo é quem manda, OK.)

Nenhuma prova direta do assassinato? Mas é claro, o que se poderia esperar: o crime dificilmente poderia ter produzido um impacto psíquico profundo a menos que fosse reprimido! A ausência de prova superficial é em si a mais clara das provas, de acordo com a melhor tradição analítica. Os judeus haviam inventado, ou adaptado e popularizado, uma religião moralista, severa, monoteísta (na verdade, iniciada pelos egípcios sob o impacto de sua própria expansão imperial, mas logo depois repudiada). Nessa religião, a moralidade, e não a magia, era fundamental. Poderia haver alguma dúvida sobre como eles podiam chegar a tal condição? Nenhuma dúvida, absolutamente, pelo menos para Sigmund. Eles devem ter cometido um assassinato coletivo e, mais do que isso, a vítima teria que ser o exato personagem que lhes outorgara essa fé pura — Moisés. Tudo se torna ofuscantemente óbvio depois que ele explica. Claro que eles esconderam os indícios do crime, mas a verdade viria à luz — pois era precisamente o moralismo deles que os trairia. Uma vez na trilha da verdade, algumas alegações históricas — fragmentárias, ambíguas e inconclusivas como fossem em si mesmas — confirmam o caso. O moralismo judaico, tão acentuado por toda a história, baseia-se em uma espécie de superego duplamente destilado. Todas as nações descendem, pelo menos culturalmente, dos participantes do assassinato primordial, mas os judeus mataram o Pai duas vezes, na segunda vez assassinando não literalmente um pai, mas algo muito parecido com um pai, ou seja, um líder espiritual exigente e inovador... Com tal história, quem poderia se espantar com a disseminação da consciência, do ódio contra si mesmo e da neurose em tal grupo?

Algumas conseqüências curiosas derivam de tudo isso. Em geral credita-se a Freud a teoria de que o anti-semitismo é inconscientemente inspirado por um ressentimento contra os originadores históricos de uma fé excessivamente exigente. (Sempre achei isso difícil de engolir: estaria o camponês ucraniano, desencadeando um *pogrom*, realmente motivado, ainda que inconscientemente, por ressentimento contra uma religião que, se não fosse por ela, ele ainda estaria adorando Perun e bebendo e espancando a esposa ainda mais do que de qualquer modo faria? Essa história nunca me pareceu verdadeira.) De fato, a teoria de Freud neste particular é bem mais sutil. Os cristãos pelo menos reconheceram o fato do deicídio, mesmo que o atribuíssem especificamente aos judeus; os judeus negam a própria ocorrência do fato. Assim a culpa dos judeus não é tanto pela morte de Cristo, mas pela supressão histórica do assassinato de Moisés... O pecado deles não foi o deicídio, mas a supressão de um deicídio substituto... Negam o assassinato crucial, sem o qual nem consciência nem sociedade são possíveis. Freud não deixa claro se a inclusão concreta do tema do Deus Moribundo em uma religião fortalece ou debilita o senso de culpa primordial. Será a celebração pública do martírio divino (no cristianismo, no xiismo) mais ou menos eficaz do que a repressão da recordação (no judaísmo e, presumivelmente, na corrente principal do islã)? Como acontece com tanta freqüência na psicanálise, a prova pode ser usada de ambas as maneiras.

O problema com a teoria de moralidade e religião de Freud é que ela se ajusta a alguns casos, mas não a outros. Ajusta-se de fato a religiões de martírio divino (ou quase divino), como o cristianismo e o xiismo, mas não a fés em que esse elemento está ausente, como no judaísmo ou no islamismo sunita. No caso do judaísmo, é claro, é exatamente a supressão do fato crucial que, de acordo com ele, explica tudo — mas pode isso ser estendido, por exemplo, ao sunismo ou, na verdade, a outras religiões mundiais? Houve também um assassinato historicamente suprimido de Buda ou de Confúcio, ou essas moralidades mais altas conseguiram se impor sem o benefício do assassinato do Mestre?

Alguma coisa tem que ser dita aqui sobre o método de Freud. Alega-se às vezes que ele deve ter sido um lamarckiano implícito, que a transmissão da culpa primordial, e da consciência da mesma, pressupõem a transmissão de características adquiridas. Não me parece que seja necessariamente assim. Os mecanismos da transmissão poderiam ser culturais: a mudança de mera ambivalência, de amor e ódio misturados, para a culpa permanente, sob o impacto de um ato profundamente horripilante, e a perpetuação da consciência do mesmo poderia ser explicada em termos de um mecanismo cultural que operava de acordo com uma base genética imutável. Freud percebeu os problemas, e sua solução (como sempre esquemática e semimetafórica), invocando a idéia de uma mente coletiva e reconhecendo as dificuldades envolvidas, poderia certamente ser reformulada em alguns desses termos, embora ele mesmo não o faça. O que ele de fato diz é pelo menos compatível com tal interpretação, mesmo que essa interpretação não seja ditada por suas exatas palavras.

Embora não seja culpado de lamarckismo, da doutrina de transmissão genética de características adquiridas, Freud é vulnerável à acusação de que faz de si próprio um presente fácil de transmissão social. A perpetuação e difusão da recordação e efeitos sociomorais do crime primordial pressupõem transmissão cultural de informação (embora não necessariamente genética). Mas como será isso possível? Freud de fato percebe o problema, mas não lhe dá solução satisfatória, a não ser sugerindo a existência de uma mente coletiva, sem dúvida como centro da perpetuação da recordação da culpa compartilhada. A linguagem e a posse do equipamento conceitual (consciente ou não), que, por assim dizer, fixariam a natureza e implicações da culpa, são aceitas, com uma facilidade grande demais, como naturais. A maquinaria para a posse e transmissão de representações coletivas compartilhadas, ainda que circunscritas e definidas, é simplesmente suposta, embora nenhuma teoria seja oferecida sobre como se tornou possível uma realização tão notável. Nesse aspecto, como em vários outros, Freud é vulnerável à acusação de mentalismo ingênuo, de aceitar demais nossa capacidade intelectual como dada e nada problemática.

Neste momento, é útil compará-lo com outro autor de uma versão moderna do contrato social, Émile Durkheim, que, como Freud, não creditou o homem primitivo com uma racionalidade que teria surgido *ex nihilo*. O que Freud aceita como natural, Durkheim transforma em problema central em *As formas elementares da vida religiosa*: de que modo podemos possuir conceitos compartilhados, disciplinados, compulsivos, que podem orientar nosso comportamento social? Respondendo ou não corretamente a questão, (invocando o ritual como tal, de qualquer tipo, e não como Freud, um assassinato transformado em ritual), ele de fato formula extraordinariamente bem a pergunta e desconfio que qualquer retorno à teorização séria sobre as origens da sociedade terá que voltar à maneira como ele equaciona o problema. A formulação de Durkheim focaliza-se no problema de como poderemos algum dia isolar a conduta obrigatória e forçada, e como membros da mesma comunidade podem fazer isso em uníssono, enquanto Freud se preocupa em identificar o impulso coercitivo, ao mesmo tempo ignorando a primeira questão, que é realmente a mais difícil. De que modo a força que contraria o id localizaria o objetivo ao qual nos deve levar?

É o aparecimento simultâneo de uma espécie geneticamente indeterminada em comportamento, e equipada com um mecanismo para restringir esse largo potencial de conduta em qualquer grupo, que torna possível a cultura e a transmissão cultural. Torna possível aquela transmissão de um acordo social que Freud pressupõe mas que não consegue explicar, mas torna também possível uma ampla diversidade de culturas e contratos sociais básicos, o que de fato acontece, e que ele por implicação exclui. O contrato social pan-humano real, original, foi o aparecimento da pura possibilidade de compulsão e transmissão cultural, que é uma espécie de folha em branco, tornando possível uma variedade enorme de contratos e ordens sociais mais específicos, cada um deles com sua própria mistura de coerção e convicção. A primeira e grande transição, que na verdade gerou o homem e a sociedade, oferece uma espécie de questionário genérico à cada sociedade, tornando possíveis a diversidade cultural e a transmissão não-genética, mas deixando o seu preenchimento a culturas individuais. Freud, ao contrário de Durkheim, fez a pergunta errada.

O que se segue a tudo isso é que a pergunta de Freud é mal concebida e mal formulada, na medida em que procura, tal como os teóricos de antigamente, um *único* contrato social para todas as sociedades (dessa maneira tornando-se vulnerável à constrangedora pergunta relativa à difusão da informação primordial, que leva a respostas cômicas, de qualquer modo que sejam feitas) e que também, é claro, ajuda a explicar a principal dificuldade empírica que Freud enfrenta, isto é, que algumas sociedades se ajustam a seu modelo, mas outras não. Não há um modelo único. A própria importância histórica de Freud, ironicamente, reside no fato de ele ter ajudado a gerar uma transição de um tipo de contrato para outro, de uma ordem hierárquica autoritária para outra, próspera, permissiva, igualitária. O principal efeito histórico de sua versão da origem da ordem social em geral foi que ela reduziu a autoridade da teoria que prevalecia na época, ao atribuir-lhe raízes humanas, profundamente humanas, e resultados patogênicos. O destino de sua própria obra exemplificou a diversidade dos contratos — que é incompatível com o sentido principal de seu argumento.

Há realmente problemas graves com sua teoria da gênese da consciência e da sociedade (sendo as duas virtualmente equivalentes na maneira como apresenta o problema), como são encontrados em *Moisés e o monoteísmo* e em *Totem e tabu*. Conforme vimos, a ocorrência real, histórica, do assassinato primordial é algo que ele considera essencial à teoria. Simultaneamente, é claro, o assassinato não precisava ocorrer (e isso dificilmente poderia acontecer) em todas as sociedades e em todas as gerações. Sabemos muito bem que isso não ocorre. Dessa maneira, alguns povos civilizados e conscienciosos beneficiam-se de um crime primordial que eles não apenas não cometeram, mas que nem mesmo foi cometido por seus próprios antepassados diretos: a difusão cultural dissemina o benefício da formação da sociedade entre outros povos que, rigorosamente falando, não a mereceram por seus próprios esforços e culpa, povos que não deram contribuição para a formação da consciência e sociedade matando um pai. Esses beneficiários inocentes, que pegaram carona no assassinato primordial cometido por outros são, em certo sentido, parasitas morais. Vivem do trabalho difícil, ou melhor, do assassinato difícil cometido por outros, sem ter contribuído para ele, caronas que conseguiram barato sua ordem social e remorso, membros do clube social da culpa que não pagaram suas contribuições, homens que desfrutam seu complexo de Édipo como algumas pessoas que assistem a programas de TV sem pagar pela licença de uso. Nenhuma sociedade seria formada sem a imolação do pai!

Mas parece que, rigorosamente falando, não precisaria ter sido nosso próprio pai ou avô o que foi liquidado. Mas exatamente quantas vezes isso teria que ocorrer? Um único parricídio solitário dificilmente seria suficiente para toda a humanidade, certo? Teria que ter ocorrido antes da dispersão do *Homo sapiens sapiens*, ou teria que ser repetido em cada subsegmento isolado da humanidade? Que peso, e de que magnitude, podemos colocar sobre a difusão cultural da culpa, libertando pelo menos parte da humanidade da necessidade de participar, literalmente, da medonha façanha?

E há outro grave problema: os irmãos assassinos, tendo liquidado o pai, criaram a consciência e a sociedade propriamente dita ao renunciar ao acesso às suas próprias irmãs e ao instituir a exogamia. Mas vamos supor que os bandos vizinhos não fizessem o favor de proceder da mesma maneira? Suponhamos, como é mais do que provável, que o assassinato primordial não tenha sido sincronizado entre os vários bandos primordiais? O grupo que o iniciou, segundo a teoria de Freud, generosamente iniciou também uma troca livre (e, na verdade, obrigatória) de mulheres, o que constitui uma espécie de corolário do assassinato do monopolizador prévio das fêmeas, simultaneamente uma rejeição de seus métodos e da cobiça possessiva, mas também uma expiação por seu assassinato, mas nenhum GATT sexual obriga que os vizinhos adotem tratamento recíproco. Ao contrário, é muito mais provável que eles perpetuem o protecionismo nessa delicada questão de mulheres e que constituam não tanto um *Geschlossener Handelstaat* como um *Geschlossener Heirats-Stamm.* Assim, nossos prematuros pioneiros da moralidade social e do comércio livre de mulheres, friedmanianos do sexo, tendo pesarosamente exportado suas irmãs, recentemente marcadas pelo tabu, exercendo heroicamente sua consciência recém-adquirida, nada receberam em troca do assassinato pré-primordial, antes do aparecimento da consciência, em troca de seu sacrifício, e, daí, vizinhos ainda endógamos e, portanto, condenados à extinção...

Na verdade, há pelo menos um Estado moderno, a Argélia pós-independência, que de fato comportou-se mais ou menos de acordo com esse estilo, criando grandes dificuldades às suas cidadãs que queriam casar-se fora. Em curtas palavras, a Argélia comportou-se como se todo o país ainda fosse uma tribo patrilinear, que dava aos reivindicantes internos prioridade sobre as mulheres, permitindo a exportação de noivas apenas quando, após a devida notificação, nenhum possível noivo interno se apresentava. O fato de que tribos muçulmanas tendam a adotar esse costume, ao contrário da maioria das demais sociedades patrilineares, é um tanto enigmático para os antropólogos. Para Freud, não haveria absolutamente um problema: dada a ausência de parricídio na teologia islâmica, tudo mais se segue devidamente. Isso é exatamente o que se poderia esperar — não havendo assassinato do pai, não haveria exogamia. Pela mesma razão, de acordo com a teoria, os muçulmanos deveriam ter superegos fracos... a menos, é claro, que, como os judeus, eles tivessem realmente assassinado seu Legislador, mas escondido o fato? O que tudo isso significa, mais uma vez, é que a teoria de Freud simplesmente não abre espaço à grande e real variedade de culturas humanas e padrões de proibição.

Esses são os problemas específicos, mas há outros, de natureza geral. Qual a posição de Freud como teórico da origem do homem e da sociedade humana? Não podemos comparar suas idéias com a ortodoxia antropológica, porque atualmente não há tal coisa. O que aconteceu com a antropologia social, na exata ocasião em que Freud usava material antropológico e misturava-o com a teoria psicanalítica, foi que a própria antropologia virava as costas às questões das origens, rejeitando-as como especulações inerentemente falsas demais para serem resolvidas ou estudadas. Alguns antropólogos, desde essa época, desafiaram esse tabu e retornaram ao tópico, mas permanecem como figuras relativamente isoladas e não podemos falar ainda de qualquer consenso geral nessa área.

É um fato curioso que, no seu método de proceder, Freud cometa, de forma exagerada e provocadora, os mesmos pecados metodológicos que antropólogos aprenderam a abjurar no mesmo período. Além do mais, o primeiro capítulo de *O mal-estar na cultura* é na verdade dedicado, na maior parte, a uma exposição e defesa de tal metodologia. Ele invoca o método de recuperação de resquícios, comparando a mente a uma cidade na qual relíquias arqueológicas nos permitem reconstruir e mesmo entrever grande parte de seu passado. Freud não enfrenta realmente as objeções que convenceram os antropólogos a abandonar esses procedimentos — o fato de que a "relíquia", mesmo que autêntica, está arrancada de seu contexto original, ou o fato de que as relíquias são inventadas ou interpretadas de maneira circular, de modo a transformá-las em explicações do presente. É um dado curioso que a primeira, e por assim dizer, geração fundadora da antropologia social, que de fato adotou essa postura contra a reconstrução do passado ao mesmo tempo admirasse Freud. Teriam lhe concedido uma liberdade metodológica que negavam a si mesmos ou simplesmente se abstinham de levar literalmente a sério suas histórias genéticas?

Além dos pecados cometidos contra o método antropológico codificado em sua própria época (e que talvez deva ser modificado novamente), há falhas lógicas gerais que, na verdade, transformaram Freud no próprio paradigma da *não*-ciência. Abstrações muito, muitíssimo estratosféricas, como Eros e Thanatos, foram reificadas. Receberam simultaneamente uma espécie de interpretação fisicalista (ambiciosas tendências behavioristas) e também uma com caráter de sensações, como motivos experimentados, e foram creditadas com um poder explicativo muito superior ao descritivo, no qual a explicação era de fato mais uma metáfora do que uma especificação autêntica da maneira como emergira o objeto a ser explicado. Até as metáforas caíram por si mesmas: às vezes, elas são apresentadas como um mundo binário impressionante, no qual o amor criativo enfrenta a agressão destrutiva em um duelo eterno; mas, simultaneamente, o amor não é inteiramente bom, nem mesmo na maior parte bom, mas precisa ser domado pela agressão voltada para dentro, ao mesmo tempo que, pelo mesmo motivo, a agressão é indispensável para a construção de totalidades amorosas mais amplas... Como descrições, as ligações dessas histórias com os detalhes concretos do mundo real são tão frouxas que podem ser, e são, aplicadas à vontade a todo tipo de material. Freud invoca essas forças abstratas embora, para ele, elas sejam terrivelmente terrenas e potentes, mas nem mesmo tentou operacionalizá-las, de modo que sua presença e efeitos pudessem ser verificados de forma independente. Isso é deixado à sua intuição. Mais ainda: sua idéia de inconsciente adquire uma espécie de des-operacionalização adicional, ao permitir que essas forças tenham *qualquer* manifestação. Na sua obra, quando ricocheteiam do superego, essas forças reaparecem como agentes e reforçadoras de sua própria repressão. É como se todos os criminosos presos pudessem ser facilmente recrutados e socializados na força policial, mesmo sem qualquer treinamento. Poderão nossos instintos ser virados pelo avesso dessa maneira, com tanta facilidade?

Outra característica notória do método freudiano, o fato de que a própria teoria permite reinterpretação de todos os dados em uma base privilegiada (os significados inconscientes triunfam sobre os manifestos e são preferencialmente acessíveis ao analista), não é especialmente visível na obra que estamos comentando: Freud não dispensa realmente dados históricos quando trata, digamos, da história bíblica (um descaso que ele de fato elogia quando trata de pacientes individuais). Ele tem desdém pela prova embora, em princípio, não negue sua relevância. A ilusão do *Allmacht des psychoanalytischen Denken*, à qual tão facilmente sucumbe na prática clínica, não assume inteiramente o controle em suas especulações históricas. Há um respeito residual pela autonomia da prova histórica.

Diante de tudo isso, o que foi que restou? Freud apreende, talvez melhor do que ninguém, a maneira como a classe média educada do mundo desenvolvido de princípios do século XX considerava a si mesma e suas relações com a sociedade. Em sociedades liberais, os homens viviam pela consciência, não pelo medo. Orgulhavam-se desse fato (e o próprio Freud sentia grande orgulho disso e da sublimação do instinto, transformado em criatividade, que era a característica de sua classe social e cultural), mas, com uma visão formativa naturalista do homem, haviam se tornado insatisfeitos com as probições excessivas impostas à natureza pela consciência. Seu naturalismo fazia-os desconfiados das pretensões absolutistas, da autoridade externa, da consciência. As justificações teóricas da autoridade da consciência encontravam-se na época sob rigoroso exame e não davam a impressão de que emergiriam muito bem desse estudo. Alguns homens ainda aceitavam suas ordens, virtualmente nos mesmos termos em que Freud os resumiu: vejamos, por exemplo, o caso de T.G. Masaryk, mais velho do que Freud apenas seis anos e, como ele, moraviano do sul que naturalmente gravitou também para Viena. Masaryk, um liberal de muitas maneiras, ainda acreditava, como disse a Karel Capek, que o sexo devia, em condições ideais, ser restringido a um único relacionamento de um para um entre um único homem e uma única mulher. (Ele não gostava de misticismo sexual e o atribuía ao catolicismo, com suas exigências excessivas, lembrando de certa maneira Freud.) Mas esses homens estavam se tornando raros.

Kant, Marx, e mesmo John Stuart Mill, aspiravam por uma fusão entre o *é* e o *deve*, uma situação em que a inclinação e a consciência do homem se tornariam uma única coisa. Kant não acreditava que isso pudesse acontecer neste mundo (onde um dualismo doloroso era nosso destino inescapável, opinião esta que compartilhava com Freud). Marx não acreditava que isso pudesse ocorrer na ordem sócio-econômica vigente, que na verdade define a forma social mais alta que deveria surgir no futuro (a crítica que Freud fez ao marxismo é o trecho mais convincente de todo o livro); enquanto Mill pensava que esse fato demoraria muito tempo, embora pudesse eventualmente acontecer. Freud não acreditava que essa reconciliação jamais fosse possível e citou, corretamente, a experiência comum sobre o argumento. E porque ele (ao contrário de Kant) achava que a libido e a consciência tinham origem nas mesmas raízes mundanas, não acreditava que elas jamais pudessem viver inteiramente em paz. A consciência é a satisfação da libido por outros meios, mas isso não significa que as duas chegarão a um acordo. Pelo contrário, a afinidade básica entre ambas dotava-as de grandes oportunidades e inclinações para tortura mútua. Estavam destinadas a continuar a se atormentar mutuamente, embora o tormento pudesse ser reduzido um pouco, com a ajuda dele, Freud.

Os descontentes estavam neste mundo para ficar — que ninguém se engane a esse respeito —, mas havia paliativos e Sigmund sabia tudo sobre eles. Simultaneamente, quase no fim do ensaio, ele recai naquele reducionismo fácil das opiniões dos *outros*, que sua própria posição geral lhe permitia. "Só uma coisa sei como certa e é que os juízos de valor do homem seguem *diretamente* seus desejos de felicidade... são tentativas de sustentar-lhe as ilusões com argumentos." (Grifo nosso.) *Diretamente*? Não havia ele demonstrado que as teorias morais que sustentam o severo superego produzem o efeito oposto? Teria ele esquecido a tortuosidade com que o superego cria suas racionalizações, a esperteza com que se entrega à tortura? Ele volta nesse trecho ao hedonismo ingênuo e redutivo que, de outra forma, contribuíra para derrubar. Mais importante ainda: se essa é a situação, se nossa razão é tão escrava assim de nossas paixões (em um sentido muito diferente daquele que David Hume utilizou em sua famosa fórmula), qual seria afinal a vantagem de pensar nesse assunto? Como ele abre uma exceção em seu próprio interesse e nos aconselha, bastante racionalmente, a domar e domesticar o superego? Conselho, sem dúvida, ele estava obrigado a dar: ao contrário de seus predecessores Schopenhauer e Nietzsche, que também interpretaram naturalisticamente a consciência como a satisfação de ardores sexuais por outros meios, mas que, como meros escritores, eram em sua época capazes de se refugiar em um esteticismo pessimista ou em uma igualmente inespecífica "transvalorização de valores", Freud era um médico e tinha que orientar seus pacientes. Ele conservou essa atitude, ainda que com hesitação, ambivalência e reserva bem apropriadas, quando passou de pacientes individuais para o tratamento da humanidade em geral. Assim ele de fato recomendou uma solução, ou pelo menos uma atitude. Freud foi provavelmente o moralista mais influente do século, mas, Deus sabe, isso não se deveu ao rigor de seu raciocínio...

Portanto, o número de descontentes podia ser pelo menos reduzido. Foi isso o que ele recomendou ou forneceu como receita para uma nova atitude, para uma mudança no clima moral que, presumivelmente por profundas razões sociais, estava de qualquer modo acontecendo. Freud cresceu em uma sociedade que ainda permanecia, em todos os aspectos, semelhante àquela com que tiveram que lidar os intelectuais do Iluminismo, que achavam que poderiam viver de acordo com a luz da Razão, mas que se sentiam assustados com a possibilidade de as massas serem também libertadas de alguma outra coisa e pudessem restringi-los. Em espírito, Freud aproximou-se mais da atitude de Voltaire, que fechava as portas quando o ateísmo era discutido, dado o caso de os serviçais ouvirem o que se falava e, liberados do temor de Deus, o assassinassem. Freud tinha os mesmos medos e já os havia manifestado com grande intensidade em *O futuro de uma ilusão*. Ele diferia de seus predecessores do Iluminismo apenas por frisar que a Razão era e tinha que ser muito dolorosa, mesmo ou especialmente para o Iluminado: isso porque era uma dor interna extra, e não apenas a Razão, que os tornava tão iluminados e capazes de ser simultaneamente sociais e criativos sem ajuda de medo inspirado pelo Senhor.

Eles poderiam viver apenas pela Razão, mas o caminho era difícil. Quanto aos outros, pouco importava se fosse doloroso, o problema era ser insuficientemente doloroso! Teríamos que ser cuidadosos com *eles*! Muito cuidadosos, sem dúvida.

Não obstante, no fim, ele acabou por mostrar que errara no seguinte: uma nova sociedade estava surgindo no século XX, baseada no industrialismo avançado e na prosperidade geral. O método principal de controle social da sociedade havia mudado de coerção pelo medo e a ameaça de fome para o suborno geral do crescimento econômico, aumento da participação e diminuição da distância social, devidos à nova e móvel estrutura ocupacional. A sociedade mostrava-se menos exigente, severa e punitiva do que sua predecessora. Antes subornava do que apavorava e era em tudo o mais permissiva. Tudo isso tem funcionado, pelo menos até agora e em circunstâncias socialmente favoráveis. Sob a velha ordem, o controle rigoroso sobre recursos muito escassos, impostos por coerção brutal, era o principal método de controle social. E incluía o racionamento dos recursos sexuais. Em termos relativos, apenas os socialmente aceitáveis e os que se conformavam (e, é claro, os poderosos) tinham acesso às noivas. Agora, a notável, mas repetidamente confirmada promessa de acesso cada vez maior e mais fácil aos recursos, substitui o medo como método para manter a ordem. Regimes desmoronam não quando não podem mais inspirar medo, como os antigos, mas quando deixam de promover o crescimento econômico. O relaxamento do controle inerente à essa nova ordem estende-se à esfera sexual. Seria difícil e inútil procurar exceções. As idéias de Freud sobre a viabilidade de uma diminuição modesta da severidade da consciência, fossem válidas ou não, não causaram essa mudança: elas tinham, conforme mencionado antes, profundas raízes sociais. Ele, no entanto, proporcionou-lhe de fato os fundamentos lógicos.

Em 1945, o consumismo liberal eliminou, pela guerra, um rival ideológico, que queria combinar industrialismo com restabelecimento da hierarquia, certo grau de severidade e culto de violência. Essa ideologia alternativa, ao reconhecer necessidades instintivas e rejeitar o ideal universalista humanista, poderia muito bem ter aclamado as idéias de Freud (e, de forma sub-reptícia, acho, beneficiou-se delas), mas foi impedida por seu racismo de assim agir. Ela de fato implementa uma possibilidade mencionada por Freud, ou seja, a inversão da tendência para a universalização do amor, em nome da volta à seleção natural. Em 1989, o fim conclusivo de uma confrontação econômica eliminou mais um rival, que tivera por objetivo a imposição política da integridade na terra. Essa alternativa controlava severamente os recursos, em parte como meio para impor disciplina e, até certo ponto, porque não era muito eficiente em produzi-los, e estendeu essa severidade à esfera sexual. Assim, neste momento, o consumismo liberal permissivo não tem rivais, pelo menos no Ocidente, e Freud lhe redigiu o contrato social sob a forma de uma anatomia de seus descontentamentos, além de algumas recomendações sobre como devem ser tratados. A vida social é uma solução conciliatória com as necessidades instintivas que, em si mesmas, são inevitáveis e têm custos inevitáveis, mas, com bom senso orientado pela iluminação que ele trouxe, o custo pode ser muito reduzido. Na verdade, foi a nova base da ordem social, e não a visão freudiana do homem, que tornou possível a nova permissividade, mas, a despeito de tudo isso, era bom ter uma carta patente bem elaborada para a nova moralidade. A diversidade de possíveis contratos sociais (o próprio Freud deu uma contribuição à mudança radical, embora temesse muito sua possibilidade e perigos inerentes) ilustra a natureza mal orientada da própria pergunta de nosso autor, que supôs *um* único contrato, inteiramente à parte quaisquer dúvidas que possamos ter sobre a resposta que deu.

Freud pode muito bem ter se enganado sobre o contrato social original ou sua segunda leitura bíblica, mas tomou a frente na elaboração de um novo contrato social para as classes educadas emancipadas do século XX *e* para a sociedade muito mais permissiva que surgiu mais tarde com a prosperidade geral e que, de forma geral, aceita a liderança moral fornecida pelas classes educadas. Há muitos, não apenas um único contrato social, e Freud ajudou a redigir um novo, apropriado às novas circunstâncias. Ele foi o líder do bando de irmãos que não mataram exatamente a consciência, mas colocaram-na no seu devido lugar. Os irmãos eram ambivalentes a respeito de sua própria ambivalência, e ele os aconselhou a conviver com essa situação. Freud se sentia, depois de tudo dito e feito, extremamente orgulhoso desse superego que agia para criar seus próprios descontentes.

A velha consciência emitia imperativos categóricos; a nova negocia uma solução privada com a ajuda de um novo e enorme grupo de conselheiros (provavelmente, a prole mais importante de Freud, mais do que a elite de analistas propriamente dita), que assumiram os deveres pastorais em um mundo tornado natural e secularizado, uma irmandade de ambivalência reconhecida e não de pecado flagrante e assassinato compartilhado, e que trabalha usando um jargão freudiano diluído, com elementos adicionais acrescentados para misturar conforme o gosto. O Estado liberal moderno evita não só uma política salarial oficial, mas também, tanto quanto pode, uma moralidade oficial — e pelas mesmas razões, isto é, a dificuldade *e* a redundância de seu cumprimento, bem como a inexistência de premissas para determinar, em primeiro lugar, o que deve ser imposto.

Quando carecemos de convicção sobre regras ou objetivos, carecemos também de vontade para impô-los, seja uma questão de salários, sejam os limites do sexo legítimo. É melhor ter um mercado livre em ambas as esferas. Contrariando a previsão temerosa de Freud sobre o que aconteceria quando se dissesse à multidão que a religião era uma ilusão e que não havia mais regras, a *massa*, na verdade, em grande parte aburguesada por uma nova estrutura ocupacional e novos tipos de trabalho, está inteiramente disposta a se comportar, em troca da promessa e da realidade de riqueza sempre crescente. Embora livre do medo de castigo severo e informada da morte da divindade, a massa não explodiu em um rompante de violência, assassinato e estupro, e, no geral, continua a pagar impostos e a dirigir seus carros pela mão certa da estrada. Como *o* laço social, a expectativa de prosperidade sempre maior substituiu a recordação do assassinato compartilhado.

A nova permissividade, porém, precisava de uma explicação: o repúdio à autoridade da culpa inspirada por um parricídio vicário, antigo e, afinal, também bastante hipotético e especulativo, serviria tão bem como qualquer outra. Claro, conservamos nosso Édipo, mas ele agora está controlado; distanciamo-nos de suas reivindicações, abaixamos seu tom de voz, que era alto em excesso à luz dos requisitos de higiene mental, e as vemos agora em contexto, psicologicamente, como um fato natural entre outros. Onde esteve o superego estará o ego. O Ministério da Saúde advertiu que consciência pode ser prejudicial à saúde. Graças a Freud, esse aviso é hoje amplamente divulgado em nossa sociedade.

Freud pode ter se enganado sobre o contrato social primordial e, na verdade, errou na suposição de que havia apenas um, aplicável à humanidade e a todos os tipos de sociedade. Mas ele ajudou a redigir uma lei constitucional básica, particular, a da sociedade moderna, liberal, permissiva, consumista. No lugar em que o preâmbulo da Declaração de Independência de uma república puritana, individualista, proclamava que os direitos à vida, à liberdade e à busca da felicidade são evidentes por si mesmos, o preâmbulo ainda a ser escrito da declaração de Freud diz outro tanto sobre uma culpa edípica compartilhada e renúncia ao instinto, mas, significativamente, acrescenta que elas devem ser limitadas tanto quanto possível. Os limites deverão ser livremente negociados à luz de circunstâncias individuais, mas esses são os novos aspectos evidentes por si mesmos da coexistência social do homem. A busca da felicidade é novamente justificada, mas há um aviso de que não se deve esperar demais dela, dado que somos o que somos.

A sociedade liberal consumista pode, no devido tempo, enfrentar graves problemas, pode revelar-se ou não estável, mas, por ora, funciona. Talvez ela fracasse quando o consumismo for saciado ou tornar-se autodestrutivo, pode chegar ao desastre ecológico, ou poderá afundar no conflito entre a necessidade de homogeneidade cultural (manifestada como nacionalismo) e a diversidade étnica herdada do passado ou gerada por novas migrações. Entrementes, contudo, nos casos em que é beneficiada pelo sucesso econômico, está funcionando bastante bem. Verificou-se que não tinham fundamento os medos de Freud sobre sua viabilidade e ele, na verdade, ajudou-a muito ao fornecer-lhe sua teoria moral, sua autojustificação.

Portanto, a moralidade foi deixada agora à negociação em cada caso e isso é feito no jargão freudiano. Contra homens como Masaryk, que tentou continuar a jogar de acordo com as velhas regras, que no seu caso característico eram virtualmente palavra por palavra as que Freud atribuiu à velha ordem, ele forneceu os instrumentos para organizar ou privadamente renegociar um novo conjunto mais flexível, como diremos, não de mandamentos, mas de diretrizes indicadoras. Autoconhecimento flexível (na verdade: auto-escolha orientada e negociada) substitui os Dez Mandamentos. Tudo isso provavelmente torna *O mal-estar na cultura*, e as fábulas que lhe dão base, o mais importante texto isolado para compreensão do clima moral do século XX.

# 6

# Passado e Presente

É comum buscar as origens da idéia de progresso na briga entre os antigos e os modernos, ocasião em que europeus ocidentais atreveram-se a pensar que haviam superado a Antigüidade, que a Renascença acabara de vez e que havia nascido a religião do progresso. Peço licença para discordar dessa opinião. A essência real da idéia de progresso não é que sejamos em particular melhores do que os antigos, em literatura ou em qualquer outra coisa, mas que, *em termos gerais*, posterior significa melhor, que formas posteriores de humanidade tendem a superar as mais antigas, que há um mecanismo ou princípio cósmico global, segundo o qual as coisas melhoram, em geral, não passando através de dois estágios, mas por intermináveis séries ou gradações de melhoramentos. Alegações de alguns estudiosos, de que detectaram a operação desse princípio, surgiram entre pensadores de fins do século XVIII. No século XIX, biólogos defenderam uma idéia semelhante, e a verdade sobre a história pareceu ser a verdade sobre toda a vida, talvez sobre todo o ser.

Essa é uma idéia poderosa, sem dúvida apaixonante. Tal como outras idéias filosóficas cruciais, ela não apenas explica como também justifica. Ela justifica o comportamento de Deus com o homem. Na verdade, a filosofia de progresso mais influente e inteiramente orquestrada — a de Hegel — foi profunda e sistematicamente ambígua sobre esse ponto. Ele deixou obscuro, de propósito, se o progresso era uma dádiva de Deus à humanidade ou se, em termos mais simples, Deus *era* progresso.

O romantismo e a antropologia têm o seguinte fato em comum: são ambos rebentos, corolários e, em parte, reações a essa visão progressista. O romantismo repudia o endosso total e acrítico dos modernos. Encontra mérito em costumes populares autênticos, retrógrados, tradicionais, ou em instituições ou estilos medievais, reais ou imaginados. Em formas extremas, talvez repudie inteiramente o moderno, considerando-o como uma aberração; em formas mais moderadas e características, simplesmente busca e encontra continuidade, percebe as sementes do presente no passado, a concretização do passado no presente. Os românticos têm senso de história. Falam como se a tivessem inventado e patenteado e, quem sabe, foi isso mesmo o que aconteceu.

A antropologia, como campo distinto de estudo, também teve origem na visão progressista ou evolutiva. Seu fascínio pelo selvagem radicava-se no fato de considerá-lo como um ancestral, seja social, institucional ou intelectualmente, mesmo que, em termos biológicos, ele fosse mais um primo do que um antepassado. A antropologia era, para todos os fins práticos, o estudo de primos retardados, cujo retardamento, presume-se, tornaria-os mais próximos de nossos avós comuns, principalmente os tão recuados no tempo que não deixaram registros escritos e que, em conseqüência, não podiam ser estudados pelos métodos históricos normais.

Os românticos mergulharam nas aldeias e culturas populares da sociedade de seus países. Os antropólogos, em contraste, interessaram-se por culturas muito distantes. O trabalho dos românticos tinha implicações políticas: em uma era de nacionalismos irredentistas, os limites de uma cultura logo se tornariam os limites das reivindicações territoriais do Estado, que tinha sua *raison d'être* na proteção dessa mesma cultura. A era do nacionalismo, no entanto, foi também a era do colonialismo, e o trabalho dos antropólogos, por conseguinte, teve também repercussões políticas, embora não no mesmo estilo: não há registro, por exemplo, de uma potência colonial ter reclamado um dado território porque os nativos eram matrilineares ou praticavam animismo.

Antropólogos e românticos, portanto, tomaram caminhos separados, embora paralelos, respeitando o passado, usando o presente como prova do passado: um presente próximo como prova de um passado recente em um caso e um presente distante como prova de um passado distante, em outro. Na forma inteiramente nova do debate entre antigos e modernos, no debate entre ocidentalistas e populistas, entre partidários de uma *Gesellschaft* aberta, individualista, racionalista, e os que preferiam uma *Gemeinschaft* integrada, comunal, espiritualmente realizada, românticos e antropólogos ficaram muitas vezes no mesmo lado da cerca.

Nas ciências sociais que então emergiam, o conflito refletiu-se nos estilos e métodos de estudo. Um lado considerava como método correto o estudo da interação entre os objetivos, opiniões e meio ambiente do homem, de modo muito parecido como preços são determinados pela oferta e pela procura, pouco espaço reservando a qualquer sentido místico de cultura e continuidade. No outro, havia os que preferiam o método histórico, institucional ou cultural, e eles, também, pensavam que o mesmo tinha aplicação universal. Na verdade, ambos os lados vacilavam muito entre sustentar que sua receita era universalmente válida e em usá-la de modo prescritivo, normativo, como uma pedra de toque da patologia. Claro, eles se opunham diametralmente na identificação do patológico: quem era o pobre paciente, o homem moderno ou o selvagem?

Esse grande debate europeu serve de pano de fundo para a antropologia moderna. Mas se qualquer pessoa familiarizada com essa confrontação desse um demorado olhar na tradição fecunda e brilhante da antropologia social, da forma praticada na Grã-Bretanha e em suas dependências (colônias) intelectuais desde a década de 1920, ela se sentiria imediatamente confusa e desorientada. Alguma coisa simplesmente não se encaixa. Alguma estranha discordância subverte as afinidades e contrastes habituais naturais. A tradição em questão exibe algumas, mas apenas algumas, das características esperadas. Um senso de interdependência de instituições, da maneira como ações humanas devem seu significado à cultura saturante, pelo menos tanto quanto a objetivos individuais — sim, com certeza. Mas é a atitude quase cínica, irreverente em relação ao passado, da tradição malinowskiana em antropologia — ainda hoje, no geral, o estilo predominante na zona intelectual da libra esterlina — que constitui o principal desvio de alinhamentos intelectuais normais, esperados. Sua doutrina mais característica é que o passado é, e deve ser, escravo do presente. Não só a mitologia, mas a própria "história" são vistas basicamente como um conjunto de alegados eventos passados que homens e comunidades escolhem — ou inventam — a fim de justificar e explicar seus atuais costumes e predileções. A mitologia e a história se assemelhariam, e ambas são vistas como "cartas patentes"— o termo preferido de Malinowski neste contexto — de instituições contemporâneas. A história real não é a história factualmente exata, mas a que atua sobre o presente no presente, atendendo a uma necessidade social e emocional presente.

Essa grande inversão de prioridades é virtualmente o aspecto definidor da antropologia malinowskiana. O passado é considerado importante não porque possui existência e atuação próprias, mas por sua função no presente. Essa orientação está, é claro, de inteiro acordo com todo o estilo malinowskiano, que procura explicar as crenças e costumes de selvagens em termos de seus papéis ou funções sociais nas sociedades em que eles ocorriam. Essa orientação era conhecida como funcionalismo.

Exatamente como e por que Malinowski conseguiu gerar essa revolução diplomática no alinhamento das idéias, nas afinidades eletivas costumeiras, fundindo um senso romântico de interdependência de instituições e o caráter saturante da cultura com uma desvalorização bem anti-romântica do passado? Bronislaw Malinowski, o embora não entronizado Antropólogo Laureado do Império Britânico, nasceu em 1884 e faleceu em 1942. O centenário de seu nascimento em 1984 desencadeou uma pequena inundação de pesquisas sobre sua juventude e influências formativas no período anterior à Primeira Guerra Mundial na Galícia austríaca, na Cracóvia e em Zakopane, a cargo de jovens estudiosos como Andrzej Paluch, Andrzej Flis, Grazyna Kubica e Jan Jershina, na Polônia, e Edwin Ardener, na Inglaterra. Esses antecedentes permitem-nos compreender como esse reembaralhamento de cartas culturais européias veio a reorientar e redirecionar a antropologia.

As raízes polonesas e européias continentais de Malinowski haviam sido negligenciadas anteriormente. A revolução malinowskiana foi certa vez considerada como virtualmente auto-explicativa e autojustificante: os méritos evidentes de suas idéias eram suficientes para explicar sua famosa vitória, a conquista do mundo antropológico do Império Britânico, como também sua tranqüila glória outonal. Dados especulativos de segunda mão, fragmentários, descontínuos, e uma desvalorização implícita ou mesmo explicitamente desdenhosa do primitivo foram substituídos por exaustivo e preciso trabalho de campo. Erroneamente acusada, acho, de servir ao colonialismo, a receita malinowskiana para o estilo e interpretação do trabalho de campo era, sem a menor dúvida, a melhor maneira de dar um bom e erudito uso ao vasto conjunto de culturas exóticas acessíveis, pacificamente governadas, mais ou menos bem preservadas, reunidas sob o teto político imperial.

Mas basta sobre a utilidade dessas idéias. O que dizer de suas raízes? Malinowski era um polonês da Cracóvia, muito satisfeito com o governo dos Habsburgo — recebeu seu doutorado em 1908 com a láurea *sub auspiciis Imperatoris*, uma grande e rara honraria —, que combinava nacionalismo cultural com internacionalismo político. Ele sabia que dar um novo traçado às fronteiras políticas não acabaria com a opressão de uma cultura sobre outra na Europa oriental — e que isso apenas redistribuiria os papéis de opressor e oprimido.

Tal como outros poloneses eruditos, sofreu a influência das duas grandes correntes intelectuais do século XIX: o hegelianismo e o positivismo. O primeiro ensinava, na verdade, que a história mundial era o julgamento mundial, que a realização nacional residia em um Estado nacional — para as nações a vida não começa aos quarenta, mas com a formação do Estado — e que, em conseqüência, os poloneses, não tendo Estado próprio, ou eram membros de segunda classe do processo histórico mundial ou lhes cabia corrigir o erro temporário da história e criar sua própria unidade política. Alternativamente, eles se voltaram para uma espécie de hegelianismo messiânico invertido: era o sofrimento da Polônia privada de um Estado e sua redenção eventual que conferiam significado à história. Malinowski não se importava em ser considerado como segunda classe, tampouco se sentia atraído para o ativismo irredentista nacionalista ou para o messianismo coletivo. Assim, pouco havia para levá-lo à filosofia, por mais na moda que ela estivesse, que não poderia deixar de conduzi-lo a um dilema tão desagradável.

Mas, felizmente, ele não precisava de qualquer tipo de hegelianismo. Estava no outro lado do grande divisor de águas. Sua tese, objeto de tal honraria de parte do Kaiser Franz Josef, era um estudo simpático da nova onda do positivismo, em especial da obra de Ernst Mach. O machismo que Malinowski achava tão interessante incluía tanto a rejeição de entidades transcendentes — alegados inobserváveis deviam ser transformados em construtos baseados em observáveis — quanto uma atitude biológico-funcionalista em relação ao pensamento: tanto o caráter como a justificação das idéias residia em seu serviço ao organismo. As idéias eram funcionais.

O original em Malinowski foi que ele orientou essas duas idéias principalmente para o passado, para a história. O passado não devia mais dominar o presente, determiná-lo e estabelecer suas tarefas: ao contrário, o passado devia ser interpretado como tendo sido modelado por necessidades presentes. Havia exemplos abundantes desse processo de construção na Europa central e oriental: dificilmente existia um nacionalismo que não manipulasse o passado para seus próprios fins. Malinowski, contudo, adotou a posição extremada de considerar todas as visões do passado como principalmente funcionais no presente. Isso, por seu turno, era sua "carta patente", e lhe permitiu realizar duas coisas ao mesmo tempo: revolucionar a antropologia sob sua própria liderança, e soltar-se do anzol em que estava preso como polonês, um indivíduo que, a não ser por isso, teria sido obrigado a acertar suas contas com a história.

Todo mundo conhece a história do prêmio oferecido por um concurso a um livro sobre elefantes, e como o polonês apresentou um estudo intitulado "Os elefantes e a questão polonesa". Superficialmente, Malinowski parecia contradizer a moral dessa história. Ele nunca escreveu um livro intitulado "Argonautas do Pacífico ocidental e a questão polonesa" ou mesmo "A vida sexual dos selvagens e a questão polonesa". Mas não devemos nos deixar enganar. Ele os escreveu, *realmente.* O mesmíssimo conjunto de idéias positivistas-funcionalistas com as quais derrubou o reinado de Frazer proporcionou também uma esplêndida e original rota de fuga dos dilemas que filosofias do tipo hegeliano impõem a nacionalidades que não dispõem de um Estado. Assim a questão polonesa estava, afinal de contas, oculta na antropologia.

O antropólogo que na época servia de paradigma, e que na verdade havia-o emocionado e estimulado profundamente, era Frazer. A antropologia frazeriana consistia de uma reconstrução especulativa do desenvolvimento da mentalidade humana pré-letrada, tendo por base uma vasta coletânea de dados muito fragmentários, cuidadosamente reunidos, mas retirados do contexto. O funcionalismo de Malinowski insistia em que toda essa prova fosse reposta no contexto. Seu método de trabalho de campo, aliás, consistia em um exame exaustivo de contextos sociais. A idéia de que o passado deveria ser tratado como escravo do presente, e não o contrário, era um corolário muito conciso do maciço ataque positivista aos inobserváveis. Nas sociedades pré-letradas, o passado era uma espécie de transcendente, situando-se fora do alcance cognitivo. Malinowski tinha absoluta certeza de que Frazer era o último rei da antropologia clássica e, ele mesmo, o rei de uma antropologia nova, funcionalista. Frazer era o velho sacerdote do Bosque Sagrado antropológico e ele, Bronislaw Malinowski, matou-o e sucedeu-o, perpetuando-o e reencarnando-o porque também o havia destruído.

A vitória de Malinowski no Império Britânico foi virtualmente completa. Durante longo tempo, a maioria das cátedras antropológicas foi ocupada por sua prole intelectual, embora, na América, seu impacto tenha sido menos total.

Mesmo hoje, não acredito que os ataques estridentemente trombeteados contra o regime malinowskiano o tenham realmente derrubado. Mas houve modificações. Embora desde que Malinowski matou Frazer nenhum novo aspirante o tenha assassinado por seu turno, o velho sacerdote, ou seu culto, mudaram muito.

A primeira mudança aconteceu cedo. A mudança do "funcionalismo" para o "funcionalismo estrutural", ligado ao nome de Radcliffe-Brown, significou na verdade o abandono da ênfase biológica, das tentativas de equiparar — e destarte explicar — as instituições sociais às necessidades biológicas básicas. Esse programa pode ter estado implícito no positivismo de estilo pragmático que Malinowski herdou de Mach, mas não funcionou muito bem. Sociedades humanas, é claro, têm base biológica e, recentemente, a sociobiologia reviveu o interesse por ela, com uma nova sofisticação. A variedade das formas sociais, muitas vezes construídas sobre bases biológicas freqüentemente idênticas ou semelhantes, porém, é tão grande que provavelmente será melhor, pelo menos para a maioria dos cientistas sociais, concentrar a pesquisa nos fatores sociais que explicam as diferenças, e não nos biológicos, que explicam o substrato compartilhado.

A mudança mais importante, contudo, foi possivelmente o sério retorno à história: a tendência para fazer perguntas antropológicas a material histórico e perguntas históricas a material antropológico. O valioso no mito malinowskiano do "presente etnográfico" era a insistência em um sentido de interdependência das instituições e o requisito de que a maneira como elas mutuamente se limitam deve ser profundamente estudada e documentada, e que explicações superficiais, em termos da localização de instituições isoladas em esquemas evolutivos imensamente abstratos, que são em seguida apoiados em "dados" que não passam de sombras do próprio esquema, devem ser evitadas.

Essa idéia pode ser e tem sido conservada, e é compatível com o interesse pela história; na verdade, pode dar aos estudos históricos uma nova sensibilidade e substância. Não exige a abolição ritual do regime antropológico, mas apenas seu emprego mais eficaz. Antropólogos britânicos, como Jack Goody e Alan Macfarlane, de fato fizeram isso; americanos como Eric Wolf, Marshall Sahlins e Clifford Geertz nunca deixaram de fazer.

Não precisamos fingir que não temos história, tampouco temos de reverenciá-la como juíz e feitor cósmico. O dilema político e metodológico enfrentado por Malinowski em princípios deste século não precisa mais de solução tão extrema — embora o exagero que ele praticou, provavelmente sabendo muito bem o que fazia, tenha clareado o ar para nós. O estilo dominante do estudo de nações sem história foi criado por um membro de uma nação com uma história dolorosa demais para ser considerada como providencial.

# 7
# James Frazer e a Antropologia de Cambridge

James Frazer é provavelmente o antropólogo mais famoso — sem dúvida o mais famoso antropólogo inglês e, com toda probabilidade, o mais famoso em todo o mundo.

Nasceu em 1854 e faleceu em 1941. Teve uma vida muito longa, que começou no auge da era vitoriana e durou até a metade da Segunda Guerra Mundial. Essas datas são importantes. Para o mundo externo, ele é ainda, talvez, *o* antropólogo. Já na profissão antropológica, ele ocupa uma situação um tanto diferente. É o rei Harold — o último rei do velho regime — assassinado pelo Conquistador. O Conquistador, no caso da tradição antropológica social britânica, foi um polonês: Bronislaw Malinowski. Há, realmente, uma grande semelhança entre a relação de Harold com William e a de James Frazer com Bronislaw Malinowski.

Antes desse grande salto de um para o outro, descobrimos um tipo muito diferente de história da disciplina: a história real, com uma espécie de regime *contínuo*, sobre a qual podemos dizer o que aconteceu e quem influenciou quem, com uma interação mantida, — uma espécie de clima moral contínuo — e um conjunto contínuo de instituições — só começou realmente com Malinowski. Antes dele, a situação era como uma espécie de pintura chinesa, onde falta o fundo e só vemos imagens isoladas. Nela há várias figuras sobre as quais a maioria das pessoas talvez tenha ouvido falar: Tylor e Morgan, McLennan e Marrett, Maine e Robertson Smith. Mas exatamente qual tipo de relação houve entre eles não é muito claro. Esse fato só é conhecido pelos especialistas. Não faz parte da história *vivida*. Parece-se mais com a história inglesa antes de Harold, com nomes engraçados como Ethelred e figuras semimíticas como Arthur e Alfred, com espaços em branco entre elas e nenhuma história *contínua*, nenhum contexto estável.

A história da antropologia é muito similar a essa situação. O próprio Frazer projeta uma imagem clara, porque foi sem dúvida o último da velha guarda — e se, antes dele, não havia exatamente escuridão, tampouco havia história cumulativa: pelo menos não uma história imediatamente reconhecida, clara e familiar. Após Frazer, começa a história contínua, e isso não foi um acidente, porque a mudança das suas idéias para as idéias de Malinowski constitui em si a sua essência. Malinowski criou o estilo compartilhado, praticado por uma comunidade inteira de profissionais e, dessa forma, tornou possível a continuidade e a comparabilidade. A comunidade adquiriu uma espécie de solidez: os que pertencem à comunidade antropológica de fato *conhecem* sua história, como parte de seu ambiente vivo.

Naturalmente, a batalha de Hastings neste caso foi muito lenta e, é claro, sem contato físico. A relação entre Harold e William — ou melhor, neste caso, entre James Frazer e Bronislaw Malinowski — foi complicada, íntima e ambivalente. Em sentido físico, esse Harold continuou a viver durante muito, muito tempo. James Frazer faleceu apenas em 1941. Bronislaw Malinowski, seu sucessor como Antropólogo Número Um, morreu um ano depois. Teve tempo, portanto, de escrever apenas uma análise póstuma de seu predecesssor, na qual disse que Frazer foi o maior da velha escola, deixando bem claro — nem era preciso dizer — quem considerava o maior da nova. Ele comentou dessa maneira a grande revolução na qual o substituiu e, implicitamente, a ironia da relação entre ambos, que numerosas pessoas haviam notado também. Como antropólogo-paradigma, Frazer foi morto e substituído por Malinowski durante o período entre-guerras.

O ponto central de partida do grande e famoso livro de Frazer, *O ramo de ouro* — grande tanto em sentido físico quanto crítico — foi o bosque sagrado de Nemi, o local onde prevalecia uma curiosa regra de sucessão: o sacerdote de Nemi era sucedido por quem quer que o matasse. Esse não era, portanto, exatamente um emprego que desse a seu ocupante a melhor expectativa de vida possível. Frazer escreveu *O ramo de ouro* como uma tentativa de explicar essa regra estranha — estranha até pelos padrões clássicos —, brutal e excepcional. Ao fim do livro, supõe-se que o leitor compreenda por que tinha que ser assim. Esse é pelo menos o pretexto; o tema real subjacente é muito mais complicado. Não obstante, esse *é* o tópico nominal e grande número de volumes foram necessários para explicar por que prevalecia esse estranho costume naquele bosque, a cerca de trinta quilômetros a sudeste de Roma. A relação entre Frazer e Bronislaw Malinowski teve caráter semelhante. Malinowski "assassinou" Frazer, intelectualmente falando, e assim tornou-se rei do Bosque Sagrado da Antropologia. Essa é a ironia central e óbvia da relação entre ambos.

Vejamos mais algumas observações gerais sobre Frazer: ele foi o último dos grandes antropólogos — pelo menos na Grã-Bretanha —, no sentido de oferecer uma descrição geral da mente humana e da história humana. Depois dele — e isso constituiu parte da revolução de Malinowski — esperava-se que os antropólogos estudassem sociedades isoladas. Teorizar sobre o homem e a sociedade em geral, embora não fosse proibido, não era mais o centro da disciplina. Ninguém pode, por exemplo, conseguir um título de PhD com um estudo dessa natureza e ingressar na profissão: para isso é necessário uma monografia de campo. No geral, teorizar tornou-se o tipo de coisa que as pessoas fazem quando se aposentam, ou quando são convidadas a participar das conferências Reith.

O único antropólogo desde Frazer a produzir um impacto semelhante, tornando-se uma figura mundial de enorme influência sobre a literatura e oferecendo um quadro abrangente, foi Claude Lévi-Strauss. Há, aliás, uma certa semelhança entre os dois. Em ambos os casos, podemos resumi-los na seguinte fórmula: um *insight* poderoso, unificador, filosófico, acrescido de um enorme volume de etnografia, e um imenso volume de detalhes sobre costumes e mitos diferentes, geralmente exóticos e estranhos. O *insight* conferia unidade à massa de material, e a massa de material, apresentada em estilo vivo e vigoroso, dava substância ao *insight*. Naturalmente, o *insight* não foi o mesmo nos dois casos.

No caso de Frazer, o *insight* foi a psicologia associacionista ou — em outras palavras — a imagem da mente humana que encontramos principalmente em David Hume e que continua a ser o tipo de descrição de mente e homem oferecida pelo empirismo britânico desde seus primórdios no século XVII até Russell. O modelo interpreta a mente como uma espécie de bola de neve de sensações: um tipo de acumulação de dados fornecidos pelos sentidos. A *associação de idéias* é a idéia-chave usada para explicar como a mente humana funciona e também — no caso de Frazer, por extensão — como a sociedade humana funciona. Frazer era duplamente intelectualista: não apenas pensava que o homem é basicamente um teorizador, mas supunha também que a sociedade é um reflexo das idéias humanas. Uma maneira de resumir Frazer seria supor que a teoria da mente de Hume é correta, e supor ainda que ele tentou extrair sentido de todos os trabalhos etnográficos que chegaram às suas mãos e que tratavam da diversidade da cultura humana. Se tentarmos extrair sentido dessa massa de dados, à luz do modelo de mente postulado por Hume, o resultado será *O ramo de ouro*.

No caso de Lévi-Strauss, o *insight* básico foi algo diferente, uma idéia que, de certa maneira, constitui o inverso do quadro pintado por Hume. Não é que a mente e seu conteúdo sejam construídos por dados, mas que os próprios dados são tornados possíveis por uma estrutura ou sistema preexistente de polaridades, ou de extremos. A melhor maneira de mostrar a diferença entre os dois *insights* — o de Hume, que é subjcente a Frazer, e o estruturalista, que fornecia base a Lévi-Strauss — é fazê-lo em termos de um problema que o próprio Hume postulou, isto é, *a parte azul ausente*. A doutrina fundamental de Hume é que todas as nossas idéias constituem apenas uma espécie de ressaibo de experiências; temos experiência de uma dada mancha azul, o ressaibo permanece conosco, e esta *é* nossa idéia de azul. Trata-se de uma teoria geral de idéias — o oposto da teoria de Platão, que consideraria as coisas e as impressões como ecos débeis de idéias abstratas. Para Hume, idéias não poderiam surgir de outra maneira.

Mas, em seguida, Hume, que era homem muito honesto, pensou em um contra-exemplo de seu próprio princípio. Este princípio dizia que não há idéias sem percepções anteriores — não podemos ter um *ressaibo* sem ter conhecido o gosto *inicial*. Todo ressaibo pressupõe uma experiência prévia. Essa, segundo Hume, é a lei geral, de acordo com a qual é formada a mente humana. Não há idéias sem impressões. Mas, sendo um homem honesto, ele notou um interessante contra-exemplo: imaginemos uma espécie de escala de tonalidades de azul, como poderíamos encontrar, por exemplo, em uma loja de papel de parede. Podemos escolher nossas tonalidades preferidas de azul e, em uma escala, o dono nos oferece todas as tonalidades, do azul muito escuro ao azul muito claro. Mas, por alguma razão, falta uma dada tonalidade. Bem, diz Hume, se temos toda a escala notamos a falta porque, de repente nesse ponto, o salto de uma tonalidade para a seguinte é um pouco maior do que o habitual. De modo que podemos *imaginar* essa tonalidade ausente particular, mesmo que jamais a tenhamos previamente experimentado. *Podemos* preencher o claro. Hume notou essa contradição em seu princípio geral, de que todas as idéias são simplesmente ressaibos de experiências prévias. Notou-a, é verdade, mas em seguida continuou a viver em uma espécie de coexistência pacífica com o contra-exemplo de sua própria teoria e não se preocupou mais com o assunto.

A maneira como poderíamos resumir a diferença entre o quadro implícito subjacente a Frazer e o quadro estrutural subjacente a Lévi-Strauss é aquilo que Hume considerava uma *exceção*, porque um estruturalista como Lévi-Strauss é, ao contrário, a *norma*. Não poderíamos notar e conceitualizar diferentes tonalidades de azul a menos que nossa mente já fosse dotada de polaridade entre extremos, entre as quais as várias tonalidades poderiam ser *em seguida* colocadas. Em outras palavras, o espectro de polaridades *precede* o conteúdo da mente. Nunca tive absoluta certeza se Lévi-Strauss queria uma mente universal para toda a humanidade ou uma mente por cultura. As polaridades de sensibilidade e conceituação, porém, já estão prontas para receber as várias tonalidades. De qualquer modo, a antropologia de Frazer baseava-se no modelo de Hume e a de Lévi-Strauss, na generalização da *exceção* que Hume reconheceu.

Mais um dado sobre a posição de Frazer na história: descrevi-a na história da antropologia, mas na história mais ampla do pensamento, ele pode ser utilmente comparado a Bertrand Russell. Mais uma vez, podemos oferecer uma espécie de fórmula para descrever a posição principal de Russell. Russell mudou muito de idéia, mas o tipo principal de posição a que está ligado é o seguinte: *David Hume, mais lógica moderna*. Ele reformulou a filosofia de Hume em uma época que possuía uma maquinaria lógica nova e mais complicada, que usou na tentativa de responder à pergunta sobre como a matemática funciona. Essa é a fórmula mais simples para descrever a posição geral de Bertrand Russell. Analogamente, Frazer é a filosofia de Hume, a teoria da mente de Hume, acrescida de preocupação com a diversidade das culturas humanas. Dessa maneira, em ambos os casos, obtemos uma espécie de atitude clássica no século XVIII, adaptada à última parte do século XIX e à primeira metade do século XX. Ambos servem de exemplo de uma reformulação cambridgeana da idéia que o Iluminismo fazia da mente. Em ambos os casos, encontramos valores algo semelhantes.

Frazer foi um clássico em pelo menos dois sentidos. Essa constatação surge quando passamos às camadas da teoria encontrada em *O ramo de ouro* e em sua obra em geral.

A camada superior — a doutrina oficial, que na verdade é o tema principal de *O ramo de ouro*, por trás do fingimento de que tudo aquilo se destina a explicar os assassinatos cometidos em Nemi — é uma combinação do associacionismo de Hume — a teoria de bola de neve da mente — com evolucionismo no sentido sociológico, isto é, a idéia de que o fato principal sobre a sociedade humana na história constitui uma progressão de formas mais baixas para mais altas. Em suma, associacionismo mais evolucionismo. A idéia básica é a adaptação do associacionismo ao problema da diversidade da cultura humana. E a resposta é — de fato há uma enorme variedade, mas que o leitor não se engane — que há também uma unidade básica fundamental e o modelo básico subjacente é o progresso das formas mais baixas de pensamento para as mais altas. Essa era a teoria principal e oficial de Frazer.

O outro aspecto crucial dessa versão particular do evolucionismo — de observar um padrão geral de desenvolvimento e melhoramento — assume a forma de uma teoria em três estágios. Os famosos três estágios oferecidos por Frazer do desenvolvimento da mente humana são: *magia, religião, ciência*. Essa é a teoria *oficial* geral de *O ramo de ouro*. A mente humana começa com a magia, continua com a religião e termina com a ciência. Ele não acreditava que qualquer um desses elementos jamais estivesse presente *isoladamente*. Acontecia apenas que a magia predominava no princípio, a ciência predominava no fim, e a religião preenchia o espaço intermediário. Os demais elementos, porém, estavam sempre presentes. O que havia era uma questão de predominância relativa.

*The Making of the Golden Bough*, de Robert Frazer, demonstrou com grandes detalhes algo que sempre foi óbvio para mim, isto é, que a teoria de magia de Frazer constituía uma adaptação direta de princípios evolucionistas desenvolvidos por Hume. Seus termos, tais como "magia simpática", passaram a fazer parte do linguajar comum. Esse tipo de magia baseia-se na idéia de que a conexão entre as *coisas* lembra a conexão pela qual associamos *idéias* — associamos A com B através de semelhança ou porque aparecem juntos. Uma coisa lembra-nos a outra. Analogamente, a magia — ou conexões mágicas — baseia-se na aplicação desse princípio. A idéia fundamental da magia é que a natureza pode ser manipulada, empregando-se conexões que podemos identificar através dessa operação natural da mente humana, procurando elos entre coisas através de ligações, similaridade ou contigüidade associadas.

Magia não funciona e a teoria de Frazer é que, porque não consegue funcionar, a humanidade passa à religião. Este conceito de religião é basicamente animista: baseia-se na existência de espíritos por trás de coisas. Enquanto o mago manipula a natureza, o sacerdote acalma os espíritos por trás da natureza, que supostamente são os responsáveis pelo que acontece. Isso tampouco funciona e, em seguida, a humanidade passa à ciência, a essência da qual consiste em examinar com todo cuidado o que *realmente* causa o quê, em vez de ser desencaminhada por associações acidentais.

Classificamos as conexões autênticas usando o método experimental. Esse, para Frazer, era o modelo básico da história humana. Mas havia várias coisas erradas nessa idéia. A magia ajustava-se muito bem ao modelo de mente humana da forma especificada por David Hume, e a religião nem tanto. O animismo não se baseia em algum tipo de associação. É a postulação de um novo princípio explicativo de um evento. Podemos, talvez, encaixar isso, se nos esforçarmos o bastante. Podemos dizer que a mente individual vivencia, em sua própria psique individual, a conexão entre consciência, vontade e experiência, e uma associação semelhante pode ser também projetada na natureza. Mas não se encaixa tão bem como a magia. Trata-se, na verdade, da invenção de uma hipótese radicalmente diferente. Em segundo lugar, tudo isso é um pouco absurdo. A idéia da humanidade progredindo da magia para a religião porque a magia não conseguiu funcionar pareceria pressupor que em algum ponto, digamos, no primeiro milênio a.C., quando ocorreu a mudança das religiões mais simples para as religiões mundiais mais teóricas — a denominada Era Axial — houve algum tipo de congresso mundial de xamãs, na qual eles leram trabalhos uns para os outros e disseram: "Bem, estivemos mantendo registro desta farra mágica e a taxa de fracasso é terrivelmente alta. Ela realmente não funciona. Temos agora que pensar em alguma outra coisa. Que tal o animismo?" Isso não é muito plausível. O homem não mantém tais registros e a maioria das sociedades simplesmente não se incomoda com a taxa de fracasso de suas práticas mágicas. Há sempre maneiras de contornar essa dificuldade e, além do mais, elas não comparam notas. A coisa nunca aconteceu assim.

O leitor poderia pensar que a versão intelectualista da transição seguinte é um pouco mais compatível com a visão de Frazer. Algo desse tipo realmente aconteceu nos séculos XVII e XVIII. No século XVII surgiram teorias científicas que pareciam ajustar-se muito melhor aos fatos. Com o aparecimento em cena de Copérnico e Galileu, tiveram sucesso teorias baseadas em teorização e observação, e não em revelação. Este fato teve contrapartida no século XVIII com os filósofos que estudaram esse sucesso e formularam a teoria do método científico. Eles deram publicidade ao sucesso e às maneiras como o explicavam, e converteram grande parte da humanidade. O modelo de Frazer, desse modo, poderia possivelmente ajustar-se à essa transição particular. Talvez o leitor pudesse encaixar a revolução científica, acompanhada de seus ecos filosóficos, no modelo de nosso autor. A primeira transição, no entanto, não se ajustava em absoluto e é absurdo tentar fazer com que se ajuste.

Mas voltemos às camadas do pensamento de Frazer. A camada superior é teoria evolucionista/associacionista — o uso da teoria associacionista da mente para criar um modelo evolutivo de diferentes tipos de pensamento, gerando a grande variedade de culturas humanas. Já a segunda camada é muito diferente. Nela Frazer, mais uma vez, mostrou-se muito clássico, em uma profunda retroação a Hume, o que é, incidentalmente, relevante para a questão emaranhada da relação com a religião. Essa camada, porém, manifestava um aspecto diferente de sua atitude clássica e era duvidosamente compatível com seu evolucionismo/associacionismo. Se reler os trechos sobre a influência da religião oriental na Europa, o leitor encontrará uma volta às atitudes do clássico Edward Gibbon, por exemplo. Poderá encontrar esse enfoque no famoso capítulo sobre a expansão do cristianismo no *Declínio e queda*, de Gibbon, ou em outra obra de David Hume, *The Natural History of Religion.* Há, nessa interpretação do problema, um contraste crucial entre a religião da Antigüidade clássica e o monoteísmo escrituralista que a substituiu. Como nos casos de Hume e Gibbon, as simpatias de Frazer inclinavam-se claramente para a Antigüidade clássica, e não para o cristianismo e as religiões mundiais. O contraste era o seguinte: a religião antiga era basicamente um culto cívico, inculcava as virtudes cívicas de viver ou morrer pela cidade, era um tipo de ética de coesão e obrigação social. Em contraste, o que a substituiu foi algo voltado para o outro mundo, e egoísta — ensinava ao homem a preocupar-se com a salvação de sua própria alma e a não se preocupar com o mundo, exceto incidentalmente, no máximo como se este fosse uma espécie de ginásio moral, onde podia provar seus méritos para ganhar a outra vida. Era uma transição do este-mundo cívico para o outro-mundo egoísta. Bem, essa é uma atitude inteiramente possível. Notem, contudo, que não se ajusta à camada superior do pensamento de Frazer, que supunha que o que pessoas fazem quando praticam magia, tomam parte em rituais religiosos ou aceitam uma religião é a mesma coisa que fazem depois quando praticam ciência. Elas são, segundo essa idéia, basicamente intelectuais, *teorizando* sobre o mundo. A magia tinha uma teoria sobre o mundo. Se não funcionava, era substituída por outra, e quando esta tampouco funcionava, por uma terceira. Era suposto que o homem, através da idade, fora uma espécie de estudioso, um intelectual em seu gabinete, mudando de uma teoria para outra, enquanto seu pensamento progredia. Ora, é claro que isso é absurdo: teorizar sobre o mundo e sobre a natureza é uma atividade entre outras e, para a maioria das pessoas e na maior parte dos tempos, *não* é a dominante. Quando toma parte em um ritual, o homem não teoriza; ele expressa, isso sim, sua participação em uma ordem social. O intelectualismo da principal teoria é uma de suas fraquezas, embora o paradoxo seja que, na segunda camada — quando Frazer comparou concretamente as religiões do Mediterrâneo clássico com o monoteísmo mundial que as substituiu, preferindo entusiasticamente as primeiras — ele não falava em absoluto como um intelectualista, mas como uma espécie de sociólogo comparatista, interessado em estruturas e culturas sociais, em religião como *ethos* ou cimento social, e não em religião como teoria científica comum. A segunda camada de Frazer via a religião como expressão da ordem social e não era compatível com a primeira. Portanto, que havia tensão entre as duas — embora ambas fossem clássicas, elas ainda assim se contradiziam.

Finalmente, havia a terceira camada, o que poderíamos chamar de camada de *Terra devastada*. Claro que Frazer — dadas a riqueza do material, a coesão e o brilhantismo de sua prosa — produziu um profundo impacto sobre a literatura. Sua presença é muito vívida em *A terra devastada*, de T.S. Eliot. O uso que Eliot deu a Frazer, no entanto, foi inteiramente contrário ao espírito do próprio Frazer. Ao ser presenteado com *A terra devastada*, Frazer julgou o livro inteiramente ininteligível. Cabe suspeitar que se ele o tivesse compreendido, teria achado desagradável. T.S. Eliot *não* era clássico. Frazer também foi usado por Freud e, quando Malinowski lhe explicou esse uso, ele riu muito.

Ora, o importante é o seguinte: o uso literário — que, acho, é o uso mais comum dado à obra de Frazer — é o que poderíamos chamar de uso *junguiano*. Frazer reuniu todo o seu rico material sobre crenças e práticas bizarras de todo o mundo, agrupou-as e achou uma grande semelhança de padrão. Havia muita coisa em comum. No fim, a solução de seu principal problema formal sobre a regra de sucessão em Nemi foi que ela não era, afinal de contas, tão bizarra assim — alguma coisa parecida era encontrada em todo o mundo. Havia *muitos* outros exemplos de sucessão por assassinato ou assassinato do sacerdote ou do rei. E o tema de *A terra devastada* é justamente esse: a terra é estéril devido à falta de vigor do monarca. Assim Eliot pegou emprestado seu tema principal da obra de Frazer.

Mas se há uma semelhança nos mitos e rituais da humanidade, qual *é* a explicação? Frazer de fato tinha uma resposta — as leis da associação mental, da forma simples exposta por Hume e pelos empiristas britânicos. Mas havia outra explicação, divulgada em sua forma mais simples pelo psicólogo Jung: isto é, todos esses padrões são escavados em uma espécie de depósito, um inconsciente coletivo compartilhado. Haveria um fundo comum de símbolos ou arquétipos (ou como se queira chamá-los) e estes reapareceriam em todo o mundo. Claude Lévi-Strauss tinha uma resposta inteiramente diferente — a *estrutura* subjacente semelhante da mente humana, e não um conteúdo compartilhado, geraria o mesmo modelo de mitologia em toda parte. A explicação junguiana revelou-se mais convincente para a mente literária do que o associacionismo. A maneira como Frazer reuniu seu material presta-se a essa interpretação junguiana. E foi dessa forma que Frazer possivelmente deu sua contribuição mais influente. Não acredito que esta tenha sido a mais meritória, mas foi assim que produziu seu maior impacto. As pessoas evidentemente gostam de escavar *O ramo de ouro* e o material nele reunido em busca da história da rica imagística e simbolismo compartilhados pela mente humana. Esta dificilmente teria sido a intenção de Frazer, mas a maneira como organizou o material prestava-se para isso.

O que mais há de errado em Frazer? Parte dos defeitos já foi salientada: o intelectualismo, a suposição de que o homem primitivo foi principalmente teórico e não prático, e tudo que acompanha essa visão: a falta de contexto social — a falta da idéia de cultura como uma unidade. Foi nesse ponto que o novo regime estabelecido por Malinowski reagiu contra Frazer. Seu princípio mais importante era a insistência no *contexto*, na observação de todo conjunto de aspectos e instituições culturais, e não a coleta de fragmentos separados e sua transformação em uma colagem. Essa orientação evitava o método de colecionador compulsivo tão característico de Frazer.

Mas à parte o intelectualismo e a inexistência de contexto, havia outra fraqueza crucial em Frazer: ele deu um peso excessivo à associação de idéias. A teoria pressuposta é realmente muito extravagante. Vamos aceitá-lo pelo seu valor aparente e apresentar a doutrina do modo como ele mesmo a expôs em *O ramo de ouro*. Ela começa com o ritual sangrento e macabro — uma regra de sucessão, melhor dizendo — com o sacerdote vagueando pelo bosque sagrado perto do lago, em Nemi — sabendo que, mais cedo ou mais tarde, será assassinado por alguém que quer ser seu sucessor. Por quê? Por que ele tolera essa situação? Por que ele mesmo se meteu nessa situação nada invejável? E por que, afinal, seu sucessor arriscará a vida simplesmente para conseguir um cargo que não é exatamente uma sinecura, um emprego em que você vai ser liquidado pelo sucessor seguinte, e assim por diante? Por que fazem isso? Resposta: é assim que a mente humana funciona, entendam — pela associação de idéias e, neste caso particular, a associação das idéias de prosperidade da terra e vigor do rei/sacerdote. Esse erro na associação favorece a aceitação de um papel desagradável. Na verdade, a potência do rei/sacerdote e a produtividade da terra não estão ligadas, como dirá ao leitor a agronomia científica. A plausibilidade da associação mágica, no entanto, faz com que isso pareça verídico. De modo que o homem torna-se vítima da associação de idéias. Uma teoria estranha. Ela na realidade credita a associação com um poder realmente impressionante sobre o comportamento humano. Eu, pelo menos, não vou me deixar matar pela associação de idéias. Posso associar qualquer coisa com qualquer coisa, mas traço um limite quando isso me coloca em perigo.

Se o leitor não se convenceu com essa crítica, ela pode ser reforçada. O problema com a associação é que quase qualquer coisa *pode* ser associada a qualquer outra coisa. A expressão *livre associação* é realmente um pleonasmo. O próprio Hume começou distinguindo vários tipos de associação. A semelhança era uma delas, assim como a oposição. Associamos A com B porque eles estão *próximos* um do outro, mas A com Z exatamente porque estão *distantes*: podemos utilizar (e utilizamos) ambas as maneiras. Depois de evocar todos os vários princípios de associação, podemos partir de qualquer coisa para qualquer coisa, como, de fato, o homem faz no curso da associação livre, e se espera que ele faça. Bem, isso não é uma crítica apenas a Frazer, mas à toda a tradição empirista, da qual ele foi parte importante, na medida em que tentou dar uma descrição do funcionamento real da mente humana. Se a mente humana realmente funcionasse por associação, todos nós estaríamos sofrendo de uma espécie de câncer semântico — um tipo de rápido crescimento da associação em todas as direções, o que nos levaria de qualquer coisa para qualquer coisa. Tenho minhas associações particulares porque minha vida é o que é. De modo que, se pronuncio uma dada palavra, essa palavra significa alguma coisa para mim porque me chegou no contexto de certas experiências. A *sua* vida, leitor, porém, é diferente, e quando me ouvir dizendo a mesma palavra, ela lhe trará uma associação inteiramente diferente. Assim, porque suas associações são suas e as minhas são minhas, não há virtualmente possibilidade de realmente nos comunicarmos. Se o associacionismo explicasse a maneira como a mente humana efetivamente funciona, haveria um caos semântico total.

Ora, o interessante é que não há caos. O surpreendente é que, semântica e verbalmente, as pessoas são espantosamente bem-comportadas. O homem em geral fala corretamente — não se *comporta* corretamente, mas de fato *fala* corretamente. Observa em geral a fonética e a sintaxe de sua subcultura. A disciplina do comportamento conceitual é notável em todas as sociedades. O associacionismo não consegue explicar essa ordem e esse fato junta-se a outras críticas que mencionei: ele tampouco explica a ordem moral. Por que pessoas têm fortes compulsões morais e fortes tabus — por que o sacerdote seguia aquela regra estranha? A associação é simplesmente indisciplinada e fraca demais para explicar tudo isso. Associações nascem livres, mas estão em toda parte presas por grilhões.

Esse problema da compulsão e da ordem ocupava o próprio centro do pensamento de outro homem que trabalhou na mesma época, que fez a pergunta certa e que influenciou muito mais do que Frazer o pensamento de antropólogos posteriores: Émile Durkheim. Para Durkheim, a questão da imposição da ordem conceitual e moral — a extraordinária disciplina que pessoas exibem em pensamento e conduta, e disciplina em qualquer que seja a sociedade — *era* problemática, e ele deu uma resposta a isso. Pode ser ou não a resposta correta, mas é engenhosa e convincente — isto é, ritual. Válida ou não, a resposta esclarece o problema, enquanto Frazer o obscurece.

Ritual é uma maneira de inculcar ordem conceitual em pessoas. Durkheim estava disposto a deixar os animais a David Hume, por assim dizer — o associacionismo funcionava no caso deles, a mente animal é simplesmente uma acumulação de associações —, mas o que torna o homem humano é a religião. E no núcleo da religião há o ritual: é a vivência da mesma experiência ritual intensa que grava as mesmas compulsões nas pessoas. Esse fato, então, tornaria a sociedade duplamente possível: ao permitir que as pessoas se comunicassem, e ao gerar essas compulsões compartilhadas, as inibições que tornam possível a ordem social e moral. Ora, Frazer não entendeu inteiramente o problema. Pensou, na verdade, que o associacionismo poderia resolver o caso — e não pôde. O associacionismo é caótico demais para explicar a ordem que ele mesmo laboriosamente observou e coletou. A semelhança de modelos que encontrou pode ser explicada de modo superficial por algum tipo de teoria junguiana: todos eles vieram de um grande manancial coletivo, um enorme sótão de móveis comuns, escavado por vários grupos, de várias maneiras, mas todas ainda recorrendo ao mesmo manancial. A disciplina que pode (de maneira superficial) ser explicada por Jung não pode ser em absoluto explicada por Frazer. O associacionismo simplesmente não dá conta do recado.

Então, o que Frazer realmente fez? Acho que todo o seu esforço foi feito em sentido inverso. Confundiu a teoria empirista da mente humana — levada a seu ponto mais alto por Hume e reformulada em nosso século por Russell — com um descrição verdadeira de como a mente humana realmente funciona. Mas ela não funciona dessa maneira. O que os empiristas *realmente* fizeram foi codificar não a maneira como a mente realmente funciona, mas como *deveria* funcionar. Criaram um tipo de modelo, um tipo de modelo prescritivo, normativo, de como a ciência funciona, como submetemos teorias a teste: dividimos tudo em partes que sejam tão pequenas quanto possível, de modo a proibir e evitar a manutenção de um sistema circular de crenças. Tendo-o fragmentado, fazemos experimentos e verificamos que conexões realmente se mantêm. É uma espécie de sumário das regras do método científico. Mas, projetando essa norma para trás, sobre todo o conjunto da humanidade, como explicação de práticas concretas e tentando ajustar à mesma as mudanças ligadas à transição da magia para a religião e da religião para a ciência, terminamos tendo nas mãos a teoria de Frazer.

Sua visão errou também ao considerar antigas liberdades — o tipo de tolerância encontrada na religião da cidade antiga, que tinha origem no fato de que a religião era expressa em danças e em fábulas, mas não era codificada em uma teologia e, portanto, não havia ortodoxia e conseqüentemente, nenhuma caça às bruxas — como semelhantes às modernas. Hume manifestou admiração por antigas liberdades ao elogiar a resposta do oráculo de Delfos, quando um homem perguntou quais ritos deveriam ser seguidos. O oráculo respondeu: em cada cidade, os ritos da cidade. A receita era relativista, tolerante, cívica, bem como inteiramente deste mundo.

Ora, a suposição de que isso se assemelha a liberdades modernas constitui um grande erro e o homem começou a notar esse fato já no século XIX. Hume não conseguiu vê-lo e tampouco Frazer o viu. Ele também não notou que o tipo de pressões em uma sociedade internamente organizada e fortemente ritualizada seria intolerável para seres humanos modernos. A liberdade moderna pressupõe não só a ausência do tirano, mas também a ausência de pressões sociais excessivas — a liberdade de escolher as próprias associações, a liberdade de não participar do ritual. Tampouco notou Frazer o conflito entre a teoria social de religião que implicitamente supõe quando compara o antigo com o moderno, e a teoria altamente intelectualista, não-social, que pressupõe em sua teoria principal da evolução da mente humana.

Essas foram suas fraquezas. Na antropologia profissional ele foi substituído por Malinowski, que o derrubou em ambos os pontos cruciais: Malinowski rejeitou a ausência de contexto e o evolucionismo, não ao dizer que a evolução não ocorreu, mas dizendo que ela não interessa quando explicamos estruturas e culturas sociais específicas. Não constitui trabalho nosso entregarmo-nos à história especulativa sobre a evolução da mente humana e da sociedade humana em geral; nosso trabalho é comparar, descrever e analisar sociedades como totalidades, juntamente com a interdependência de suas instituições e culturas. Depois disso, haveria ainda algum espaço para a teoria. Não estava bem claro o que ela seria, mas evidentemente não seria evolucionista.

As idéias básicas de Frazer foram derrubadas, mas ele continua a ser uma espécie de monumento maravilhoso à tentativa de pô-las em prática. Tal como Russell, ele exemplificou uma tentativa de Cambridge de fazer com que idéias do Iluminismo funcionassem no tocante a dados e problemas de uma época posterior. Na antropologia ele não foi seguido, seja em Cambridge ou em qualquer outro lugar. (E pelo menos um antropólogo de Cambridge, Edmund Leach, sentia por ele profunda antipatia). Ainda assim, como figura literária, e como rei Harold na história do pensamento antropológico, como homem que soube lidar plenamente e com grande elegância com as implicações de uma única visão, ele continuará a viver.

## REFERÊNCIAS


Ackerman, Robert. *J.G. Frazer, his Life and Work*, Cambridge University Press, 1987.

Downie, R.A. *James George Frazer: The Portrait of a Scholar*, Watts, Londres, 1940.

———. *Frazer and the Golden Bough*, Gollancz, Londres, 1970.

Firth, R.(org.). *Man and Culture*, Routledge and Kegan Paul, Londres, 1957.

Fraser, Robert. *The Making of the Golden Bough: The Origins and Growth of an Argument*, Macmillan, Londres, 1990.

———, (org.). *Sir James Frazer and the Literary Imagination*, Macmillan, Londres, 1990.

Jarvie, Ian. *Revolution in Anthropology*, Routledge and Kegan Paul, Londres, 1964.

Kuper, A. *Anthropology and Anthropologists: The Modern British School*, Routledge, Londres, 1992. RJ: Francisco Alves, 1978.

Malinowski, Bronislaw. *A Scientific Theory of Culture and Other Essays*, Oxford University Press, 1994. [Ed. bras.: *Uma teoria científica da cultura*. Rio de Janeiro: Zahar, 1983.]

Stocking, George. *Victorian Anthropology*, Free Press, Nova York, 1987.

# 8

# Pluralismo e o Neolítico

O falecido professor Gordon Childe considerava-se um marxista e ficaria sem dúvida surpreso se soubesse que a idéia central com a qual está relacionada a sua obra, a da revolução neolítica, é algo como que um problema, para não dizer um constrangimento, para o marxismo ortodoxo. Não obstante, é isso o que acontece. Na medida em que estava sob influência da idéia de Gordon Childe, o pensamento ocidental podia dizer ao marxismo soviético — mas nós somos mais materialistas do que você! As idéias contidas na tese de uma revolução neolítica parecem na verdade implementar o *insight* de que a sociedade humana é determinada por seu modo de produção. A teoria escolhe a mais importante mudança ocorrida na maneira como seres humanos conseguem manter corpo e alma unidos, isto é, a transição da coleta de alimentos para a agricultura e diz — *esta* foi a revolução decisiva.

O texto básico para a antropologia marxista é, obviamente, *Origem da família, da propriedade e do Estado*, de Engels, que usa as idéias de L.H. Morgan. Como o dr. V.A. Shnirelman observou em um panfleto que precedeu e complementou o volume ora resenhado,[1] embora Morgan e Engels localizassem as origens da agricultura e da criação de animais no período de "barbárie", eles não consideraram essa transição como definidora das fronteiras entre selvageria e barbarismo, e tampouco postularam alguma ligação rígida entre produção de alimentos e ordem social. Sendo assim, pareceria que o marxismo concede à ordem social uma autonomia muito importante, enquanto são aqueles entre nós que se sentem impressionados com a idéia da revolução neolítica que realmente vinculam a sociedade às suas bases econômicas.

Dada essa dificuldade, a crítica a que a teoria da revolução neolítica foi submetida no Ocidente deve ser muito bem recebida do ponto de vista da ortodoxia marxista. As críticas salientam que a revolução foi lenta e demorada, que seguiu por diversos caminhos, que pode ter permanecido estacionária durante longo tempo, que era reversível, que condições semelhantes nem sempre levaram as sociedades na direção esperada, e que sociedades que ocupavam lados diferentes da grande linha divisória podiam ter grandes semelhanças entre si, enquanto que sociedades no mesmo lado podiam ser radicalmente diferentes. Tudo isso sugere que ela não foi absolutamente uma revolução, que não foi uma única e mesma coisa, ou ainda que não teve caráter decisivo. Tudo isso pareceria inocentar Engels (e Marx, cujas instruções Engels acreditava estar cumprindo por escrito em um texto de importância crucial) da acusação de que ele fracassou como materialista, por não dedicar atenção suficiente a uma das duas grandes transições na história humana, quando uma mudança no modo de produção realmente transformou tudo. A acusação poderia ser formulada da forma seguinte: o marxismo teceu comentários sobre grande número de transformações sociais que não aconteceram realmente, ou, de qualquer maneira, não como um fenômeno de natureza geral, mas em seguida deixou de reconhecer a que realmente ocorreu! A defesa neste caso parece ser a seguinte: mas essa também não aconteceu... de qualquer modo, não em qualquer forma geral padronizada. Não há uma única revolução e ela não foi uma revolução.

Este é certamente um dos grandes temas, e conclusão, do livro que estamos resenhando. O autor conclui (p.400), "em si mesma, a emergência de uma economia produtora de alimentos não levou automaticamente ao aparecimento de novas estruturas, que nos permitiriam comparar as sociedades dos primeiros agricultores e pastores com todos os caçadores, pescadores e coletores de alimentos, sem exceção". A forma de produção, ele observa na mesma página, não constitui uma variável independente. Um enfoque mais profundo e sutil, prossegue ele, estuda as forças produtivas como um todo que, juntamente com as relações produtivas, permitem-nos, afinal, dar uma descrição correta do desenvolvimento sócio-econômico.

Aqueles entre nós que, como este resenhador, já se sentiram tentados por uma teoria materialista, mas nunca por uma teoria marxista, poderiam responder da seguinte maneira: o mérito esmagador das idéias de produção agrária e industrial é que cada uma delas pode ser definida *independentemente* (sem referência cruzada à ordem social que deve explicar e, portanto, sem circularidade). Além do mais, é extremamente plausível supor que uma mudança tão radical em um modo produtivo se refletirá também na ordem social que o mantém. No mínimo, essas mudanças transformam inteiramente os *problemas*, levem eles ou não a *soluções* semelhantes. Se for verificado que não há essa elegante correlação entre a base econômica, assim definida, e a ordem social, logo notaremos o fato: a idéia é pelo menos claramente sensível a teste e aprenderemos alguma coisa com sua falsificação.

A parte negativa do argumento, a refutação desse tipo de materialismo lúcido e não-marxista, pode ser aceita como provada pela rica documentação contida no livro em questão. Sobre esse ponto parece haver uma convergência entre o livro de Shnirelman e outro publicado quase simultaneamente por Donald O. Henry.[2] Aceitamos com prazer essa conclusão. O que é menos convincente é a inferência positiva tirada da premissa negativa. Conforme notou o filósofo estoniano Eero Loone (mas que muito marxistas deixaram de reconhecer), a tese do materialismo histórico relativa à determinação da sociedade por seu modo de produção requer, para a precisão de seu significado, para seu conteúdo autêntico, e não meramente verbal, que *tanto* o modo de produção *como* seu resíduo social, a despeito do caráter que este possa ter, sejam definidos *independentemente* um do outro. A menos que "base" e "superestrutura" sejam definidas de forma independente uma da outra, dizer que a primeira determina a segunda pouco ou nada diz. Esse requisito lógico elementar nem sempre é respeitado. Dizer que um modo de produção escravista gera uma sociedade de senhores de escravos, que o modo feudal de produção leva ao feudalismo etc., pouco nos esclarece. O perigo desse materialismo tautológico é discernível, para dizer o mínimo, em algumas tentativas francesas recentes de criar uma antropologia marxista.

A invocação por Shnirelman de alguma idéia mais ampla, mas não especificada, de "forças e relações produtivas" (p.400 e 404), como fornecendo melhor explicação das condições sociais do que a mera "coleta de alimentos" e "produção de alimentos" por si sós, não nos fornece realmente uma teoria alternativa. A eliminação da revolução neolítica em uma única direção, desenvolvendo-se por si mesma, deixa o campo totalmente aberto — até mesmo, por exemplo, para o espírito provocador ou veblenesco da última frase do livro de Donald O. Henry, uma obra pela qual, à parte isso, Shnirelman poderia sentir simpatia. Os dois autores citam-se mutuamente. Henry sugere que "se não fosse pelo fato de alguns homens de Neanderthal terem sido compelidos por finalidades rituais a moer pigmentos, é improvável que a maior parte do mundo fosse hoje sustentada pela agricultura" (p.236); em outras palavras, se a aparência externa dos coletores de alimentos não tivesse requerido e criado pedras de moer pigmentos, a agricultura não teria possuído a tecnologia de moagem de que necessitava, e nós todos ainda estaríamos apanhando alimentos e caçando.

O importante não é tanto que não saibamos se a alternativa de Shnirelman é *verdadeira* : mais do que isso, por falta de especificação, não sabemos realmente o que ela é. Até que o marxismo possa operacionalizar a idéia de "forças e relações de produção" de uma maneira que nos permita efetivamente distinguir diferentes tipos de forças e relações no terreno, até que a idéia deixe de ser uma mera sombra lançada pela própria organização social que se espera que explique, não estaremos realmente diante de uma teoria devidamente formulada e que possa ser submetida a teste.

Ao fim do livro (p.404), Shnirelman admite um argumento que leva outras pessoas, incluindo este resenhador, a continuar comprometido com o uso da idéia de uma revolução neolítica — isto é, que a produção de alimentos abriu basicamente novas possibilidades para a sociedade humana. Os caminhos da transição podem, na verdade, ter sido variados, demorados e complexos, mas resultaram em um mundo com problemas e opções radicalmente novos. *Essa* era a grande barreira. Esse reconhecimento, contudo, é feito em conjunto com a reafirmação de que o modo de produção não determina diretamente as formações sociais, e só o faz através de algumas variáveis intermediárias. Estas, contudo, não sendo especificadas ou sendo especificadas apenas muito superficialmente, privam a posição de um conteúdo preciso.

Além do mais, mesmo nesse sentido debilitado, ele aceita a revolução neolítica apenas como uma condição necessária, mas não suficiente, para o desenvolvimento posterior. Havia um tipo de sociedade pós-neolítica, isto é, a vida pastoril nômade, que, na opinião de Shnirelman (ele escreveu antes um livro sobre as origens da vida pastoril) constitui um beco sem saída — como acontece, em sua opinião, com algumas sociedades coletoras de alimentos altamente especializadas. A observação é muito significativa, no sentido em que situa o autor no contexto do outrora muito caloroso debate soviético sobre a natureza e existência de um "feudalismo nômade". A observação final de Shnirelman no livro exclui a possibilidade de tal formação social. Ele não estuda a questão mais geral e importante, ou seja, se o marxismo afinal é compatível com esses becos sem saída. A promessa de salvação final de toda a humanidade pareceria exigir que todas as sociedades possuidoras de propriedades, por mais estáveis que pareçam, tenham, em última análise, que ser instáveis e conter as sementes de sua própria destruição, de modo a não apenas permitir mas realmente necessitar do aparecimento de "formas mais altas". A teoria do beco sem saída deixa parte da humanidade à mercê de salvação *extrínseca* e, portanto, acidental.

Focalizei acima a questão doutrinária que, por assim dizer, dá ao livro sua espinha teórica. O interesse do livro, é claro, não se limita a isso. Sua conclusão sobre a diversidade dos processos "neolíticos" é apoiada em uma pesquisa muito extensa da transição para a agricultura no Oriente Próximo, Cáucaso, Ásia Central e Meridional, sul da China, sudeste da Ásia e Oceania, Europa, África e América. Cada uma dessas regiões mereceu um capítulo. O autor sugeriu a existência de sete grupos principais na grande transição (o Oriente Próximo, dois no Extremo Oriente, dois na África e dois na América), e um número maior de centros secundários. Uma maneira alternativa de resumir o livro seria dizer que ele se baseia na obra do período entre-guerras do grande biólogo soviético N.I. Vavilov. Vavilov, no entanto, como salienta Shnirelman, baseou suas conclusões quase inteiramente em dados da biogeografia. O objetivo do livro resenhado é reinterpretar essas conclusões à luz de trabalho arqueológico subseqüente e de um modelo mais sofisticado de interação entre sociedade e ambiente natural. A informação usada é muito rica e a argumentação concisa em todas as páginas.

No nível teórico, poderíamos censurar o autor pelo fato de que seu agudo sentido da diversidade dos processos neolíticos não se faz acompanhar de um sentido semelhante da possível diversidade de sociedades mais antigas, o que tenderia então a lançar dúvida sobre a utilidade da tipologia tradicional e da periodização da teoria marxista, e a utilidade explicativa e mesmo descritiva de suas categorias ("comunidade primitiva", "sociedade de classes antiga" etc.), com toda a pesada e questionável carga teórica que contêm. Será que esses termos se referem realmente a sociedades que se assemelham em algum aspecto significativo; eles possuem capacidade explicativa, e há algum mérito nas séries de desenvolvimento que implicam ou insinuam?

Shnirelman não aceita o que se poderia chamar de forte tese de Sahlins, que propõe a superioridade da vida dos coletores de alimentos em relação à dos agricultores, mas ele de fato aceita uma forma mais fraca da mesma, que considera alguns coletores superiores (em bem-estar e/ou complexidade de organização) a alguns agricultores. Isso, na verdade, constitui parte do argumento para demolir a revolução neolítica, por insistir na diversidade dos processos reais e na ausência de uma complementaridade concisa entre produção e desenvolvimento social. Estranhamente, Sahlins não é mencionado na bibliografia do livro, embora seja discutido em um panfleto mais curto publicado em 1987.

O livro em questão foi publicado em 1989, ano em que foram mudadas muitas das convenções que pautavam a vida intelectual soviética. Isso significa, é claro, que o livro foi escrito muito antes e que não se beneficiou plenamente com a mudança de clima. A qualidade do argumento e a documentação são de tal ordem que temos que alimentar a esperança de que o livro (e não apenas os artigos que o autor escreveu em 1982 e em 1985 para a *Current Anthropology*) torne-se mais facilmente acessível aos estudiosos ocidentais. Shnirelman é evidentemente um dos eruditos soviéticos modernos mais interessantes, um homem que usa com segurança material extraído de uma ampla faixa de disciplinas e que nos leva a esperar com grande interesse seu futuro trabalho.

## NOTAS

1. *Vozniknovenie Proizvodiashchevo Khozaistva* (O surgimento da sociedade produtora de alimentos). (Naauka, Moscou, 1989, 445p.). O panfleto anterior intitula-se *Problema Perekhoda k Proizvodiashchemu Khozaistvu v Zarubezhnoi Etnografii* (O problema da transição para a economia produtora de alimentos na historiografia estrangeira). (INION da Academia de Ciências da URSS, Moscou, 1987, 68p.)

2. *From Foraging to Agriculture: The Levant at the End of the Ice Age* (University of Pennsylvania Press, Filadélfia, 1989). Ver especialmente a p.236.

# 9

# A ESTRADA REAL PARA O CRESCIMENTO

*People, Cities and Wealth* é um livro profundo, original e interessante, no qual E.A. Wrigley, um ilustre demógrafo histórico, reuniu uma grande massa de informações e idéias relevantes para a questão fundamental da sociologia histórica — qual é o aspecto característico do mundo moderno e como ele surgiu? Os demógrafos são, suponho, menos inclinados do que outras pessoas a aceitar a ilusão de que uma sociedade pós-industrial pode, em qualquer sentido realmente sério, ser idêntica à sociedade de mesmos nome e língua que a precedeu no mesmo território. Demograficamente falando, as mudanças são simplesmente imensas demais para que possam ser ignoradas.

O primeiro grande argumento do professor Wrigley diz respeito aos comentadores modernos da grande transformação. Segundo a sabedoria convencional, um grupo de pensadores, estimulados por várias mudanças que haviam notado, repensou a condição humana e codificou seus termos. Reconhecidamente, eles fizeram isso muitas vezes sob a impressão de que estavam analisando homem e sociedade como tais, e não registrando os princípios de uma ordem caracteristicamente nova. Hobbes e Locke na política, Hume e Kant na teoria do conhecimento, Clausewitz na guerra, e muitos outros na ética e na estética, anotaram as regras, ou um possível conjunto delas, da nova ordem.

Neste caso particular, Wrigley, interessado nos que pensaram em economia e população, adota um ponto de vista diferente: o que Adam Smith e seus sucessores fizeram não foi explicar a nova doutrina, mas, ao contrário, provar que ela era impossível, que ela simplesmente não podia acontecer. Wrigley alegara anteriormente alguma coisa nesse sentido sobre Malthus, que ele descreveu como pondo a nu a mecânica de um mundo no exato momento em que esse mundo deixava de existir. Neste último livro, ele estende o mesmo diagnóstico a outros grandes economistas britânicos. Sabemos agora que eles estavam errados e que a nova doutrina foi de fato implementada, mas isso não significa que, dado o conjunto muito convincente de premissas que usaram, seu raciocínio não fosse inteiramente correto. É difícil encontrar defeito nos argumentos que ofereceram e, sendo assim, uma boa maneira de descobrir o segredo do novo mundo consiste em encontrar a falha crucial em suas premissas. Se eles provaram que o novo mundo não podia surgir, e surgiu, qualquer falha existente nas premissas pode ser uma boa pista para o segredo da nova ordem. Essa é, na verdade, a estratégia de Wrigley.

A sociedade industrial ou próspera como a conhecemos não se baseia em grande riqueza como tal, mas no crescimento perpétuo e sustentado da riqueza. Seus mecanismos de controle social e sua legitimidade política dependem do crescimento: a legitimidade do governo não decorre mais da ancestralidade do monarca, da aprovação dos céus ou da vontade geral, mas simplesmente da obtenção de uma taxa aceitável de crescimento econômico. Na opinião de Smith, Ricardo e Malthus, porém, uma sociedade desse tipo não era possível. Wrigley resume a opinião desses economistas como sendo que "as sociedades poderiam razoavelmente esperar fazer progresso até um platô de prosperidade econômica muito mais alto do que o atingido nos tempos feudais, mas não alimentar qualquer esperança de progresso ilimitado".

Essa é exatamente, é óbvio, a diferença entre as concepções de progresso do século XVIII e de nosso século. Consideramos o progresso como ilimitado e contínuo, ao passo que o século XVIII encarava-o como a obtenção de um melhoramento definido, mas final ou finito. O fundador da economia compartilhava dessa idéia com um historiador do porte de Gibbon. O século XVIII, em sua complacência, poderia considerar-se abençoado, em comparação com períodos anteriores, e mesmo, ocasionalmente, superior aos antigos, mas não se considerava como parte de alguma ascensão perpétua. Os economistas acrescentaram uma importante nuance à convicção de que existia um limite fixo à prosperidade: achavam que haviam demonstrado que a situação *tinha* de ser assim. O princípio dos retornos decrescentes se faria sentir em algum ponto em que uma injeção adicional de capital, ou mais refinamentos na divisão do trabalho, não mais gerariam retornos adequados e o crescimento pararia. Os economistas foram impelidos nessa direção principalmente pela importância que atribuíam à terra como principal ou única fonte de matérias-primas, pelo fato óbvio de que é limitado o volume de terra disponível, e também pela convicção de que a divisão do trabalho na terra não poderia ser levada tão longe quanto na indústria.

Tudo isso lança uma luz interessante sobre a relação entre Smith e os economistas clássicos e seu herdeiro intelectual, Marx. O otimismo marxista sempre me pareceu fruto de uma extrapolação extravagante, segundo a qual se um tipo de economia estivesse ligado ao Estado "guarda-noturno" mínimo, então uma economia ainda melhor estaria ligada ao Estado absolutamente inexistente, à ausência de toda coerção. A harmonia espúria do mercado seria então substituída por uma harmonia autêntica e irrestrita, além de todos os Estados ou mercados. Marx, porém, deveu não só seu otimismo a longo prazo, mas também seu pessimismo no médio prazo a Smith, e ainda mais diretamente. Ele simplesmente os assumiu, juntamente com os argumentos que os sustentavam, mas em seguida atribuiu a eles não uma condição humana inescapável e geral, mas aspectos específicos de uma ordem social, em última análise, transitória. Wrigley resume essa situação da seguinte forma:

> *O capital* é... um comentário sobre a severidade das tensões que foram geradas pelo casamento contrafeito da industrialização com a modernização... Sua mensagem era clara. O casamento era intolerável e tinha de ser dissolvido... O que parecera inconcebível a Smith e intolerável a Marx transformou-se em um lugar-comum aceitável. O produto nacional poderia subir sem limite aparente e ser dividido de modo a garantir à maioria dos homens rendas reais crescentes.

Esse trecho destaca também a distinção crucial de Wrigley entre modernização, que *precedeu* a industrialização e que aqui se refere ao processo analisado por Smith, e que ele provou que tinha um potencial apenas limitado e finito, e a industrialização, que se refere àquela injeção inteiramente inesperada de novos recursos, que refutou o pessimismo dos economistas clássicos em sua forma original (embora fosse conservado por Marx para provar não as limitações ao crescimento, mas o destino final de uma ordem social particular).

Wrigley demonstra também que Smith já contém (embora não diga isso nesses termos) a teoria marxista de imperialismo, geralmente associada a Hobson e a Lenin. Por causa do limite ao seu uso, o país desenvolvido descobria que seu capital não poderia ser usado internamente e seria forçado a exportá-lo e, assim, recorrer ao comércio e aos investimentos externos, não obstante as condições políticas e sociais menos favoráveis no exterior. Basta um passo a partir desse argumento para chegar à idéia de que a bandeira seguiria o comércio e, nos casos possíveis, promoveria um melhoramento dessas condições, na tentativa de proteger o capital investido. Na época de Smith, a Holanda havia evidentemente alcançado essa situação. Os baixos rendimentos locais do capital e a quase eutanásia dos *rentiers* forçaram praticamente todas as pessoas a entrar no comércio, uma vez que as taxas de juros eram baixas demais para permitir que todos, salvo uns poucos, pudessem viver do capital. Os holandeses não eram ricos porque negociavam no exterior, e negociavam no exterior porque eram ricos demais para ganhar muito em matéria de lucro no próprio país. Em outras palavras, o imperialismo não é o último estágio do capitalismo monopolista, mas um estágio muito anterior de qualquer velho capitalismo.

O principal argumento teórico de Wrigley reside nessa separação entre modernização e industrialização, no sentido especial que concede a esses termos. Admite ter grande dificuldade na definição de modernização, reconhece que o uso que dá ao termo é eclético, e pouco mais faz do que pregar um rótulo nas mudanças que transformaram a sociedade européia entre os séculos XVI e XIX. Uma definição alternativa poderia ser que a modernização é simplesmente o processo analisado e recomendado por Adam Smith, o que quer que seja isso, e que o processo sobre o qual os economistas clássicos se mostravam pessimistas era demonstravelmente válido. É essa a definição que realmente se ajusta ao uso do termo por Wrigley. Uma definição menos circular e que incorresse menos em petição de princípio poderia ser algo assim: a modernização consiste em um daqueles aspectos da transformação social da Europa que tiveram raízes basicamente sociais e que podem ser sociologicamente explicados, na suposição de um ambiente natural razoavelmente constante e concebido na base do bom senso e de uma tecnologia correspondente a essa conceitualização.

A definição do segundo dos dois termos cruciais, a industrialização, seria então a seguinte: industrialização é o nome do processo que permite a uma sociedade moderna romper com limitações sociais de outra maneira inescapáveis. Esta poderia ser chamada de concepção *deus ex machina* da industrialização. Wrigley não a define dessa maneira, mas aceita o uso convencional do termo como "um sinônimo de crescimento econômico sustentado". Mas isso equivale realmente à mesma coisa: o crescimento econômico sustentado (perpétuo) é, por razões conclusivamente provadas por Smith e seus colegas, impossível, e a industrialização é o nome do processo impossível que agora sabemos que ocorreu, desafiando as considerações e expectativas dos economistas clássicos.

O que foi exatamente esse *deus ex machina*, ou *machina ex deo*, que produziu o milagre? A resposta completa de Wrigley é complexa e sutil, para não dizer evasiva, mas uma primeira e não inteiramente enganadora aproximação da mesma seria simplesmente a seguinte: carvão. O que permitiu ao sistema romper as amarras foi a injeção de novas e poderosas formas de energia. O pessimismo clássico baseava-se em uma certa visão da agricultura como principal fornecedora não só de alimentos, mas também de muitas outras necessidades básicas, concepção essa que a via basicamente como fruto da cooperação de *seres vivos*, animais e vegetais, sem muita ajuda do mineral. O músculo humano e animal e o crescimento das plantas combinavam-se para gerar o produto, auxiliado por insumos bem pequenos de energia inanimada, oriunda de fontes tais como moinhos d'água e cataventos. E foi a exploração de fontes aparentemente inesgotáveis de energia morta que mudou completamente o cenário, iniciou o reinado do crescimento perpétuo, refutou o pessimismo de Smith e tornou possível sua variante marxista.

Neste ponto, a terminologia de Wrigley me parece duplamente infeliz. Escreve ele que "A mutação na paisagem econômica... implicou a substituição de produtos orgânicos por inorgânicos". A idéia de um "sistema industrial inorgânico" é infeliz porque, em primeiro lugar, afigura-se um pouco estranho chamar combustíveis fósseis de "inorgânicos". Além do mais, invade outra terminologia sociológica bem conhecida: o contraste traçado por Durkheim entre solidariedade "mecânica" e "orgânica". Seria canhestro para um durkheimiano, convencido pelos argumentos de Wrigley, dizer que as formas mais complexas de solidariedade orgânica se baseiam no sistema industrial inorgânico.

A questão terminológica, porém, na realidade não significa muita coisa. O que Wrigley tem em mente é claro: a transição do uso predominante de energia viva para energia morta. Óbvio também é o argumento básico que ele deseja apresentar e que depende de tal substituição: essa grande mudança na natureza do mundo social não era algo marcado na agenda da sociedade humana e, portanto, algo a que a humanidade tinha o direito de esperar, mas, ao contrário, dependeu de alguma coisa externa ao homem e à sociedade, de alguma coisa contingente e acidental, isto é, da presença e da disponibilidade de carvão.

Essa posição distingue claramente Wrigley dos autores evolucionistas da grande transição, que acreditam que o destino da humanidade estivera desde sempre encerrado na essência humana ou social, precisando apenas de tempo para desabrochar. Mas o distingue também de um pensador como Max Weber, que acreditava igualmente que a criação de nosso mundo fora contingente, e ainda que a contingência fora ativada por fatores incomuns internos à sociedade humana. Para Wrigley, pelo menos uma condição necessária não fora simplesmente satisfeita contingencialmente, mas era também externa ao reino humano. Além do mais, ele parece acreditar não só que nosso destino real não estava gravado no destino das sociedades, mas que o que estava era um destino muito diferente, corretamente interpretado por Adam Smith, Malthus e Ricardo, cujas versões perfeitamente coerentes foram apenas falsificadas, por assim dizer, de forma injusta, por uma intrusão estranha. Smith e Cia foram como leitores espertos de um romance policial, que descobriram corretamente o culpado na base das pistas disponíveis, e só tiveram sua solução rejeitada no capítulo final pela introdução de uma nova prova, antes negada ao conhecimento deles. Nenhum autor de romances policiais que se preze recorreria a esse vil artifício, embora eu ache que a história pode fazer o que bem entender.

Acho atraentes alguns aspectos da conclusão de Wrigley e, outros, repugnantes (o que, dispensa dizer, não constitui um argumento contra os mesmos). A separação entre o processo que culminou no século XVIII e o que ocorreu depois no século XIX e mais tarde, ou, em outras palavras, a distinção entre modernização e industrialização no sentido que Wrigley lhe dá, é na minha opinião interessante e importante. A mudança para uma sociedade orientada para a produção, com aumento da divisão do trabalho e bom governo, foi algo que não dependeu de uma explosão tecnológica radical, que só ocorreu mais tarde. Na verdade, estou disposto a ir mais longe e dizer que desconfio que dependeu de sua ausência.

Não há dúvida de que os melhoramentos que ocorreram entre os séculos XVI e XVIII dependeram em parte da inovação técnica e, até certo ponto, de fatores sociais. Mas se as inovações técnicas tivessem sido realmente de alto poder, não teriam elas atraído a atenção de elementos da sociedade que as teriam utilizado para fortalecer seu próprio poder político, ou tomado medidas preventivas contra suas conseqüências sociais subversivas, ou ambas as coisas? A introdução de técnicas poderosas no Terceiro Mundo tende a gerar política autoritária e movimentos fundamentalistas nativistas. Elas poderiam ter produzido efeito semelhante nos primeiros estágios da modernização da Europa, e o movimento para a frente poderia ter sido sufocado pelas próprias forças que o desencadearam. De modo que o desenvolvimento inicial pode muito bem ter dependido da fraqueza relativa, e não do poder da inovação. Na verdade, quando o novo mundo emergiu com toda força, e suas implicações foram devidamente compreendidas, era tarde demais para detê-lo. Ele fora camuflado por sua própria gradualidade, ato este tornado possível pela natureza relativamente não-subversiva de suas técnicas. Mas, em qualquer caso, a "modernização" no sentido que Wrigley lhe dá, de uma reorganização economicamente favorável da sociedade, que não pode por sua própria iniciativa perpetuar o progresso, deve ser, de fato, distinguida de um crescimento sem limite.

Mas, quando o segundo estágio começou, será que ele era realmente dependente da estrutura geológica das ilhas Britânicas? O argumento de Wrigley neste particular é muito fortalecido por sua prova número um, tirada de uma comparação entre a Inglaterra e a Holanda. Por que a industrialização não aconteceu na Holanda? Neste aspecto, é claro, o teórico relevante deixa de ser Smith e Wrigley passa dos economistas clássicos para os sociólogos que surgiram depois. Para Smith simplesmente não havia problema: a Holanda era um país que levara a possibilidade do desenvolvimento econômico quase até o limite e, naquele momento, batia com a cabeça no teto, oferecendo dessa maneira uma prova de qual seria o destino da Inglaterra. Para os sociólogos que escreveram depois, em uma época em que se sabia muito bem que não havia esse teto e que o céu era o limite, a Holanda constitui um caso negativo extremamente difícil de explicar. Por que tão longe, e por que não mais adiante?

Para os sociólogos ansiosos em explicar a industrialização em termos de condições favoráveis, com a ajuda de um *ethos* apropriado, a racionalidade era um elemento crucial do mesmo *ethos*: "Que a Holanda alcançara um alto grau de racionalidade em assuntos econômicos parece indiscutível. Isso tampouco foi apenas um fenômeno urbano", escreve Wrigley. É fato bem conhecido que os holandeses são tão racionais que a razão lhes sai pelas orelhas. São racionais até mesmo no campo: nada dessa tolice de vida rural para eles. A sociedade deles exemplificava também a maioria dos outros aspectos que sociólogos apontam como as precondições da industrialização. Ainda assim, misteriosamente, a revolução industrial não ocorreu na Holanda: "A racionalidade na vida econômica nem levou à decolagem nem mergulhou a população na miséria."

A racionalidade em si parece ser insuficiente para garantir o destino liberal abençoado ou o destino marxista trágico, que a teoria prometia aos que se industrializavam primeiro. Wrigley sugere que a Holanda era provavelmente mais modernizada do que a Inglaterra em princípios do século XVIII e que necessitava do motor a vapor com mais urgência do que a Inglaterra, de modo a solucionar seu problema de drenagem. A Holanda, de fato, adotou entusiasticamente o motor a vapor logo que ele se tornou disponível, mas nem o inventou, nem, sugere Wrigley, teria feito isso por iniciativa própria.

Ele não nega que, em uma era científica (termo este que não define) as invenções, de modo geral, surgem quando são necessárias. Mas sugere que a "inovação tecnológica em uma era pré-científica está longe de ser automática".

Parece que a primeira revolução industrial (no sentido de Wrigley) ocorreu antes da era científica, quando quer que se diga que esta começou. Por era científica Wrigley deve entender não a mera presença da ciência newtoniana, mas sua aplicação constante a problemas técnicos e a presença de pesquisa industrial sistemática. Desse modo sua tese poderia ser reformulada da seguinte maneira: a modernização (alta divisão do trabalho baseada apenas em tecnologia pré-científica, acrescida de bom governo) só pode levar a humanidade até certo ponto. A tecnologia científica pode levá-la muito mais longe. Mas ocorreu um hiato, que durou algumas décadas, entre o atingimento do teto da modernização e a eliminação do mesmo pela tecnologia científica. Durante esse hiato, o progresso e o ímpeto econômico, contudo, foram mantidos em movimento pela presença providencial de carvão na Inglaterra e o aparecimento analogamente (?) providencial no país de um conjunto de invenções que ligaram o carvão às necessidades produtivas. Mais tarde, sem dúvida, a tecnologia assegurou o suprimento de energia inanimada, sem nenhuma relação com as condições locais. Mas, sem esses acasos, esse abismo talvez nunca tivesse sido cruzado. É a diferença entre o carvão e a turfa que, industrialmente falando, separa homens ingleses de meninos holandeses.

Parece-me que na ocasião em que o divisor de águas entre modernização e industrialização, tão essencial para Wrigley, foi alcançado, as bases da era científica e da tecnologia dela decorrente haviam sido firmemente estabelecidas. Isso aconteceu mesmo que o hábito de buscar sistematicamente a tecnologia necessária, baseada na ciência, não tivesse sido ainda institucionalizado, e mesmo que as primeiras inovações tecnológicas tenham sido trabalho de inovadores *free lance*, não ainda vinculados à alta tradição da ciência. Se invenções fortuitas e depósitos de combustível não tivessem existido na Inglaterra, não teria o abismo sido transposto tão confortavelmente como ocorreu na Holanda, segundo Wrigley, e o crescimento não teria ainda ocorrido, embora um pouco mais tarde?

O método de Wrigley, em contraste, parece separar da modernização o advento da era científica e, por implicação, tratá-la como se fosse mais uma contingência. Mas não estaria ela muito mais profundamente envolvida no processo de modernização? Não haveria alguma justificativa, afinal de contas, em considerar todo o processo de modernização e subseqüente industrialização como um só?

O começo da modernização no noroeste da Europa teve algo característico em sua cultura política e intelectual que talvez torne impossível tratá-la como apenas outro caso de sociedade comercial e orientada para a produção, uma sociedade que, como de fato aconteceu, evoluiu para a industrialização graças à disponibilidade de carvão. Poderíamos dizer que os aspectos culturais que fizeram a primeira modernização bastante incomum tornaram bastante provável a subseqüente transformação científica. Se isso aconteceu, a conjunção dos dois processos que Wrigley deseja separar torna-se muito menos acidental do que ele postula. Dito tudo isso, a separação analítica que ele propõe, de prosperidade econômica dentro dos limites de uma tecnologia simples e da lei dos retornos decrescentes, e de um crescimento cientificamente sustentado que desafia ambas, é na verdade uma idéia muito estimulante e importante.

A perspectiva e amplidão de idéias que levam Wrigley a essa posição têm pontos fortes e fracos. O livro revela um domínio extraordinário e invejável da história social, econômica e demográfica da Europa ocidental. O uso que dá ao método comparativo, ao desemaranhar idiossincrasias regionais e influências compartilhadas, é magistral. Além do material básico rico e detalhado, Wrigley internalizou por completo as idéias de Smith, Malthus e Ricardo e é extremamente sensível no tocante a Marx. E são as idéias e a crítica a esses mestres que dão ao seu material unidade e interesse. A focalização do método comparativo não em outras civilizações pré-industriais, mas no contraste Inglaterra/Holanda, realça a originalidade do livro.

Mas há um preço a pagar por esse ponto de observação, bem centralizado no mar do Norte. Se as observações de Wrigley sobre Marx são penetrantes e convincentes, seus comentários sobre Weber têm caráter bastante superficial e outros sociólogos brilham na maior parte pela ausência. (Freud é mencionado duas vezes como comentador da grande transformação histórica, embora ele não deixe claro quais de suas idéias considera relevantes, e como.) Comte e Durkheim nem constam do índice remissivo, e o mesmo acontece com autores como Joseph Needham e Mark Elvin, que podem lançar luz sobre a disponibilidade e papel da inovação técnica na China. Dada a importância, para o argumento de Wrigley, da questão se as inovações são escravas de necessidades sociais ou se são autônomas, essa omissão é estranha. (A idéia de autonomia é fundamental para o argumento de Wrigley.)

A pergunta mais importante é, apropriadamente, muito ambiciosa. Tanto a pergunta quanto o método usado para respondê-la estão resumidos no trecho seguinte:

> Não é o que todos os países que se modernizavam tinham em comum, mas o que era peculiar à Inglaterra que parece importante. E o que é explicado não é simplesmente o motivo por que a revolução industrial ocorreu antes na Inglaterra do que em outros países, mas *por que afinal ela ocorreu.* (Grifo nosso.)

Muitos de nós continuaremos a pensar que o que os países que se modernizavam compartilharam foi, no fim, mais importante do que o carvão e James Watt como condições que tornaram a Inglaterra diferente. Sem dúvida nenhuma, nós nos tornaremos vulneráveis à suspeita de que abrigamos uma aversão irracional a considerar o mundo em que vivemos, cuja natureza constitui nossa maior preocupação, como fruto de um mero acidente.

Wrigley pode ser vulnerável a tal suspeita, como acontece com seu herói, Smith, de quem, em última análise e a despeito de todas as reservas contidas em seu livro, ele aceita como naturais demais as idiossincrasias culturais e políticas do noroeste da Europa. Daí subestimar-lhes a relevância permanente através dos dois processos que gostaria de separar. Ele cita corretamente a observação de Smith de que o efeito mais importante do comércio e da indústria é que eles "introduziram gradualmente ordem e bom governo e, com eles, a liberdade e segurança de pessoas, entre os habitantes do país, que haviam vivido antes em um estado de guerra contínua com seus vizinhos e de servil dependência de seus superiores". Smith estava certo quanto à importância crucial desse elo, mas errou crassamente sobre a mecânica através da qual a mudança foi realizada.

Em um trecho citado por Wrigley, ele sugere que foi a vaidade dos lordes que lhes permitiu ser seduzidos a mudar sua exibição ostentosa, de rendeiros para bugigangas, transformando dessa maneira um nexo pessoal que levava à dependência em um nexo impessoal, anônimo e politicamente anódino de mercado, que não gera submissão. Pareceria, então, que foi a vulgaridade deles que os emasculou politicamente. Mas eles certamente não eram tão tolos assim. Se fizeram essa mudança, assim agiram porque prevalecia um clima moral e político no qual a riqueza líquida era uma alavanca de poder muito melhor do que o velho e altamente ilíquido investimento em rendeiros, e no qual estes não podiam mais ser usados com grande proveito, ou sequer usados de alguma forma. O bom senso econômico, e não a tola vaidade infantil, acabou levando à desvinculação das terras, o que Smith não previu. Se os fatores que tornaram possível esse clima político estiveram ou não também ligados àqueles que eventualmente tornaram possível o crescimento ilimitado perpétuo é outra questão. Tal elo teria que estar firmemente estabelecido para que a separação entre modernização e industrialização, sugerida por Wrigley, fosse inteiramente repudiada.

Especialistas usarão esse livro graças ao extenso tratamento que dá à história demográfica, urbana e social. Não discuti esses detalhes nem teria competência para tanto. Mas todos os não-especialistas interessados na questão fundamental da emergência e da natureza do mundo moderno receberão grande estímulo e esclarecimentos com as idéias gerais que ele contém.

# 10
# Um Poderia-Ter-Sido Marxista

O estudo das ideologias tende a se concentrar em histórias de sucesso: sistemas de crenças que produziram um impacto profundo. Mas, talvez, exemplos negativos também mereçam investigação. Pode haver conglomerados de idéias que possuam todos os méritos necessários para o sucesso mas que, possivelmente por terem surgido cedo ou tarde demais, ou no lugar ou contexto errados, não conseguiram produzir o impacto que por mérito lhes era devido.

Acho que a obra de Yuri Semenov pertence à essa categoria. Ela é relativamente desconhecida fora da antiga União Soviética e nela só produziu um impacto limitado. As circunstâncias históricas não lhe eram propícias. Ainda assim, há muito que podemos aprender com ela.

Yuri Semenov é um filósofo marxista e antropólogo social (ou o que seria, na terminologia ocidental, descrito nesses termos). Combinou o ensino de marxismo-leninismo em um instituto tecnológico com a qualidade de membro do que era então o Instituto de Etnografia da Academia de Ciências da URSS, hoje o Instituto de Etnologia e Antropologia da Academia Russa. Nesse instituto pertenceu a um departamento conhecido como Seção de Sociedades Primitivas, entre cujos membros se contam I. Pershitz, V. Shnirelman e O. Artumova. Semenov pode ser descrito como um teórico geral do marxismo, com especial interesse na parte da teoria marxista que trata de sociedades primitivas e da história antiga da humanidade. Mas dedica-se muito também ao que no Ocidente seria chamado de sociologia histórica comparativa, ou macrossociologia, que trata de questões como a tipologia das sociedades, a periodização histórica, a aceitabilidade ou não da idéia de um modo de produção asiático e seu lugar no esquema marxista. Não é, e tanto quanto sei, nunca foi, antropólogo de campo, nem se concentrou especificamente na organização interna de qualquer dada sociedade. É principalmente um teórico. Sente-se muito à vontade na tradição dos clássicos marxistas e de seus predecessores, mas, ao mesmo tempo, conhece bem a teoria social ocidental e, em especial, a teoria da antropologia social. Ele, por exemplo, escreveu um sumário do debate, na antropologia econômica ocidental, entre os "formalistas" e os "substantivistas", entre os que sustentam a utilidade da teoria econômica formal no estudo da economia de povos mais simples, e os que, em contraste, preferem focalizar-se nas instituições concretas neles encontradas, sem interpretar o comportamento econômico individual em termos de uma teoria econômica supostamente universal. Sua versão desse debate é um modelo de lucidez e objetividade, e teve uma tradução para o inglês.[1]

Algo talvez deva ser dito sobre a história do Instituto de Etnografia (como era então) e seu papel. O instituto teve sucessivamente três diretores: Tolstov, Bromley e Tishkov. Eles correspondem mais ou menos corretamente a três estágios da história soviética, ao stalinismo, à estagnação e a perestroika. O destino da perestroika permanece indefinido no momento em que escrevo estas linhas e me absterei aqui de especular a esse respeito. Tolstov era um stalinista linha-dura. Seu reinado acabou em fins da década de 1960, após a queda de Khrushchev, e ele não é relevante para nosso tema. Bromley expressou a tolerância relativa do período da *Zastoi.*

Mas há dois aspectos do reinado de Yulian Bromley no instituto que merecem menção. O primeiro foi o liberalismo *relativo* da atmosfera no instituto durante o período, o que constituiu motivo de inveja de membros de institutos vizinhos (vizinhos tanto em termos de tema de estudo quanto de proximidade física — e me lembro, neste particular, dos dois institutos de história). Não quero dizer que a entidade fosse liberal segundo os padrões ocidentais, e que ocorressem em público discussões em que se questionava o marxismo. O que quero dizer é que um grande número de pessoas que, de acordo com os padrões soviéticos da época, tinham muitos pontos negativos contando contra elas (um meio formativo judaico, um período em campos de concentração, o hábito de "falar demais", uma ortodoxia questionável, uma tendência a querer contatos fora do mundo socialista) arranjou emprego no instituto, às vezes depois de nada ter obtido em outras instituições ou de o ter perdido. Debates internos, às vezes acirrados, sobre os fundamentos da teoria antropológica social, com possíveis implicações para o marxismo, não eram desconhecidos. Um membro do instituto que pediu permissão para emigrar e tornou-se um *refusenik* foi tratado com grande leniência, pelos padrões soviéticos da época pré-perestroika, mantendo sua antiga categoria durante muito tempo e, quando foi demitido, novamente nomeado, ainda que em uma categoria inferior. Nenhum esforço foi feito para perseguir outros membros de sua família. Membros do instituto ativos em esferas que então não mereciam muita aprovação (o restabelecimento de instituições comunais judaicas em Moscou, ou o ensino do hebraico), embora não recebessem as promoções que lhes eram devidas por mérito, ainda assim continuaram na folha de pagamento. Membros mais ortodoxos do instituto certamente acharam que Bromley corria risco ao adotar essa atitude tolerante (atitude esta que seria considerada normal em sociedades liberais, mas que era incomum e possivelmente perigosa no clima moral e político que prevalecia em Moscou nessa época). Um observador cínico ou hostil poderia dizer que um jogo duplo estava em andamento, o primeiro assegurando ao homem em questão a aprovação do mundo externo por seu relativo liberalismo e tolerância, mas também lhe dando pontos por bom comportamento, recebidos do sistema local, por controlar um bando de dissidentes potenciais. O contrato que aparentemente estava em vigor entre o diretor e os duvidosos personagens (pelos padrões que então prevaleciam) parecia ser, em termos grosseiros, o seguinte: "*Vocês, aí,* mantenham-se comportados, sejam produtivos na linha erudita, e quem sabe, podem me ajudar a escrever meus livros, e *eu* farei o possível para garantir que possam continuar com seu trabalho sem perseguição excessiva. Quem sabe, até, alguns de vocês possam, no devido tempo, viajar um pouco, embora essa mordomia, sendo as coisas como são, seja severamente racionada."

O segundo aspecto do período de Bromley é que ele deu ao instituto uma nova direção, isto é, a do estudo da *etnicidade*, ou melhor, o estudo da cultura étnica e das relações étnicas e, daí, por implicação, fez um esforço para que a "etnografia" se tornasse a ciência que se especializa no problema das nacionalidades.[2] Tratava-se de uma mudança interessante, sob certos pontos de vista. A antropologia social na União Soviética (sob qualquer nome que por acaso lhe dêem) enfrenta o mesmo problema que no mundo inteiro, ou seja, com a rápida difusão da modernidade, as comunidades primitivas estão sumindo aceleradamente, de modo que a disciplina está com igual rapidez perdendo seu tema particular. Culturas étnicas características, por outro lado, não estão desaparecendo e, ao tornar a *etno*grafia o estudo da cultura étnica — Bromley gostava muito de usar esse argumento verbal — foi concedida ao assunto uma esfera de estudo. Transformando-se a disciplina no estudo da cultura étnica, o campo da estrutura foi por conseqüência deixado a outras disciplinas e reduzida a probabilidade de conflito com a teoria marxista. Acima de tudo, a orientação do instituto nessa direção tornou possível alegar que ele estava tratando de algo de suprema importância, isto é, do problema das nacionalidades e diversidade étnica, e mesmo de conflitos, na União Soviética. Quando o problema explodiu com a liberalização sob Gorbachev, foi possível dizer que o instituto havia se focalizado no problema muito antes de sua importância tornar-se novamente manifesta, e também que fora indevidamente complacente com o mesmo. Na ocasião, é claro, teria sido impossível publicar resultados de pesquisas mostrando que o conflito e a desarmonia eram epidêmicos.

Seria difícil defender as publicações do instituto sobre esse tópico contra as acusações de complacência, se isso significa incapacidade de explicar em detalhes a natureza explosiva e a força do nacionalismo irredentista e dos conflitos nacionais na União Soviética — mas podemos acrescentar que a publicação dessas conclusões na época era simplesmente inimaginável. Reconhecida essa fraqueza que, dadas as realidades políticas do período, não podiam ser remediadas, o trabalho de Bromley e seu instituto pode ser creditado com certos méritos. E ambos fizeram, a meu ver, as perguntas certas sobre o nacionalismo moderno, isto é, quais as chances de vida relativas de membros das várias categorias étnicas, e qual a relação entre etnicidade, oportunidades educacionais e perspectivas de carreira. Em outras palavras, o sentimento étnico não é um atavismo de parte de membros da *Gemeinschaft* primordial, mas sim um sentimento que caracteriza membros urbanizados, educados, dotados de mobilidade, de uma sociedade industrial. Em segundo lugar, Bromley foi claro sobre a natureza *social* do grupo étnico moderno, em contraste com qualquer tipo de definição biológica do mesmo, e seu debate com o velho dissidente romântico, o falecido Gumilev (geógrafo e filho da poetisa Akhmatova) girou em torno desse ponto.

Contudo, não obstante o fato de sua postura pública ter sido principalmente a de um teórico da etnicidade, Bromley não foi realmente, em qualquer sentido, por temperamento ou vocação, um teórico. Embora se considerasse marxista (sinceramente, acho) não acredito que ele tenha internalizado profundamente a estrutura complicada do pensamento marxista ou a julgasse de interesse absorvente. Ele não era um homem de temperamento teórico ou dogmático e em conversas costumava (como um herege do instituto mencionou de forma reservada e divertida) fazer declarações muito heterodoxas, não porque desejasse desafiar a ortodoxia, mas simplesmente porque não notava que estava fazendo justamente isso. Ora, a era da estagnação não foi uma era de fé (ao contrário, foi uma era de erosão da fé), mas tampouco, com certeza, uma era de dissensão declarada. O rigor marxista era observado. Mas para observá-lo, é preciso saber o que ele é. Como na excelente peça de Václav Havel sobre o papel do ininteligível jargão marxista na gerência de uma empresa socialista, precisamos da ajuda de alguém que realmente compreenda como a linguagem funciona, com todas as suas nuanças e flexibilidade, bem como seus aspectos rígidos — alguém que seja, por temperamento e equipamento intelectual, um teórico. Yuri Semenov é esse homem. Descrevê-lo como cão de guarda ideológico do instituto seria desagradável e de maneira alguma é minha intenção assim proceder. Ao contrário, minha intenção é descrevê-lo como um homem com profundo e exaustivo conhecimento do marxismo, que o havia adotado sinceramente, que tinha fina compreensão de seus problemas e potencialidades, e que sabia como lidar com o intrincado sistema conceitual que continha.

Em uma conferência internacional a qual compareceram juntos, Bromley e Semenov deram a impressão de formar uma equipe. A teoria e a práxis não estavam unificadas na mesma pessoa, como talvez fosse o ideal segundo o marxismo, mas estiveram presentes como essa equipe de dois homens, um dos quais contribuía com grande habilidade política e energia, e o outro fornecia refinamento teórico e profundidade.

De modo que, talvez, este tenha sido o papel efetivo de Semenov: em uma época em que o fanatismo e a convicção ideológica se encontravam em acentuado declínio, quando o trabalho concreto do instituto era orientado para um campo em que o marxismo dificilmente seria relevante (ou seria um obstáculo), mas quando a dissensão aberta ainda não era tolerada, ajudar a prover esse elemento de teoria ainda era *de rigueur*. Ele talvez não tenha sido o único a ajudar a cumprir esse papel, mas dele se desincumbiu bem, com grande inteligência, profundidade, cultura e (estou convencido), com sinceridade. Se a história houvesse tomado um rumo diferente, se o clima tivesse sido outro, sua produção teórica poderia ter recebido grande aclamação. Se este mundo fosse justo, o que não é, poderíamos ainda ter ouvido falar de marxismo-leninismo-semenovismo: os ajustamentos e interpretações que Semenov trouxe ao marxismo teriam sido muito apropriados e, ao mesmo tempo, inerentemente plausíveis, se apenas o mundo tivesse seguido na direção na qual parecia estar caminhando, isto é, na época de Khrushchev, e na qual, talvez, pareceu continuar a caminhar, sem absurdo, durante uns bons anos após esse tempo.

Há dois problemas no marxismo para os quais, em minha opinião, Semenov deu interessantes, inteligentes e sugestivas contribuições. O primeiro é o problema das origens: de que modo começaram a raça e a sociedade humanas e de que modo esses começos se encaixam no esquema marxista geral? O outro é o problema da tipologia básica das sociedades humanas e da periodização da história. Vamos chamar esses problemas de gênese[3] e enteléquia.

## *Gênese*

O marxismo cristalizou-se na mente de seu fundador na década de 1840. Pelo menos um autor, Richard Tucker, acredita ser capaz de fixar quase que o momento exato em que Marx inventou o marxismo, em um acesso de hegelização, quando, de repente, compreendeu que a filosofia de Hegel continha, em forma codificada, a história econômica da humanidade.[4] Essa primeira formulação do marxismo, no entanto, sofria de pelo menos dois defeitos: precedeu a publicação das idéias de Darwin e também, por um período maior, dos trabalhos de L.H. Morgan. Em outras palavras, ainda não havia nem a biologia evolucionista nem os primórdios da antropologia moderna. Esses elementos entraram nas formulações posteriores do marxismo, mas obviamente não podiam estar presentes na cristalização mais antiga do sistema, antes de sua própria existência. Sendo assim, exatamente o que os fundadores do marxismo pensaram sobre o próprio início dos elementos humanos e sociais? A principal resposta, tanto quanto posso compreender, é que não pensaram muito nisso, ou talvez não tenham pensado, absolutamente. Eles eram não só eurocêntricos, mas também orientados para a história. Não eram muito inclinados a olhar o homem contra o pano de fundo da biologia. A história era suficiente.

Ainda assim, a pergunta tem que ser respondida. Deve ter havido um começo, e uma teoria geral do desenvolvimento da sociedade humana não pode desviar sua atenção da questão de como tudo começou. O marxismo, porém, tinha uma necessidade especial de enfrentar esse problema. Na maneira em que finalmente se cristalizou, a doutrina atribuiu o "comunismo primitivo" às origens humanas, e essa atribuição se reveste de grande importância. Ajuda a fornecer prova crucial de que o comunismo é viável e também a responder à seguinte pergunta: por que ele é desejável? Marx operava com o conceito de *Gattungs-Wesen*, algumas vezes canhestramente traduzido como "ser-espécie" ou talvez como "essência-espécie". Por que o comunismo é desejável, por que o homem se aliena de sua verdadeira essência quando vive em formações sociais não-comunistas, dotadas de classes? Uma resposta, outrora em moda entre pelo menos alguns adeptos do marxismo e proposta também por seu mais eloqüente crítico, Karl Popper, é mais ou menos a seguinte: o marxismo abstém-se de moralizar e apenas prega, de acordo com as idéias de Hegel, o reconhecimento da necessidade.[5] Prediz o que *deve ser* e, porque deve ser e será, encerra o único tipo de bem que o pensamento científico permite, e o marxismo nada é se não for científico — ou assim, em certa ocasião, seus adeptos gostavam de pensar. O problema com essa interpretação simultaneamente cientificista e hegeliana é que ela, com toda certeza, não correspondia ao estado real da mente de ardentes crentes marxistas na época em que a fé ainda era ardente (o que talvez não tivesse tanta importância: certa medida de falsa consciência emocional não poderia ser convocada para o lado da história?), e também, ao que parece, não correspondia às convicções reais de Marx, pelo menos durante sua juventude. Ele realmente parece ter acreditado que o homem possui de fato uma essência, que ela estava em conflito com a sociedade de classes em geral e com o capitalismo em particular, que a verdadeira essência voltaria a desabrochar sob o comunismo e que isso o justificava.

Ora, tudo isso estava muito bem, mas criava alguns problemas. Podia ter estado muito bem para o jovem Karl Marx: para ele, como insiste Heinz Lubasz, Aristóteles não era um texto clássico, mas uma autoridade científica viva, e temos que levá-lo tão a sério como no caso de Hegel se queremos compreender como funcionava a mente de Marx.[6] Em outras palavras, havia espécies e elas tinham essências. Esta, porém, não é uma idéia facilmente aceitável para a mente moderna. Em primeiro lugar, muitos de nós somos nominalistas e não acreditamos em essências. (Alguns, como Quine, talvez não estejam muito convencidos de seu nominalismo, mas estão inteiramente certos de que não acreditam em essências e identificam o fantasma repudiado de Aristóteles por trás de toda noção de significado.) Mas, à parte qualquer nominalismo geral, há o problema de Darwin, cuja doutrina prova, se prova alguma coisa, que não há espécies dadas, estáveis. Assim, mesmo que houvesse no mundo coisas que de fato tinham essências, ainda assim as espécies, sendo instáveis, não podiam tê-las. Então, onde é que fica agora o *Gattungs-Wesen*?

Se a humanidade tem que iniciar sua carreira com uma essência genérica da qual pode em seguida dolorosamente alienar-se, ela deve, em primeiro lugar, ser dotada de essência e, principalmente, da essência que essa teoria requer. Esse é o problema e, em um volume publicado sob o patrocínio do Instituto de Etnografia, com o diretor como um de seus três autores e Semenov como outro, o problema é solucionado. O volume tinha claramente a intenção de fornecer ao marxismo seu ausente Livro do Gênesis, ausente em parte porque Darwin publicara tão tarde seus resultados. O capítulo do livro que responde à pergunta — como a humanidade adquiriu sua essência e o que era essa essência — é obra de Semenov, como especificado no volume.

Teoricamente, seria possível creditar o comunismo não apenas ao homem primitivo mas também aos seus ancestrais pré-humanos e legitimá-lo não como algo especificamente humano, mas como algo pertencente à vida, como tal. A idéia não é inerentemente absurda. A única grande filosofia inspirada primariamente pelo darwinismo, ou seja, o pragmatismo, faz exatamente isso. Alega que o procedimento correto na aquisição do conhecimento não é algo caracteristicamente humano, mas algo praticado por todas as formas de vida: experimento e erro, a eliminação de teorias ou interpretações errôneas pela própria vida. Entre os filósofos contemporâneos, os dois geralmente considerados como os melhores — Popper e Quine — acreditam em versões dessa teoria.[7] Popper destacou a similaridade do método empregado pela ameba e por Einstein.[8] A única diferença entre a vida em geral, por um lado, e a humanidade, por outro (ou, talvez, mais estreitamente, humanidade letrada ou científica) é que o processo de eliminação de erro, no primeiro caso, tem que usar o procedimento brutal de eliminar o vetor do erro, ao passo que entre nós o erro pode ser eliminado enquanto o vetor pode continuar a viver para errar novamente. Mas isso é simples detalhe, embora, talvez, de alguma importância para o vetor em questão. O argumento básico para a receita da salvação cognitiva, de acordo com esses teóricos, permanece o mesmo durante toda a história da vida.

Portanto, essa continuidade de procedimento de salvação em toda forma de vida poderia ser uma maneira de resolver o problema. Mas na realidade é muito mais difícil aplicar essa doutrina na esfera da moralidade e da organização social do que na esfera da teoria do conhecimento. Em primeiro lugar, ela simplesmente não parece se ajustar empiricamente. Alguns animais são gregários, outros não. O comunalismo não é endosssado, como poderíamos dizer, pelo consenso de toda forma de vida (enquanto o método cognitivo de experimento e erro talvez seja ou, pelo menos, não é inteiramente absurdo alegar que é). Algumas espécies que parecem exemplificar esse comunalismo com maior perfeição — notadamente os insetos gregários — parecem extraordinariamente sem atrativos como modelos sociais ou morais para imitação. Invocá-las dificilmente fortaleceria a atração do comunismo. Assim, o que quer que os pragmatistas possam ter feito em epistemologia, na teoria sócio-política, pelo menos, essa opção parecia inaceitável.

Semenov adota a outra estratégia. Alguma coisa especial aconteceu no caminho para tornar-se humano, no curso da antropogênese, que diferencia o homem propriamente dito de seus ancestrais proto-humanos. O que foi isso? É natural para o marxismo considerar o homem como o animal que usa ferramentas: é o emprego de ferramentas que realmente o diferencia. É *trabalho*, acima de tudo, que está no coração da humanidade, trabalho produtivo e inteligente. Ferramentas, porém, precisam ser inventadas, usadas, conservadas. E aqui chegamos ao núcleo da teoria de Semenov: por que o homem primitivo *tinha* de ser comunista, por que não poderia progredir ao longo da produção com o uso de ferramentas a menos que assim se tornasse.

Os grupos ou bandos proto-humanos eram simultaneamente coesos e vítimas de dominação e violência. Os fortes dominavam os fracos. Esses bandos tinham que ser coesos para sobreviver em um ambiente hostil e, acima de tudo, se queriam sobreviver à competição e conflito entre os bandos, mas a única maneira de assegurar a coesão interna entre eles era a dominação. A coesão estava presente, mas era uma coesão *imposta*. Esse tipo de ordem social, o governo dos brutamontes, não era propício à inovação tecnológica e ao progresso, à invenção e ao uso e desenvolvimento de ferramentas. Os intelectuais inovadores, como sabemos por nossa própria sociedade, nem sempre nem geralmente são também fisicamente fortes e agressivos. Talvez se tornem pensadores porque são pacíficos, ou se tornam pacíficos porque são pensadores. O que quer que seja, os brutos lhes tomarão os frutos de suas inovações e, dessa maneira, o governo dos brutos não é propício ao avanço da tecnologia primordial. O que fazer então?

Resposta: surge um *ethos* comunista, compartilhador, igualitário. Esse fato não garante que os inovadores conseguirão uma recompensa especial por seu trabalho (essa teoria poderia satisfazer um entusiasta do *laissez-faire* que procura justificação na história do homem primitivo, mas não se ajustaria ao marxismo), mas pelo menos garante que esses inovadores paleolíticos, ou o que quer que fossem, se beneficiariam de algum modo, juntamente com outros membros do bando. Sem um *ethos* comunista, não haveria progresso na fabricação de ferramentas, nem progresso da humanidade propriamente dita!

O problema está a caminho de ser solucionado, mas não o foi ainda corretamente. Entendemos por que o comunismo era *necessário*, mas não como ele surgiu. Será que necessidades geram sua própria satisfação? Dizer que o fazem é puro pensamento teleológico, incompatível com a verdadeira ciência. As coisas não acontecem neste triste mundo porque são necessárias, porque sua ocorrência seria um benefício para alguém, mesmo para a humanidade em geral. Os crentes em uma divindade bondosa que teve um projeto benigno para sua criação poderiam argumentar dessa maneira, mas tal teleologia foi exilada da ciência.

Não obstante, ela voltou, graças àquela divindade substituta amplamente usada, chamada seleção natural. E, na verdade, Semenov a usa. (Notem que, se esta é a interpretação correta do marxismo, sua formulação completa só se tornou possível após Darwin.) Semenov invoca a seleção natural, operando não sobre indivíduos, mas sobre bandos, de modo a favorecer aqueles que desenvolvam um *ethos* comunista, um *ethos* que insiste em compartilhar, de modo que os inovadores tecnológicos se beneficiam pelo menos tanto quanto seus companheiros de grupo. Bandos que, por outro lado, insistem em usar a dominação baseada na violência como principal agente de coesão, por ela perdem a corrida tecnológica e são, no fim, eliminados devido à sua inferioridade econômica. A eliminação de bandos não significa necessariamente a eliminação de seus membros: um bando pode desintegrar-se e seus membros, ou alguns deles, encontrarem um lugar em um bando mais bem-dotado, mais digno de sobrevivência. É importante notar que a eliminação opera em comunidades sociais e em seu espírito, e não em indivíduos.

Vimos, portanto, Semenov formular uma teoria que explica por que a humanidade teve que adquirir um *ethos* comunista que, em seguida, tornou-se parte de sua essência-espécie *e* evitou a armadilha do raciocínio teleológico graças à uma versão da seleção natural. Ele, porém, não saiu ainda da floresta. A seleção natural tem sido usada para evitar o perigo da teleologia, mas em si não é aceitável como princípio básico da sociologia, como o mecanismo que determina e governa o destino de sociedades humanas. Se *isso* é tudo que há, se esse é o principal mecanismo que governa a história, o que aconteceu ao marxismo, à doutrina que diz que o conflito interno de classes constitui a principal força motriz da história? Se a seleção natural impulsiona ou seleciona sociedades, não estaremos perto de alguma forma de biologismo ou mesmo de fascismo?

Esse perigo, por sua vez, é evitado. A seleção natural de fato desempenhou um papel crucial na primeira fase da história humana propriamente dita, na dotação da humanidade de seu *ethos* comunista, mas daí em diante ela não era mais essencial, talvez nem mesmo estivesse absolutamente presente. Como assim? O *ethos* comunista trabalha internamente, através de compulsão interna, através da *vontade* e da *consciência*. Um novo mecanismo foi introduzido no mundo, indispensável — uma espécie que utiliza ferramentas evidentemente não pode viver sem elas, pois precisa ser comunista e social e não há maneira de chegar a essa situação a não ser através de uma limitação interna. Isso define a sociedade e, uma vez presente, um novo mecanismo, corretamente social, passa a operar, diferente da seleção meramente externa a cargo da natureza.

Essa linha de pensamento é fascinante e notável. Semenov enfrenta perigo após perigo — primeiro a teleologia, em seguida o biologismo — e evita um apenas caindo no seguinte, o que parece pior do que o destino que quer evitar. Certamente, essa última solução — que tem o propósito de evitar o biologismo — pode ter sucesso em seu objetivo: mas o preço não é mais alto do que o preço do que tinha intenção de evitar? Estamos agora claramente na presença de uma forma acentuada de *idealismo*: a humanidade é definida em termos da presença nela de consciência e vontade, que a dota de um caráter autenticamente humano e lhe determina o desenvolvimento subseqüente! A linguagem de Semenov nesta parte lembra claramente a de Rousseau e a de sua Vontade Geral, e a de Durkheim e de suas Representações Coletivas. Presumivelmente, é inteiramente correto que um marxista repita Rousseau (que, afinal de contas, exerceu certa influência sobre seu fundador), mas Durkheim já é um assunto diferente. (Semenov não os cita nominalmente, mas não pode haver nenhuma dúvida sobre a ressonância das idéias desses autores em sua argumentação e prosa.)

Mas não temam: o perigo do idealismo é evitado mais uma vez. A invocação da vontade e da consciência condenaria na verdade a posição ao idealismo, se elas fossem as forças motrizes principais ou a explicação final, irredutível. Mas, da forma a mais enfática, elas não são nada disso. Não iniciam coisa alguma nem determinam a cadeia de explicação. Elas estão *a serviço* de um imperativo econômico: a necessidade de gerar, aumentar, desenvolver, proteger a invenção, o uso e a manutenção de ferramentas! Consciência e vontade, limitação conceitual e moral, segundo o estilo de Kant e Durkheim, são realmente chamadas para explicar como moralidade e humanidade tornam-se possíveis — mas apenas como serviçais, como instrumentos de uma necessidade econômica. O rigor do materialismo histórico é respeitado e observado.

Mas isso não será acaso um argumento teleológico? Não será a necessidade invocada para explicar o aparecimento da coisa que satisfaz essa necessidade? Será permissível essa linha de raciocínio? Nós, é claro, estivemos nesse mesmo ponto antes: a teleologia é evitada graças ao método consagrado pelo tempo, tradicional, de uso da seleção natural; em seguida, pelo biologismo, invocando a compulsão interna; e em seguida... e assim por diante...

O círculo é bem traçado, completo e apertado, mas não é, tanto quanto posso entender, vicioso. Isso não significa que a posição seja necessariamente válida, mas não é inconsistente ou incoerente. Sua elegância e coerência, porém, não são suas únicas virtudes. A posição é exposta com grande eloqüência e estilo literário, e sumamente comovente, acho, quando descreve a condição interior do homem primitivo enredado nesse processo. A nova compulsão interior comunista atua nele, mas sua natureza e objetivo não estão ainda inteiramente claros e podem causar confusão. Além do mais, talvez não seja ainda inteiramente eficaz e precisará ocasionalmente ser suplementada pelo instrumento anterior da coesão social, isto é, compulsão *externa*, mediada ou sancionada por ameaças, medo, talvez mesmo terror. Dado que o novo bando de hominídeos humanizados continua ainda cercado por inimigos perversos, cuja coesão não foi debilitada pela transição para a humanidade, de modo que os velhos mecanismos continuam trabalhando a plena força, a humanidade em um único bando pode necessitar ser reforçada, em último caso, pelo uso dos velhos métodos que, de qualquer modo, talvez tenham uma tendência para sobreviver, como acontece com velhos hábitos... No devido tempo, a nova compulsão interior e seus frutos econômicos serão suficientes para garantir a coesão do novo bando humano e para protegê-lo de inimigos externos que ainda não fizeram a transição, mas esse momento feliz ainda não chegou. Temos que esperar e, enquanto isso, os humanos recém-surgidos podem ser perseguidos pelos sobreviventes pré-humanos (violência, dominação) e pela ininteligibilidade e eficácia meramente parcial das novas sanções, interiores.

Tal é a descrição que Semenov dá das condições interiores do homem muito primitivo, atormentado pela sobrevivência da opressão e da desigualdade em seu próprio bando, confundido pela incompreensibilidade do novo *ethos* e seu duvidoso poder sobre si mesmo e sobre seus companheiros. Que paralelo notável com o estado mental de pelo menos alguns cidadãos soviéticos (antes da perestroika, é claro), atormentados pela sobrevivência da opressão e da intimidação, confundidos pela ineficácia da nova moralidade socialista, desapontados com seus frutos materiais, pelo menos até esse momento... É claro, enquanto a humanidade estiver presente em um único bando, enquanto o socialismo estiver presente em um único país ou em um grupo deles, enquanto os frutos de um *ethos* tecnologicamente favorável não tiverem ainda chegado inteiramente, tudo isso tem que ser forçosamente um pouco doloroso. É necessário paciência. Em suma: Semenov não forneceu simplesmente uma solução elegante e inteligente para um problema que seus colegas marxistas preferiram, de forma muito conveniente, ignorar: a solução que propôs vibra com poderosa ressonância para o cidadão soviético que reflete sobre sua situação.

## *Enteléquia*

O problema das origens, natureza e autoridade da aquisição pela humanidade primordial, de nossa essência-espécie compartilhada não é o único para o qual Semenov fornece uma solução que é virtualmente um modelo de construção de ideologia. Há outro problema que por longo tempo obcecou a teoria marxista, isto é, o da aplicação ou aplicabilidade dos cinco ou mais estágios aceitos da história humana ao material empírico concreto da história.[9] Teriam todas as sociedades passado pelo comunismo primitivo, pela sociedade escravista, modo de produção asiático (a inclusão desse item constitui em si, é claro, um grande pomo de discórdia), feudalismo, capitalismo, socialismo...

Semenov contribuiu muito na verdade para o debate sobre a existência e localização histórica do modo de produção asiático. Esse problema evidentemente o preocupou durante muito tempo e suas repetidas tentativas de encontrar sua solução dão prova de uma busca intelectual sem dogmatismo, da mesma forma que sua versão da história do debate central na antropologia econômica ocidental dá testemunho de sua erudição e capacidade de sumariar, com grande imparcialidade e precisão, posições que não são as suas e com as quais discorda fundamentalmente. Mas não é a sua contribuição ao problema específico do modo de produção asiático, e sim a maneira como tratou do problema mais geral do status de formações sociais e seu lugar na história mundial, que nos interessa aqui.

Os estágios padronizados da teoria marxista, com ou sem o problemático modo de produção asiático, aplicam-se realmente a sociedades concretas? Durante o primeiro e muito parcial Degelo na década de 1960, um livro sintomático e influente[10] apareceu passando em revista a questão. O ensaio mais importante que continha observava que as *exceções* à lei dos estágios, se era isso o que queria dizer, pareciam ser mais numerosas do que os casos de conformidade com a mesma. Era na verdade extremamente difícil ou impossível localizar uma sociedade que se saiba com certeza ter passado por todos os estágios de desenvolvimento social que o marxismo atribui à lógica interna do desenvolvimento social, ao preceito imposto pelo crescimento das forças de produção à organização social e à estrutura de classes na qual operam. E então?

Há uma interessante solução para o problema e Semenov a oferece. Basicamente, ela se desenvolve da seguinte maneira: a lei dos estágios, a aplicabilidade dos vários estágios e a seqüência na qual eles devem aparecer aplica-se e foi feita para se aplicar não a sociedades isoladas, mas apenas à *história mundial como um todo*. Um número demasiado de comentaristas (virtualmente todos, parece sugerir Semenov) supôs acriticamente a interpretação errônea, que transformaria a tese marxista em alguma coisa mais ou menos assim: no caso de qualquer sociedade, o seu desenvolvimento ocorrerá a partir do comunismo primitivo, passando pela sociedade asiática, sociedade escravista e feudalismo até o capitalismo e deste para o socialismo e o comunismo. A interpretação correta — que, é óbvio, cria seus próprios problemas, que Semenov em seguida estuda — desenvolve-se, ao contrário, da seguinte maneira: esses estágios aplicam-se à humanidade como uma totalidade, à história global da humanidade, mas não às sociedades individuais que a compõem. O que a tese, quando corretamente interpretada nesse assunto, implica para sociedades individuais resta ainda a ser explicado.

Essa interpretação conta com algumas considerações favoráveis e outras desfavoráveis. No lado positivo, é obviamente verdade que a teoria foi de fato inspirada não pela contemplação do destino de sociedades individuais, mas por reflexões sobre a história mundial. Ela surgiu em uma ocasião em que os europeus ainda tendiam a confundir sua própria história com a história do mundo como tal. Contra isso, vários pensamentos podem ser arregimentados: se essa é a opinião correta, por que foi com tanta freqüência ignorada ou desmentida dentro da própria tradição marxista? Por que a comunidade marxista errou tanto, sem ser corrigida por seus próprios líderes intelectuais, que não estavam de acordo com tal opinião? Se o marxismo alega ser "científico", como diz, não deveriam as mesmas leis científicas ser aplicadas em todos os casos semelhantes e, de qualquer modo, como pode uma *única* seqüência que não se repetiu ser também uma lei? No caso de uma única seqüência, de que modo podemos distinguir entre uma conexão necessária, exemplificando uma necessidade imperiosa, e uma mera sucessão contingente?

Quando ouvi pela primeira vez essa sugestão de Semenov, considerei-a muito inteligente, interessante e dotada de certa plausibilidade inerente, mas contrária ao espírito e à intenção reais dos fundadores do marxismo. Desde então, tornei-me muito menos convencido deste último ponto. Pode ser que Semenov exagere a originalidade de sua própria interpretação e que, na realidade, ela esteja mais presente na tradição marxista do que poderíamos supor. Parece, por exemplo, que uma opinião semelhante foi apresentada por Bogdanov, um influente teórico soviético. Ainda mais importante, é plausível atribuir essa opinião ao próprio Marx, pelo menos em sua juventude. Roman Szporluk, em seu perspicaz livro *Commu-*

*nism and Nationalism,*[11] argumenta que é exatamente essa opinião que serve de base ao *Manifesto Comunista*, que segundo sua interpretação é um debate codificado com Friedrich List (embora a única insinuação interna explícita pareça ser um trocadilho, quando os autores do manifesto se referem à *listig* — astuciosa — burguesia alemã). A versão de Szporluk do argumento básico de Marx é a seguinte: a burguesia alemã não pode e nunca poderá emparelhar-se com a britânica ou a francesa e o conselho de List aos alemães sobre como fazer isso era absurdo, inútil e condenado ao fracasso. A Alemanha não tinha esperança de jamais passar pela transição do feudalismo para o capitalismo, o que parecia ser uma espécie de privilégio exclusivo, um *initium*, dos ingleses e franceses. Tudo que os alemães podiam esperar fazer — e isso era realmente um privilégio e uma vantagem, e não uma privação — era juntar-se à transição histórica mais ampla, mundial, na qual, ao que parece, os britânicos entrariam com a economia, os franceses com a política e os alemães com a filosofia mais avançada (exemplificada, acima de tudo, pelo próprio Marx). Em outras palavras, Marx, em sua juventude, tencionava conceder aos alemães, sem nunca ter sido solicitado a fazer isso, a oportunidade histórica de queimar etapas que, muito mais tarde na vida, pensou em conceder aos russos, por pedido insistente de Vera Zasulich. É claro que deve ser dito aqui, contra a interpretação de Semenov/Szporluk da obra de Marx, que, em sua correspondência com Zasulich, ele falou na possibilidade de saltar estágios como uma oportunidade rara oferecida à Rússia pela história, de modo que, pelo menos mais tarde na vida, ele mesmo aceitou a interpretação convencional de sua própria posição, como generalizações quase com força de lei, aplicáveis a todas as sociedades, e não como uma lei estranha, com um único exemplo, ou seja, a história humana vista como um todo.

Mas vamos supor agora que essa interpretação deva ser aceita — o que, é óbvio, tem a vantagem, do ponto de vista da defesa do marxismo, de que não mais se espera que as sociedades individuais sirvam de exemplo de todos os estágios, de modo que sua incapacidade de assim proceder não constitui mais um escândalo — nesse caso, quais os problemas que enfrenta e de que maneira Semenov os resolve? Se sociedades individuais não são mais exemplos diretos dos estágios de posse de escravos, feudal ou qualquer outro da história mundial, de que modo elas se relacionam com esses estágios? Ou dizendo isso de modo inverso, de que modo esses estágios, ou as formações sociais que os definem, se corporificaram na vida concreta da humanidade?

A solução oferecida é a seguinte: a humanidade descobre que está em um dado estágio ou, se preferirem, a formação social que define um dado estágio está presente, quando a *principal* sociedade, ou conglomerado de sociedades daquela época particular, constitui modelo da formação social em questão. Dando um exemplo, a humanidade descobre que está no período de posse de escravos quando a principal sociedade da época, que aconteceu ser a do mundo mediterrâneo clássico, baseava-se em uma economia escravista. De que maneira identificamos a sociedade *principal*? Ela é a que gerará o estágio seguinte mais alto na seqüência. Essa definição introduz um inescapável elemento teleológico no esquema, mas Semenov não parece se preocupar com isso. Além do mais, significa também que só podemos identificar estágios retroativamente quando já sabemos onde realmente surgiu o estágio seguinte e mais alto. Essas objeções não pareceriam fatais ao esquema. Mas o que tudo isso significa é que a periodização histórica, e a atribuição de uma formação social a um período, não é feita por alguma contagem de sociedades, e ainda menos de indivíduos, e decidir que a humanidade está em um dado período não depende de se a maioria das sociedades vive sob um dado sistema social ou quando mais homens vivem sob ele do que sob qualquer outro. São os *líderes* sociais, coletivamente falando, que decidem. O coletivismo é importante: Semenov, embora muito hegeliano em espírito, reconhece apenas nações de importância histórica mundial, não indivíduos nessas condições. (Em uma conferência antropológica mundial na década de 1970, o marxista francês Maurice Godelier descreveu Semenov como um hegeliano, nele provocando certo embaraço, dada a presença de toda uma delegação soviética. Nessa época, o estudioso soviético não gostava de ser chamado em público de hegeliano. Na verdade, Semenov conhece bem e gosta da obra de Hegel, e seus trabalhos certamente não estão destituídos do espírito hegeliano — o que não significa lançar dúvida sobre a sinceridade e ortodoxia de seu marxismo.)

O modelo dessa liderança histórica é muito interessante no esquema de Semenov. Há uma acentuada tendência em toda a história humana para bloqueios, becos sem saída, impasses ou, para usar uma expressiva palavra russa que ele emprega, *tupik-s*. Assim, por exemplo, a antiga sociedade asiática não progrediu e a passagem para o estágio seguinte, a sociedade escravista, só ocorreu à própria margem do mundo do velho Oriente Médio, na península balcânica, onde bárbaros dóricos, que usavam o ferro e possuíam uma forma primitiva de estrutura de classes, encontraram um elemento periférico da antiga sociedade. O mesmo aconteceu na vez seguinte: a sociedade escravista não parecia capaz de passar ao feudalismo, o que ocorreu apenas em sua periferia, na região norte-ocidental da Europa, onde uma parte marginal da sociedade escravista entrou em contato com uma nova onda de bárbaros. Embora Semenov não diga isso com tantos detalhes, essa transmissão para os lados da tocha do progresso, a interação da velha periferia com novos membros, ocorreu também na transição do capitalismo para o socialismo, que aconteceu não como os que a haviam esperado tinham suposto, no próprio centro do mundo capitalista, mais maduro para a explosão e a transformação, mas, ao contrário, em sua borda, na atrasada Rússia... Na filosofia da história de Semenov, que salienta essa tendência de propagação lateral do progresso, o papel dos *novos* membros, tudo isso deixa de ser uma dificuldade e um embaraço para o marxismo, algo que requer uma explicação especial, e torna-se, ao contrário, exatamente o que se esperaria.

Há naturalmente algumas estranhezas ou assimetrias nesse sistema. A transmissão lateral da tocha do progresso não ocorre em *todas* as transições. Não pode ocorrer logo no começo, na primeira transição, do comunismo primitivo para a sociedade antiga (ou qualquer que tenha sido o primeiro estágio após o comunismo primitivo) pela simples razão de que, na época, quando *todas* as sociedades estavam na situação de comunismo primitivo, não havia nem podia haver líderes, de modo que ninguém portava a tocha e ninguém podia passá-la adiante. Além do mais, essa transição particular parece ter acontecido de modo muito independente em certo número de lugares em todo o mundo, confirmando, dessa maneira, segundo a versão de Semenov, a exatidão científica e a profundidade do marxismo. (Talvez, pois ao dizer isso ele não reverte implicitamente à interpretação da aplicação múltipla, quase com caráter de lei, do marxismo, que em seu principal argumento ele repudia?) A transmissão lateral tampouco pode ocorrer na última transição, e pela razão oposta: embora haja, sem a menor dúvida, um líder anterior à transição e que ergue alto a tocha, não haverá mais ninguém a quem possa passá-la, porque, com o advento do estágio final do comunismo, sobra apenas uma única sociedade global e não poderá mais haver nem líderes, nem liderados.

Sem dúvida a exceção mais importante à regra de saltar etapas do progresso histórico é, obviamente, a transição do feudalismo para o capitalismo. A tocha não foi passada a ninguém naquela ocasião. Os europeus ocidentais, os franceses e os ingleses, haviam sido importantes sob o feudalismo e se tornaram especialmente importantes sob o capitalismo. Sociedades e culturas permaneceram razoavelmente constantes e o mesmo aconteceu com a liderança e importância internacionais. E, claro, foi exatamente essa transição que ocupou o centro de toda preocupação sociológica européia, incluindo a dos marxistas. Foi essa transição particular que levou à atribuição da primazia a fatores internos, endógenos, e à mudança da preocupação com a rivalidade e o conflito internacionais para uma preocupação com *classes*, isto é, categorias intra-sociais. Essa transição particular dificilmente poderia ter assumido qualquer outra forma: é difícil imaginar conquistadores bárbaros se acomodando à tutela de barões feudais que eles haviam derrotado e imediatamente se voltando para o comércio, as finanças e, finalmente, para a indústria. Foi essa transição que, acima de tudo, inspirou o marxismo, e talvez tenha sido um erro da parte de seus fundadores tentar igualar todas as outras grandes transições da história, quaisquer que tenham sido, a esse modelo. Semenov não tentou realmente fazer o inverso, mas, baseando sua teoria geral sobre o suposto aspecto compartilhado das outras transições, teve que deixar discretamente essa de lado, como de certa maneira atípica.

Podemos dizer o seguinte sobre a interpretação semenoviana do marxismo: ao contrário da interpretação antes predominante, ela não é mais eurocêntrica. Tem o grande mérito de relacionar o marxismo com a situação da forma que ela se cristalizou *após* a Revolução de Outubro, acima de tudo com o mundo no qual a expectativa de uma iminente revolução proletária no universo capitalista desenvolvido foi substituída por concorrência internacional entre sistemas sociais rivais, e na qual a mãe-pátria da revolução teve ou reivindicou a liderança do bloco socialista. O marxismo semenoviano evita duplamente o eurocentrismo: dedica pelo menos tanta atenção a outras grandes transições históricas que não à do feudalismo para o capitalismo, que tanto obcecou o pensamento europeu ocidental, e preocupa-se com o problema das sociedades periféricas e com a relação entre sociedades líderes no caminho para uma nova forma social e as que as seguem. Nada disso ocupava o centro da atenção dos que originalmente formularam o marxismo, embora, na segunda metade do século XX, não fosse algo que poderia ser facilmente ignorado. O sistema, incidentalmente, concede à pluralidade étnica, à diversidade cultural e política e ao atraso uma função histórica: a história ainda se desenvolve de forma endógena, mas apenas se pensarmos em toda a humanidade — pois quando pensamos em sociedades individuais e coletividades étnicas, a diversidade adquire uma função essencial: tem um papel fundamental a desempenhar na obra de tornar possível o progresso ao longo da história. No marxismo clássico, todos os fatos cruciais foram endógenos, mas se supunha que isso significasse interno a sociedades individuais. A pluralidade cultural, a diversidade das nações, a existência de sociedades atrasadas eram, por assim dizer, contingentes, acidentes sem nada de fundamental, que talvez complicassem a história mas que não faziam diferença para sua essência.

Ora, no novo esquema, tudo isso mudou. A diversidade étnica tem seu papel a representar, o fato de que a revolução tenha ocorrido na atrasada Rússia não é mais um problema e um embaraço mas a confirmação de uma bem comprovada tendência histórica, e a idéia de uma sociedade sendo a líder e a pioneira no caminho para uma nova formação social adquire respeitabilidade e autoridade. Essa é uma forma de teoria marxista que pode ser vinculada à postura internacional da União Soviética como líder, ou suposta líder, do bloco socialista após 1945. Considerando que teria sido difícil procurar muita inspiração ou orientação para os problemas decorrentes dessa situação em formulações mais antigas da doutrina, essa variante evidentemente contém sugestividade, encorajamento e reforço da fé, através da alegação de que o que está acontecendo é apenas mais um exemplo do mecanismo que guia a história, da Astúcia da Razão em ação...

Portanto, essa versão é muito inteligente, interessante, plausível, razoavelmente compatível com os textos básicos da doutrina e, acima de tudo, ricamente sugestiva e repleta de ressonâncias para qualquer cidadão soviético estudioso, preocupado com a situação de seu país e desejoso de relacioná-la com a fé oficial. Sendo assim, ela teria merecido maior reconhecimento e aclamação do que de fato recebeu. *Se* apenas a União Soviética tivesse continuado a liderar com sucesso um grande segmento da comunidade internacional para uma nova ordem social, que no devido tempo obtivesse o reconhecimento de sua própria superioridade econômica... e se a União Soviética, no período da estagnação, tivesse sido uma sociedade na qual todos tomassem interesse pelo refinamento da doutrina marxista, então essa contribuição particular poderia ter sido, se não aclamada, pelo menos objeto de atenção duradoura. O período da estagnação, porém, não foi uma era de fé, muito menos do que fora a era anterior do terror. Os que ocupavam o poder pouco interesse sentiam pela teoria que supostamente legitimava sua posição, e os que estavam ansiosos para mudar o sistema por causa de sua ineficiência, desumanidade, ou ambas as coisas, não mais procuravam indicadores ou orientação na ideologia. O tempo para o refinamento do marxismo passara.

Na história das crenças, como aliás na história de outras atividades, não são apenas os vitoriosos que merecem interesse. Por mais que eu admire R.G. Collingwood,[12] nunca consegui me obrigar a aceitar ou mesmo simpatizar com sua opinião de que só podemos reconstruir a lógica do pensamento daqueles que venceram. Na história, como em um jogo de futebol, os perdedores são mais numerosos do que os vencedores. As interpretações do marxismo de Semenov partem da identificação de problemas que são realmente fundamentais e cruciais para a teoria marxista e ele os resolve com grande inteligência, de uma maneira que tornou sua resposta fértil de significados para o cidadão soviético *bien-pensant* dos dias anteriores à perestroika. O fato de que essa clientela não fosse mais receptiva, de que a história evoluiu em uma direção tal que, no fim, a fé ficou além de qualquer salvação, é outro assunto. Mas esse fato não diminui realmente o interesse desse trabalho ideológico como demonstração de capacidade teórica da mais alta ordem.

## NOTAS

1. "Theoretical Problems of 'Economic Anthropology'", *Philosophy of the Social Sciences,* 4, nº3 (1974), p.201-31.

2. Ver, por exemplo, Yu. V. Bromley, *Sovremennye etnicheskiye protsesy v SSSR* (Processos étnicos contemporâneos na URSS), (Moscou, 1975).

3. As idéias de Semenov sobre este assunto são encontradas no *Istoriya piervobytnovo obshchestva. Obshchiye voprosy. Problemy antroposotsiogenesa.* (História da sociedade primitiva: questões gerais. Problemas de antropo-sociogênese), org. por Yu. V. Bromley, A.I Pershitz, Yu. Semenov (Moscou, 1983).

4. Cf. R.C. Tucker, *Philosophy and Myth in Karl Marx* (Cambridge University Press, 1961).

5. K.R. Popper, *The Open Society and its Enemies*, 4ªed. (Routledge and Kegan Paul, Londres, 1962). [Ed. bras.: *A sociedade aberta e seus inimigos*. São Paulo: Edusp/Itatiaia, 1987.]

6. H. Lubasz, "The Aristotelian Dimension in Marx", *Times Higher Education Supplement*, 1º de abril de 1977, p.17.

7. W.V.O. Quine, *Ontological Relativity and other Essays* (Columbia University Press, Nova York e Londres, 1969).

8. K.R. Popper, *Objective Knowledge* (Clarendon Press, Oxford, 1972).

9. As idéias de Semenov sobre este assunto podem ser encontradas em inglês. Ver especialmente Y. Semenov, "The Theory of Socioeconomic Formations and World History", em E. Gellner (org.), *Soviet and Western Anthropology* (Duckworth, Londres e Nova York, 1970).

10. *Problemy Istorii Dokapitalisticheskikh Obshchestv* (Problemas da história das sociedades pré-capitalistas), org. por L.V. Danilova e outros (Nauka, Moscou, 1968). Ver o primeiro ensaio, de autoria de L.V. Danilova, "Diskussionnye Problemy Teorii Dokapitalisticheskikh Obshchestv" (Problemas controversos na teoria das sociedades pré-capitalistas).

11. Roman Szporluk, *Communism and Nationalism: Karl Marx versus Friedrich List* (Oxford University Press, Nova York e Oxford, 1988).

12. R.G. Collingwood, *An Autobiography* (Oxford University Press, Londres, 1939).

# 11

# GUERRA E VIOLÊNCIA

Com o que se pareceria uma teoria sobre o papel da guerra e da coerção na sociedade humana? Como uma nova e mera hipótese, eu sugeriria uma nova lei em três estágios: no primeiro, a violência seria contingente e opcional. No segundo ela se tornaria geral, obrigatória e normativa. A perícia militar seria fundamental para o *ethos* dominante. No terceiro, no qual estamos atualmente ingressando, voltaria a ser opcional, contraproducente e provavelmente fatal.

No estágio de coleta de alimentos da sociedade humana não havia *produção* (*ex hypothesi*) e o que se conseguia juntar era geralmente em pouca quantidade e não facilmente armazenável. Sendo pouco ou nenhum o excedente armazenado, a questão de defendê-lo ou lutar por ele não surgia realmente. Era possível lutar por outras coisas: acesso a território de caça ou coleta, acesso às fêmeas ou à posição na hierarquia interna do grupo social. O tamanho relativamente pequeno das sociedades de coletores de alimentos, no entanto, tornava menos valioso lutar por posições sociais — muito menos do que em sociedades mais complexas. Da mesma maneira, as unidades disponíveis para mobilização eram menos formidáveis do que se tornaram depois. Em suma, embora a violência ocorresse, sem a menor dúvida, não havia razão para esperar que se tornasse o princípio organizacional básico da sociedade. A manutenção da estrutura social de modo algum a requeria, pelo menos em qualquer grande escala, e simplesmente não existiam homens e recursos para violência desse porte.

A situação muda de figura em sociedades com produção sistemática e excedente armazenado. A sociedade agrária pode ser definida pela posse destas duas características correlatas — a produção de alimentos e de outras necessidades e luxos e seu armazenamento —, mais uma característica negativa: a ausência de qualquer *crescimento* sustentado da base tecnológica. O equipamento social era grande mas relativamente estável. Se inovações surgiam, o que de tempos em tempos acontecia, elas apareciam isoladamente e não como parte de algum programa sistemático de crescimento.

Entre si, essas duas características — a existência de excedente armazenado e, em conjunto, a ausência de aprimoramento tecnológico — foram responsáveis pelo caráter geral da coerção sistemática. Não havia um princípio claramente autojustificante de divisão do excedente e nenhum princípio pôde se impor por si mesmo. A estrutura social era um sistema de papéis, de tal ordem que cada papel incluía em si um direito claro à parte do excedente armazenado. O excedente tinha que ser defendido contra aqueles que desejariam redistribuí-lo em proveito próprio. Os que guardavam e controlavam o excedente estavam em condições de impor princípios favoráveis a si mesmos e, geralmente, faziam isso. Os que controlavam os meios de coerção podiam decidir, e de fato decidiam, como o excedente seria dividido. A riqueza podia ser em geral adquirida mais fácil e rapidamente pela coerção e atividade predatória do que pela produção.

O conhecimento de que tal era a situação refletia-se no *ethos* da sociedade agrária. Na Espanha medieval, dizia-se que a guerra não era apenas uma maneira mais honrosa mas também mais rápida de adquirir riqueza do que o comércio. Esse princípio era em geral, embora não universalmente, reconhecido no mundo agrário: especialistas em violência ocupavam geralmente um posto mais alto do que os especialistas em produção. Na Europa ocidental, "nobreza" e vocação para a vida marcial eram na verdade equivalentes.

Muita coisa dependia obviamente da maneira como os meios de coerção — armas — eram distribuídos. Elas podiam ser repartidas de modo muito eqüitativo ou concentradas sob o controle de uma parte da sociedade. Neste último caso, a desigualdade ou monopólio dos meios de coerção podiam ser localizados geograficamente em um único grupo, digamos, no centro da sociedade ou, alternativamente, o direito de portar armas podia ser privilégio de um estrato territorialmente disperso. Vários fatores podiam influenciar a concentração ou dispersão dos meios de coerção. Se as armas eram caras e eficazes, a centralização do poder seria a conseqüência provável.

A maioria das sociedades agrárias era autoritária. O principal fator condutor a essa característica notável era a lógica do ataque preemptivo e as implicações da vontade de desarmar, nos casos possíveis, todos os potenciais especialistas rivais em coerção.

Esse princípio, no entanto, não funcionava em todas as circunstâncias. Às vezes, era difícil desarmar e coagir populações inteiras. Criadores nômades constituíam o exemplo mais visível: a mobilidade dos nômades e, acima de tudo, a mobilidade de sua riqueza, tornava difícil controlá-los. Eles escapavam da coerção e resistiam a ela. Todo o seu estilo de vida — o trabalho que faziam, afinal de contas, consistia no emprego de violência contra animais predadores ou outros pastores que atacavam seus rebanhos — proporcionava-lhes um treinamento permanente no exercício da violência própria e na resistência à violência dos demais. Embora o nomadismo pastoril constituísse o exemplo mais óbvio, condições semelhantes podiam ser às vezes encontradas entre grupos de camponeses, especialmente quando viviam em terreno inóspito. Essas sociedades desenvolveram, para usar a útil frase de S. Andreski, um alto Índice de Participação Militar.[1]

Não obstante, as sociedades abençoadas com uma ampla participação militar (e, daí, política) eram aparentemente minoria entre as sociedades agrárias. Sociedades bem centralizadas, hierárquicas e opressivas, nas quais a eliminação de rivais culminara na concentração de poder, eram muito mais comuns. Note-se, contudo, que *nenhuma* dessas duas grandes espécies da sociedade agrária observava um *ethos de produção*, e ainda menos de *inovação* econômica e técnica. As sociedades mais igualitárias e participativas, caracteristicamente, não eram compostas de indivíduos isolados: a vida política deles seria instável e volátil demais se assim acontecesse. Tendiam, em vez disso, a serem compostas de subunidades que, na ausência de centralização, mantinham a lei e a ordem através de um equilíbrio de poder, controlando-se mutuamente. O mecanismo básico dessas sociedades, para empregar um termo que Durkheim usou pela primeira vez e que é amplamente adotado na antropologia social, era "segmentário". Esse mecanismo foi notado pelo injustamente esquecido estudioso francês Émile Masqueray[2] (embora ele não usasse o termo). Durkheim usou seu material e deu crédito a ele em uma nota de rodapé. Os segmentos em questão só podiam controlar e mobilizar o apoio de seus membros dominando-os e intrometendo-se em *todos* os aspectos de suas vidas — em seus costumes rituais, matrimoniais, econômicos e de outras naturezas. Ou melhor, essa situação poderia ser descrita de modo inverso: era principalmente pela definição e controle do acesso aos ritos, noivas, terra, e assim por diante, em termos de participação no grupo, que essas unidades se perpetuavam e obtinham a lealdade de seus membros. Esses segmentos eram holísticos, mesmo que não necessariamente hierárquicos, e nem o espírito individualista nem a inovação floresciam entre eles. Esse aspecto da sociedade segmentária foi destacado (mais uma vez, sem emprego do termo) pelo professor de Durkheim, Fustel de Coulanges.[3] Dessa maneira, o homem agrário aparentemente enfrentava o dilema de ser dominado por reis ou por primos (e, freqüentemente, é claro, por ambos). De qualquer modo, o imperativo de manter a ordem social superava a vontade de aprimorar o processo de produção.

Do ponto de vista dos membros de sociedades desse tipo, a posição de cada um na hierarquia de poder era preocupação *muito* mais importante do que o desempenho econômico. A posição social, mais do que a produtividade individual ou a eficiência econômica, determinava o direito do homem aos recursos. Ele vivia em uma hierarquia, não em um mercado. Uma das características mais sintomáticas desse tipo de sociedade era que ela tendia a permitir, ou encorajar, a iniciativa econômica apenas entre subgrupos que haviam sido, antes de mais nada, social e politicamente emasculados, tornando-os dessa maneira política e militarmente inofensivos. Isso era feito através de algum tipo de estigmatização e exclusão dos ritos e do direito de portar armas. Mas não eram apenas os reis que preferiam usar estrangeiros ou minorias estigmatizadas em serviços financeiros e econômicos: era fato bem característico das sociedades segmentárias que elas desprezassem e sentissem aversão pelo, ainda que indispensável, especialista. O especialista, fosse ele músico, mago ou artesão, era impuro.

Essas sociedades exibiam características adicionais que eram corolários de aspectos já mencionados e que, por seu lado, contribuíam para perpetuar esses traços básicos: tendiam a ser ao mesmo tempo malthusianas e famintas de terra e de gente. A necessidade de força de trabalho e de força de defesa levava-as a dar valor à prole, ou, pelo menos, à prole masculina. Esse fato, por seu lado, gerava uma tendência à expansão da população a um ponto em que se tornava vulnerável à quebra de safras e outras catástrofes. Juntamente com o trabalho humano, o recurso mais importante era a terra: poder e segurança eram aferidos, acima de tudo, em termos de posse e controle de território e mão-de-obra.

A lógica da eliminação de rivais, por si mesma, levaria naturalmente à eventual emergência de um império universal único, no qual todo poder seria monopolizado por um único centro que não toleraria o aparecimento de qualquer oposição. Em algumas partes do mundo isso aconteceu ocasionalmente. Mas havia também em ação forças que promoviam a fragmentação e o policentrismo. Meios lentos de transporte e comunicação obrigavam o centro a delegar a defesa de fronteiras distantes a representantes e detentores de poder local, que eram ineficazes se fracos, mas que se tornavam independentes quando fortes. Era difícil escapar desse dilema. E foi isso mesmo o que Maquiavel disse a respeito de mercenários: se fracos, faltavam ao amo, e, se fortes, voltavam-se contra ele.[4] Não era possível vencer. Os impérios centrais tinham dificuldade também em subjugar áreas periféricas de savanas ou montanhas, que, nesses tempos, abrigavam comunidades participativas coesas, segmentárias, dotadas de grande potencial militar. Elas constituíam, assim, uma espécie de ventre político, uma fonte de novos governantes que, de tempos em tempos, derrubavam os antigos. A melhor descrição desse tipo de situação é encontrada, é claro, em Ibn Khaldun.[5]

Ou, resumindo o mecanismo que tendia a transformar a coerção no determinante básico, fundamental, e, daí, o valor central da sociedade agrária: ela possuía um excedente importante, de valor inestimável, que, contudo, não crescia. O excedente tinha que ser defendido e dividido. Os grupos que controlavam os meios de coerção controlavam também a distribuição do excedente, decidiam seu destino e naturalmente o dirigiam principalmente em proveito próprio. Marx formulou uma teoria de acordo com a qual em sociedades de mercado os que só têm seu trabalho para vender, e são por isso reduzidos à pobreza, receberão uma participação equivalente apenas ao mínimo necessário à sua autoperpetuação. Verificou-se mais tarde que a teoria não era correta, mas alguma coisa próxima a ela parecia aplicar-se amplamente à sociedade agrária e a outros grupos que não os dotados de poder coercitivo: eles recebiam pouco mais do mínimo necessário para sua manutenção e reprodução. Por que deveriam os que estavam no controle desperdiçar recursos, permitindo que eles recebessem mais?

Havia, contudo, uma importante ressalva nesse modelo inicial simples. As elites na sociedade agrária continham não só guerreiros, mas o clero. A explicação mais elementar, embora inteiramente inadequada, da influência do clero dizia que isso se devia à maneira astuciosa como seus membros confundiam a mente de sua clientela e, desse modo, induzia-a a lhe dar uma boa parte da produção, da influência e das mordomias. Mas também havia em ação um mecanismo muito mais poderoso e relevante.

A eficácia da coação depende da coesão de seus agentes. Qualquer um deles isoladamente é em geral fraco; para que a coerção seja realmente eficaz, é necessário que haja certo número de indivíduos que a apliquem, não raro um grande número, e que estes permaneçam unidos e mantenham a disciplina. Mas o que, exatamente, faz com que homens permaneçam unidos, especialmente em situações de perigo, nas quais a traição ou o abandono do grupo — se o grupo está prestes a ser derrotado — talvez sejam, de longe, a melhor estratégia? Entre as considerações que podem induzir o indivíduo a permanecer leal, uma das mais importantes é a convicção de que os *outros* permanecerão também leais ao grupo, que continuará a ser uma força numerosa, disciplinada e eficaz. Se os outros estão prestes a desertar, é muito prudente fazer o mesmo; se ninguém assim o fizer, torna-se uma grande imprudência ser a exceção, que será ostensivamente punida como exemplo para todos os demais.

Mas de que modo poderia alguém saber, em situações que freqüentemente envolviam dispersão geográfica e falta de comunicações rápidas e confiáveis, que este ou aquele grupo ou líder continuariam a atrair lealdade? Um bom critério seria se esse grupo, líder ou causa são, pelos padrões aceitos da cultura, "legítimos". Essa consideração não influenciaria o indivíduo vacilante porque ele seria necessariamente adepto fanático das doutrinas localmente sustentadas, relativas ao que era ou não legítimo. Ele vacilaria se pensasse que os demais também estavam vacilantes, talvez sob o domínio do mesmo espírito de oportunismo que ele, e assim, no interesse de sua própria segurança, desejaria permanecer no lado "legítimo", porque esperaria que ele vencesse.

Por essa razão, os que controlavam os símbolos da legitimidade pelo mesmo motivo controlavam também, em grau considerável, a consolidação da coesão social e da lealdade e, dessa maneira, exerciam grande poder, mesmo que não fossem em si os possuidores diretos das armas ou os agentes da coerção. O Iluminismo notou grande parte dessa situação e considerou a obscuridade medieval, que estava ansioso para superar, como sendo dominada por brutos e farsantes. Por isso mesmo, esperava com ansiedade o dia em que o último rei fosse enforcado com as tripas do último padre. O ponto em que o Iluminismo se enganou foi em sua inclinação a considerar toda essa situação simplesmente como fruto da estupidez humana — de falta de, exatamente, "iluminismo". Se apenas o homem pensasse e visse claramente, ensinava, ele se recusaria a submeter-se à tirania de brutos e de mascates de mistificação.

O que o Iluminismo não conseguiu perceber foi que essa situação não era conseqüência de estupidez ou confusão mental, mas corolário inevitável de certos aspectos básicos da sociedade agrária: a presença de um excedente importante mas limitado, e a convicção de que a expansão era possível, de modo geral, apenas através da aquisição de mais súditos ou de terra.

Os princípios que justificavam esta ou aquela forma de organização, ajudando os governantes a se manter coesos e os governados a ser submissos, não podiam deixar de ser obra de farsantes, quando vistos de fora: uma lógica transocial e transcultural autêntica não é suficiente nem justifica a criação de hierarquias. *Alguma* legitimação era necessária para o sistema, e *nenhuma* legitimação poderia ser logicamente válida. De modo que, quem quer que formulasse e aplicasse os princípios que pautavam a coesão e a aglomeração de coisas era inevitavelmente obrigado a usar um raciocínio logicamente defeituoso: nenhum argumento realmente coerente podia, de modo algum, realizar esse trabalho.

De que maneira escapamos dessa situação, porque na verdade dela escapamos? Este é o problema isolado mais importante da sociologia teórica e a questão que, na maior parte, tornou a sociologia um campo sistemático de estudo. É quase impossível solucioná-lo de forma definitiva em um espaço limitado ou, talvez, solucioná-lo de alguma forma. Em relação ao nosso problema do papel da coerção e da guerra, é possível oferecer um esboço, pelo menos, de alguns dos elementos relevantes à solução. A estabilidade, ou estagnação, das forças produtivas — que, em geral, aplica-se à sociedade agrária ou constitui uma aproximação bastante razoável da verdade — foi finalmente substituída por uma economia em permanente crescimento. O crescimento em si talvez não tivesse conseguido coisa alguma: era sempre possível aos coatores tirar simplesmente uma fatia maior do bolo que crescia, mesmo que isso significasse contrariar ou reprimir os responsáveis pelo crescimento.

Os brutos não eram aversos a matar a galinha dos ovos de ouro, e, com muita freqüência, foi exatamente isso que fizeram. O melhoramento por si só da tecnologia poderia simplesmente fortalecer a dominação — como acontece, por exemplo, em sociedades "subdesenvolvidas", quando seus governantes recebem de fora ajuda técnica e simplesmente dela se apropriam.

Na Europa, porém, o processo se desenvolvia em um sistema de multiestados e os brutos não podiam usar o crescimento para se fortalecer em toda parte ao mesmo tempo e na mesma medida.[6] Os vários Estados-brutos também estavam empenhados, como era seu hábito e prazer, em conflitos uns com os outros. Os que haviam tolerado, ou eram obrigados por uma ou outra razão a tolerar produtores prósperos e não-violentos em seu meio, descobriram de repente que eram *mais* poderosos — porque possuíam uma base econômica maior — do que seus rivais. Esses rivais haviam parecido no início mais afortunados por permanecerem como senhores incontestes em suas terras, tendo reprimido ou expulsado seus produtores pacíficos. Mas, no devido tempo, vieram pagar a força interna com fraqueza externa. Assim, todos os Estados na parte relevante do mundo foram, no fim, obrigados a imitar o caminho liberal para a prosperidade econômica, ou pelo menos alguns aspectos dela, na esperança de aumentar seu poder e posição internacional relativa.

Mais tarde ainda, todo o mundo tentou imitá-los e alguns tiveram êxito, às vezes êxito brilhante. O último e mais impressionante exemplo desse mecanismo pôde ser observado em 1989. Sob a influência de um clero (desta vez, nominalmente secular) e seus aliados brutos, a Europa oriental adotou, ou foi forçada a adotar, um sistema supercentralizado que — como se tornou evidente após algum tempo — inibia severamente a produção e, dessa maneira, acabou por solapar o poder dos que dirigiam o sistema. Descobrindo que estavam sendo economicamente superados, os governantes começaram a desmontar seu sistema, inspirado pela fé e dominado pelos brutos.

Dessa maneira, sob a nova doutrina, a atratividade relativa da produção e coerção mudou de lugar. Não era mais honroso enriquecer com a guerra do que com o comércio. Quanto à rapidez — nas condições de guerra nuclear potencial não havia mais ganhos econômicos a ser obtidos mediante conflito violento. Os vitoriosos em uma guerra nuclear, se houvesse algum, não estariam em condições de festejar nos salões de banquete dos vencidos ou de estuprar suas mulheres.

A mudança completa da valorização da coerção para a valorização da produção só foi possível porque, de maneira muito surpreendente, o desenvolvimento tecnológico e econômico infinito, sustentado, contínuo, *havia* se tornado possível. Em condições favoráveis, o poder só mudara muito raramente dos brutos para os mercadores, mesmo em períodos mais antigos, mas, enquanto houvesse uma espécie de teto ao desenvolvimento econômico, a mudança não iria muito longe e/ou chegaria a um limite que não poderia ultrapassar ou era finalmente revertida. Alguns dos primeiros teóricos do liberalismo econômico, longe de anunciar o advento de uma era inteiramente nova, mostravam-se, por essa razão, pessimistas sobre as perspectivas a longo prazo da nova doutrina.[7]

Assim, foram apenas a expansão e a inovação *sustentadas e ilimitadas* que finalmente inclinaram os pratos da balança de poder para longe dos coatores e na direção dos produtores. No conflito entre comunidades políticas, nenhuma delas conseguia sobreviver e continuar a concorrer se sua organização interna era injusta com os produtores, se inibia suas atividades ou os impelia a emigrar. O processo chegou ao fim quando a tecnologia da destruição tornou-se tão poderosa que culminou na Destruição Mutuamente Garantida. Agora, produção e comércio não são simplesmente uma maneira mais rápida de enriquecer do que a agressão: eles se transformaram na *única* maneira para a sociedade como um todo.

Significará isso que a sociedade pós-agrária se tornará e continuará a ser geralmente pacífica? Isso não é tão óbvio como parece.

As conseqüências que induzem à paz da alta tecnologia dependem de certo número de suposições, mais ou menos válidas durante certo tempo, mas que não se pode supor que sejam permanentemente válidas:

1. O potencial gerador de paz de tecnologia recente muito poderosa depende, paradoxalmente, da superioridade do ataque sobre a defesa. A Europa vivia entregue à violência geral nos dias em que podia resistir à agressão: esse fato a encorajava a ser agressiva quando conveniente e, em seguida, a desfrutar os despojos em relativa segurança. A tecnologia moderna, no entanto, torna a destruição mais poderosa do que qualquer defesa contra ela, sem ao mesmo tempo garantir que nenhuma retaliação será igualmente eficaz. O fato crucial parece ser que, enquanto que a destruição é

garantida, ela não pode ser tão completa que impeça uma contra-devastação.

Durante algum tempo ainda essa pode continuar a ser a situação. Um dos argumentos mais impressionantes e convincentes contra o SDI, por exemplo, dizia que não apenas o sistema era caro, mas muito mais caro do que o desenvolvimento eventual de dispositivos que o superariam ou o invalidariam. Então, um poder que adquirisse certo grau de imunidade, durante algum tempo, só conseguiria isso com grandes despesas, ao passo que seu rival só precisaria, no devido tempo, usar uma fração desse custo a fim de restabelecer a velha situação de terror mútuo. Essa situação parece ser verdadeira no presente, mas pode-se supor que assim permaneça indefinidamente? Há ainda a possibilidade de que o poder destrutivo cresça ainda mais e ajude a garantir que um primeiro ataque seria tão eficaz que eliminaria o perigo de um contra-ataque retaliatório.

2. As poderosas armas destrutivas eram tão complexas e caras que só podiam ser adquiridas em grande quantidade por um número muito pequeno de superpotências. Estas tendiam a possuir populações pelo menos relativamente pacíficas, cujos membros não eram literalmente guerreiros no velho sentido, mas, sim, pessoal técnico altamente treinado, cujo trabalho e educação os inclinavam a levar vidas inerentemente pacíficas. As autoridades nas superpotências em questão eram também pelo menos relativamente racionais e moderadas: não estavam, por temperamento ou *ethos*, comprometidas com um culto de aceitação louca de riscos, como inerentemente admirável e nobre, nem eram tampouco, quaisquer que fossem seus pronunciamentos formais, fanáticos o bastante para lutar por seu sistema de crenças sem levar em conta o risco. O número de superpotências permaneceu pequeno e seus governantes se mostraram pelo menos cautelosos.[8]

Todas essas suposições podem, no devido tempo, ruir por terra. Armas muito destrutivas podem, como qualquer outro produto industrial, tornar-se cada vez mais baratas. A complexidade de sua produção pode diminuir de modo que se tornem cada vez mais disponíveis para compra ou até para produção local, mesmo em sociedades cujos membros não adotem um *ethos* relativamente pacífico, produtivo. O simples número de estados capazes de adquirir armas aterrorizantes aumentará exponencialmente com a passagem do tempo. Quanto maior o seu número, maior a possibilidade de que alguns deles careçam daquela relativa moderação e racionalidade que inibem o uso de armas total e indiscriminadamente destrutivas ou a ameaça de usá-las, quando é pequena a perspectiva de uma vitória concreta ou o sucesso da chantagem.

Notem que embora um grande arsenal talvez seja necessário para que haja alguma perspectiva de vitória e sobrevivência, um arsenal muito menor servirá para um chantagista resoluto. Ele sabe que o sucesso dependerá da credibilidade de sua ameaça. Compreenderá que a ameaça possuirá capacidade de convicção apenas *se ele estiver realmente disposto a cumpri-la*, qualquer que seja para *ele* o custo, se alguém quiser pagar para ver se ele está blefando. Ele talvez esteja disposto a pagar esse preço, mesmo que saiba que, se alguém pagar para ver, ele também morrerá, juntamente com seus inimigos. À medida que prossegue a proliferação de armas de alta tecnologia, a possibilidade de que algumas delas sejam adquiridas por grupos imbuídos desse estado de espírito acabará se tornando muito grande. O presente aumento do terrorismo internacional oferece apenas uma pequena prova, até agora apenas em escala moderada, de uma situação desse tipo.

3. O argumento precedente dependia das conseqüências desestabilizadoras e, daí, geradoras de conflito, do desenvolvimento da tecnologia: a agressão continuará a ser superior à defesa, mas os meios de agressão se tornarão cada vez mais baratos, amplamente disponíveis e, por assim dizer, até portáteis. No fim, essa difusão levará quase inevitavelmente à posse desses meios por alguém inclinado, por fanatismo ou loucura, a usá-los.

Mas há também um argumento contrário. A única vitória dos produtores sobre os especialistas em coerção nos tempos modernos dependeu do crescimento econômico e cognitivo: nenhum grupo político podia ser poderoso a menos que crescesse, e nenhum deles cresceria a menos que protegesse internamente e, no fim, concedesse poder aos produtores. Poderá esse mecanismo crucial continuar a funcionar indefinidamente?

Em nosso mundo, a corrida de Gadarene para uma produção sempre maior continua a ser febril, de modo que é difícil para nós imaginar que, em algum estágio, ela parará ou mesmo será revertida. Mas embora até imaginar uma eventualidade dessas imponha claramente tensão à nossa capacidade de imaginação, ainda assim devemos tentar tal *Gedankenexperiment*, por mais que ela seja contrária às nossas inclinações.[9] Não vejo razão para supor que terá que haver em algum ponto um limite a invenções posteriores, ou a uma nova combinação de elementos que possibilite novos produtos. Mas de fato me parece plausível imaginar um limite além do qual melhoramentos posteriores na situação material humana, embora ainda possíveis, não farão muita diferença para o contentamento humano e, daí, perderão sua atratividade. Ou em outras palavras, não haverá um ponto no qual a utilidade marginal de mais riqueza cai para zero?

Uma vez que a satisfação de necessidades materiais está plenamente garantida, não chegará por acaso uma ocasião em que alegria especial será obtida apenas com "bens posicionais", com mudanças nos relacionamentos entre os homens, e não através de mudanças nas relações entre homens e coisas? Sem dúvida, no presente, os homens se esforçam para obter mudanças nas relações entre homens *através* de mudanças na relação com coisas: tentam impressionar ou dominar os demais aumentando suas posses materiais. Mas talvez se torne ecologicamente imperativo diminuir ou talvez inibir inteiramente essa tendência que, de qualquer modo, pode ser uma ressaca de dias de escassez material e que pode murchar espontaneamente, logo que perdermos o medo geral da mesma (se, na verdade, isso acontecer). Há caminhos para o prestígio além da exibição visível de posses, como, por exemplo, a ausência visível de consumo. Outras sociedades usaram ocasionalmente esses indicadores "invertidos", ascéticos, de posição social, e, por mais estranho que pareça, a sociedade industrial avançada poderá, no devido curso, imitá-las.

Quais seriam as conseqüências dessa situação? Meu argumento tem sido que, durante toda a era agrária, a preocupação com a posição de poder na sociedade era (de modo muito racional) incomparavelmente maior do que a preocupação com a produtividade econômica. Promover esta última pouco ou nenhum proveito trazia aos que assim faziam. Ela foi ajudada apenas pelo mecanismo estranho e incomum que favorecia os produtores em detrimento dos sequiosos de poder, e que eliminou coletividades inteiras que produziam ou cresciam menos do que suas rivais. E foi isso que, no fim, inclinou a balança e inverteu essa prioridade. Em um mundo reestabilizado, se e quando o tivermos, a prioridade antiga e, por assim dizer, "normal", poderá ser reestabelecida. O importante será o poder direto e não o poder da riqueza. Se isso acontecer, a coerção sistemática e, portanto, sua ocasional manifestação clara ("a guerra") poderá, mais uma vez, recuperar seu lugar honroso entre as principais instituições da sociedade humana. Os especialistas em coerção, e não os promotores de riqueza, se tornarão mais uma vez os governantes da sociedade. Pode acontecer que seus métodos sejam os da máfia, e não os da guerra em grande escala entre povos, mas esse fato não afetará o princípio da coisa. Se a riqueza for neutralizada, o poder e a coerção serão mais uma vez os árbitros entre os homens e designarão suas posições sociais. Os especialistas em coerção poderão, mais uma vez, se tornar o estrato dominante da sociedade.

A antropologia social tem uma personalidade dividida. Possui duas faces, uma megalomaníaca e a outra, em contraste, dotada de uma espécie de sensibilidade microscópica. Às vezes, gosta de falar sobre o homem ou a sociedade, como tais, em termos gerais; em outras ocasiões, deliciar-se em cartografar a textura mais detalhada de situações sociais específicas. Meu primeiro argumento foi evidentemente do tipo megalomaníaco: tentei oferecer uma teoria geral de coerção nos contextos sucessivos de recursos exíguos, estáveis e em expansão, com uma especulação final sobre as conseqüências de uma possível reestabilização. A conclusão desse argumento muito abstrato foi que a violência sistemática, institucionalizada, era opcional no primeiro estágio, obrigatória no segundo e muito diminuída no subestágio do terceiro que ora alcançamos, embora a natureza da situação final não esteja ainda clara.

A antropologia social, no entanto, tem também uma microcontribuição a dar. Neste particular, *ex hypothesi*, generalizamos menos: o que podemos fazer é oferecer uma *amostra* do tipo de explicação disponível do papel social da violência *e* da abstenção da violência. O exemplo dado aqui diz respeito à instituição curiosa e muito disseminada do juramento coletivo como meio legal de decisão.

O juramento coletivo é uma instituição muito comum, embora seus detalhes variem. É, por exemplo, encontrado com muita freqüência entre populações tribais muçulmanas, embora não se restrinja absolutamente a elas. A idéia é simples: se um membro do grupo A acusa um membro do grupo B de um crime (assassinato, roubo, estupro, por exemplo), então o cabimento ou não da acusação é decidido exigindo-se que o acusado e um determinado número de seus parentes (o número exigido provavelmente variará com a gravidade do crime alegado) deponham solenemente, em um local sagrado, sobre a inocência do acusado. Se fizerem isso, ele é considerado inocente; se alguns deles se recusarem a agir assim, ou cometerem um erro enquanto assim agem, ele é considerado culpado. Seu grupo então proverá a indenização ou preço apropriados do assassino ao acusador e a seu grupo.

O absurdo *prima facie* de todo o procedimento salta aos olhos. No tipo de sociedade onde é encontrada essa instituição, a lealdade ao clã ou a tribo é considerada um princípio poderoso, muito mais forte do que qualquer hipotética dedicação à verdade ou à justiça abstrata. Ainda assim, o procedimento em questão transforma em júri os que estão mais próximos do acusado por "laços de sangue"! Os que são mais inclinados a inocentá-lo tornam-se seus juízes! Evidentemente, o procedimento é predeterminado em favor do arquivamento de todos os casos. Sendo assim tão abertamente viciado, deve ser inútil. Ou é o que parece.

Na verdade, o procedimento nem é predeterminado nem inútil. Seu resultado nem sempre é óbvio. O procedimento é ou foi muito usado e invocado, o que sugere que não poderia ser inteiramente inútil. Como será isso possível?

Há uma resposta, interna às culturas onde a instituição é encontrada, e também freqüentemente aproveitada — um tanto acriticamente, segundo me parece — por observadores externos. Essa explicação é mais ou menos a seguinte: a coisa toda funciona porque os participantes estão profundamente imbuídos de medo do sobrenatural e, por isso, hesitam em dar falso testemunho, mesmo quando impelidos a assim proceder pelo poderosíssimo *esprit de lignage*. É o Outro Mundo e o medo que ele inspira que compensam as tentações da coesão neste mundo.

Essa explicação não é adequada, se não por outro motivo porque está em conflito com o fato empírico de que o perjúrio de fato ocorre. O terror inspirado pelo transcendente não parece ser suficientemente poderoso para assegurar veracidade, em todas as ocasiões, por parte dos jurados-parentes (que, incidentalmente, talvez nem *saibam* às vezes se a acusação tem cabimento). Assim, qual a explicação correta?

A instituição em questão é em geral encontrada em contextos sociais em que o estado central é fraco ou ausente e não pode impor, ou não impõe realmente, suas leis à terra. Grupos dentro dessa população dependem de *si mesmos* para manter a ordem. Mas notem o seguinte: isso se aplica tanto a relações *dentro* do grupo quanto às relações *entre* eles. Um órgão central, mantenedor da lei, não existe para arbitrar conflitos *entre* grupos, mas o mesmo acontece *dentro* dos grupos. Os próprios grupos ou carecem de um órgão interno capaz de manter efetivamente a ordem ou só o possuem em forma rudimentar, não muito eficiente. Costumeiramente, o chefe tribal nessa sociedade não difere muito do membro comum da tribo: sua residência pode ser um pouco maior e mais rica, e talvez ele possua um pequeno séquito de dependentes, que aumentam seu prestígio, mas isso não significa muita coisa: ele não tem uma corte real, um exército, um secretariado.

Na verdade, toda a distinção entre conflito interno e externo desaparece nesse tipo de sociedade. Caracteristicamente, grupos de escalas diferentes são "aninhados" e se parecem muito entre si em sua função e modo de operação. A semelhança é tanto vertical quando horizontal: os grupos assemelham-se não so com seus vizinhos laterais, mas igualmente com os subgrupos dos quais são constituídos e com os megagrupos que ajudam a formar. Durante a maior parte do tempo, todos esses grupos são "latentes". São ativados em uma espécie de existência visível, corporativa, pela ocorrência de conflito no nível apropriado ou por um desses rituais periódicos que lembram a seus membros quem eles na verdade são, socialmente falando. Alguns observadores etnográficos perderam muito tempo tentando descobrir a unidade decisiva "real", que deveria prevalecer sobre todas as outras na analogia com a unidade crucial (o estado nacional) em sua própria sociedade. Não conseguindo encontrá-la, chegaram a lamentar seu desaparecimento e supuseram que ela devia ter estado presente em tempos mais antigos, antes de entrar em declínio...

Mas é exatamente essa característica "aninhada" ou segmentária de certas sociedades tribais, o fato de que unidades adquiridas de escalas diferentes são semelhantes entre si em organização, *ethos* e formação, que se reveste de importância fundamental na explicação do juramento coletivo. Vejamos o grupo do acusado: ele também é dividido em subsegmentos, mesmo que, no nível seguinte de tamanho, constitua também um segmento inteiro, em contraste com a unidade do acusador. Não é provavel também que esses segmentos estejam em total harmonia entre si: são poucas as famílias cujos membros se amam sem reservas. Os conflitos internos podem ser banais ou graves e não é possível saber em que grau isso ocorre sem submetê-los a teste. O que as pessoas dizem em situações banais, hipotéticas, dificilmente tem valor: elas podem exagerar seu amor e lealdade ou, pelo contrário, suas queixas e ressentimentos em relação aos parentes. O que importa é o que fazem quando se pede que elas declarem seus princípios abertamente, não importa a que custo.

Suponhamos que o grupo é basicamente coeso. De modo geral, confiam no parente acusado e dão importância à sua filiação ao grupo. Podem estar até mesmo convencidos de sua inocência e a convicção reforça sua determinação de lhe dar apoio: não têm nenhum desejo de encorajar outras pessoas a considerar levianamente o nome de seu clã e fazer acusações sem fundamento sobre membros honrados. É exatamente nessa situação — enfrentando uma unidade coesa, determinada — que a unidade acusadora tem menos incentivo para passar ao estágio seguinte, que provavelmente se seguirá ao juramento, isto é, à rixa e ao uso da violência para corrigir o dano sofrido por um de seus membros. Ao aceitar o veredito do juramento coletivo (feito eficientemente), podem aproveitar um meio de retirada sem perder prestígio. Não foi o medo do clã coeso que os fez aceitar o veredito (longe deles tal pensamento), em absoluto: foi religiosidade e respeito pelo sobrenatural, pelo santo em cujo santuário ocorreu o juramento...

Suponhamos agora a situação oposta. Os parentes do acusado estão internamente divididos e dele desconfiam: suspeitam não só que ele possa ser culpado mas também, e mais importante, que suas inclinações para cometer o tipo de crime de que é acusado envolverão todos eles em uma perigosa rixa com inimigos poderosos ou, pior ainda, com toda uma coalizão de inimigos. Eles talvez não estejam dispostos ainda a adotar a sanção final e eles próprios o matarem (embora a idéia de um tipo especial e louvável de fratricídio de fato exista nesse tipo de sociedade). Mas talvez não seja uma má idéia lhe ensinar uma lição, faltando-lhe durante o juramento... Mais uma vez, novamente, poderão fazer isso sem perder prestígio ao invocar, como principal motivo, religiosidade e respeito pela santidade.

Na prática, claro, não apenas a maioria das situações se localiza em algum lugar no meio do espectro, mas não está realmente claro em que ponto se encontra a situação. A exigência de que o juramento seja feito, e a ameaça implícita de rixa se for recusado ou não respeitado seu veredito, criam tensão para o grupo acusado. É como se fosse feita uma *sondagem* à procura de coesão. Ocorre uma luta interna por melhores posições tanto nas negociações dentro do grupo como entre ele e o acusador. Numerosos conflitos são solucionados por acordo no curso dessas negociações, "fora do santuário", por assim dizer, antes que o juramento seja realmente feito.

A essência do procedimento, portanto, passa a ser não tanto o fervor da crença no sobrenatural e a convicção de que um castigo mágico será aplicado aos que derem depoimento para exculpar o autor de um crime grave. O fundamental *é* que o depoimento seja público e solene e, assim, crie o máximo de oportunidade ou mesmo provoque a opinião pública a tomar partido em favor do acusador ou do acusado. Infortúnios, mais cedo ou mais tarde, ocorrerão de qualquer modo na área, e a seca, a inundação ou o que quer que seja cairão por igual sobre inocentes e culpados. O grupo que deponha em favor do acusado em um caso implausível ou impopular arrisca-se a ser considerado culpado quando o infortúnio indiscriminado se abater sobre a comunidade, como eventualmente acontecerá. Ou melhor: a atribuição de culpa pelo infortúnio pode fornecer uma boa justificação a qualquer coalizão hostil potencial contra esse grupo.

Tudo isso, em conjunto com tensões internas, pode levar os membros do grupo a hesitar antes de prestar testemunho. Eles sem dúvida explicarão isso para si mesmos em termos de respeito pelo sagrado e medo de sanções que o sagrado pode lhes impor...

Deveremos admirar ou deplorar esse sistema? Estados modernos não demonstram ansiedade alguma em fortalecer unidades de parentesco locais e, de modo geral, não permitem que tal sistema continue. Indivíduos e testemunhas, escolhidos por suposto acesso à informação relevante, de fato prestam depoimento. Coletividades, porém, não podem, nos termos de códigos legais nacionais recentemente baixados, afirmar sua coesão e, por juramento, livrarem a si mesmas ou seus parentes de situações difíceis. Mas teria sido um bom sistema, enquanto durou?

O sistema era uma espécie de meio-termo entre *Realpolitik* e justiça. Não permitia que vereditos fossem pronunciados contra clãs numerosos, coesos e determinados, por mais culpados que fossem. Nesse sentido, respeitava as realidades do poder e virava as costas à verdade e à justiça. Mas, ao mesmo tempo, em todos os casos, muito numerosos, em que o poder é mais ou menos equilibrado ou, mais importante, onde a situação de poder é obscura, e incerto o resultado de um eventual conflito, de modo que ambas as partes perderiam com a escalada para um conflito aberto — em todas essas situações o procedimento é dotado de uma espécie de sensibilidade aos méritos do caso, à justiça. Torna-se em seguida sensível à firmeza de convicção e à dúvida interna e lhes fornece os meios de uma manifestação honrosa.

Nessa forma concisa e formal, institucionalizada, o juramento coletivo é encontrado apenas em sociedades tribais. O princípio subjacente ao mesmo, no entanto, opera em muitas situações semi-anárquicas, isto é, em conflitos em que um soberano, a todos superior, está ausente, ou não pode ou não quer arbitrar, decidir e impor seu veredito. A razão disso nem sempre é que o soberano seja um ausente ou um fraco, e pode radicar-se no fato de que a esfera de atividade no qual o conflito ocorre talvez não seja, de acordo com o *ethos* da sociedade em questão, inteiramente sujeita a normas legais e de cumprimento obrigatório. Os limites do poder do estado podem ser definidos não só territorialmente (o corpo político antigo não podia afirmar seus direitos no deserto ou nas montanhas), mas também por zonas funcionais: o moderno Estado britânico, por exemplo, que não teve problema para dominar as terras altas da Escócia, pode ser incapaz, ou ser ideologicamente relutante, de impor sua vontade em um conflito industrial.

Em muitas sociedades avançadas essas considerações se aplicam a preços e salários e, em conseqüência, não há uma taxa salarial legalmente justa e de cumprimento obrigatório (embora possa haver salário mínimo legal). As greves seguem uma lógica muito parecida com a dos juramentos coletivos. Sindicatos muito fortes ou empregadores muito fortes podem, na verdade, impor acordos contrários às intuições morais da sociedade. Com mais freqüência, porém, nenhum dos lados ocupa uma posição tão forte assim. A eficácia de uma greve, ou da resistência a ela, dependem da coesão e/ou da convicção de ambos os lados. Eles participarão de um jogo de pôquer feito de blefes antes de uma possível confrontação. Freqüentemente, resolvem tudo “fora da greve”, por assim dizer, embora o incentivo para assim agir dependa de a greve continuar a ser uma possibilidade real. E até que a greve realmente seja declarada, ninguém pode ter certeza de quantos manterão sua posição de prestação de juramento e por quanto tempo. O que tem peso é a natureza *coletiva* da tomada de posição e ela precisa ser submetida a teste de tempos em tempos.

Outro impressionante exemplo moderno do princípio subjacente ao juramento coletivo pode ser encontrado nas Nações Unidas e seu sistema de votação. Mais uma vez, não há uma autoridade mundial que possa impor decisões, de modo que estamos, neste sentido, em uma situação anárquica. Os representantes de cada país, porém, votam geralmente em blocos ou clãs, e não como indivíduos. Hobbes estava completamente enganado quando alegou que a condição geral de guerra latente tornava a vida "solitária, medíocre, perversa, brutal e curta". De qualquer modo, ela não é solitária: a anarquia favorece o espírito gregário e a formação de apoio mútuo e de *grupos* de seguro, sejam eles chamados de tribos ou alinhamentos internacionais. Ibn Khaldun aproximou-se mais da verdade quando sustentou opinião diametralmente oposta à de Hobbes, isto é, que a anarquia *e só a anarquia* levava à coesão social.

Em 1956, três membros do clã ocidental cometeram um ato de agressão indigno e que não teve o apoio de seus irmãos do clã, mas assim agiram na expectativa de que, quando o caso fosse submetido ao juramento coletivo na ONU, a lealdade do grupo superaria outras considerações e seus colegas de bloco os apoiariam (quaisquer que fossem suas reservas internas). Seus colegas resolveram agir de outra maneira e ensinar uma lição aos agressores *não* os apoiando. Uma lição assim administrada restabeleceu a autoridade no clã dos relutantes co-jurados (mesmo que, temporariamente, enfraquecesse o clã como um todo), de uma maneira que uma espinafração privada ("Nós os apoiaremos desta vez, mas não tenham ilusões sobre nossa desaprovação e não contem conosco no futuro em casos semelhantes") não teria absolutamente conseguido fazer.

Escolhi uma instituição na qual o equilíbrio de poder, a coesão, as considerações morais e a crença no transcendente se entrelaçavam profundamente e pautavam o uso da violência em uma sociedade agrária, e tentei demonstrar que os princípios subjacentes à essa instituição podem ser encontrados em uma grande variedade de contextos. Assim, a antropologia, por um lado, pode nos ajudar a compreender a operação concreta e sutil da violência e da coerção institucionalizada e coletiva, limitada por rituais e procedimentos que são funcionais e não explicáveis por seus fundamentos lógicos oficiais, e, por outro, ajudar-nos também a formular generalizações muito abstratas — e sem dúvida muito controversas — sobre o papel da violência e da coerção em *tipos* inteiramente diferentes de sociedades.

# NOTAS

1. S. Andreski (anteriormente Andrzejewski), *Military Organisation and Society* (Routledge, Londres, 1954).

2. E. Masqueray, *Formation des cités chez les populations sédentaires de l'Algérie* (Leroux, Paris, 1886, e Edisud, Aix-en-Provence, 1983).

3. N. Fustel de Coulanges, *La Cité antique*, várias edições.

4. N. Maquiavel, *The Prince*, várias traduções e edições. [Ed. bras.: *O príncipe*. São Paulo: Martins Fontes, 1995.]

5. Ibn Khaldun, *Muqaddimah*, trad. por F. Rosenthal (Routledge, Londres, 1967).

6. Ver John Hall, "States and Societies: The Miracle in Comparative Perspective", in *Europe and the Rise of Capitalism* (Blackwell, Oxford, 1988).

7. Ver E.A. Wrigley, *People, Cities and Wealth* (Blackwell, Oxford, 1987).

8. Cf. um notável levantamento dessas questões em Carl Kaysen, "Is War Obsolete?", *International Security*, 14, nº 4 (1990), p.42-64.

9. Ver Fred Hirsch, *The Social Limits to Growth* (Routledge and Kegan Paul, Londres, 1977). [Ed. bras.: *Limites sociais do crescimento*. Rio de Janeiro: Zahar, 1979.]

# 12

# Tribo e Estado no Oriente Médio

O quase-estado tribal característico do Oriente Médio baseava-se numa combinação dos seguintes elementos:

1. *Organização de linhagem segmentária.* Isso significa na prática a existência de grupos coesos que mantêm a ordem por esforço conjunto. Contam eles com um alto índice de participação militar, para usar a frase de S. Andreski.[1] Na prática, todos os homens adultos tomam parte na violência organizada e participam dos riscos envolvidos.

A instituição mais característica de uma sociedade desse tipo é a inimizade tradicional entre famílias. Um crime cometido por um membro do grupo A contra um membro do grupo B é seguido por retaliação de *qualquer* membro de B contra *qualquer* membro de A. Se a paz é feita e paga uma indenização, todos os membros do grupo A dão uma contribuição e todos os membros do grupo B a dividem. A conseqüência desse tipo de institucionalização da responsabilidade coletiva é que todos os grupos têm forte incentivo para policiar seus membros. Ninguém mais pode fazer isso por eles e eles sofrerão se assim não agirem.

O traço negativo correspondente desse tipo de sociedade é que há pouco ou nenhum policiamento externo superposto, a cargo de alguma agência especializada mantenedora da lei, idealmente neutra. O mecanismo autoperpetuante e auto-reforçador inerente à essa situação é óbvio: grupos autopoliciados e auto-administrados fortes têm como resultado um órgão central fraco ou ausente e esse fato dá origem à necessidade de grupos fortes de autoproteção e de segurança mútua.

Um dos aspectos vitais da sociedade segmentária é o *aninhamento.* Grupos contêm subgrupos, que por sua vez contêm outros subgrupos, cujas relações entre si são mais uma vez semelhantes. Não há nível preeminente ou decisivo de organização social. O equilíbrio de poder ocorre *dentro* dos grupos tanto quanto entre eles. Os grupos que na literatura aparecem como confederações tribais, tribos, clãs ou segmentos funcionam todos, aproximadamente, da mesma maneira. É provável que conflitos surjam em qualquer nível e que em seguida mobilizem os grupos relevantes. À parte isso, permanecem relativamente latentes, embora se reúnam para festivais, migrações para pastagens e outras ocasiões.

A auto-imagem e autodefinição desses grupos no Oriente Médio são em geral, mas nem sempre, genealógicas e patrilineares. Se a qualidade de membro do grupo é uma função de descendência, e ela é observada apenas em uma linha, esse fato gera automaticamente um sistema bem organizado e inequívoco de grupos aninhados, como o que é requerido por esse tipo de ordem social. Quando realizava trabalho de campo nos montes Atlas do Marrocos, descobri que membros leigos comuns de tribos, em contraste com as linhagens sagradas, possuíam genealogias que seguiam o princípio ockhamiano, isto é, não multiplicavam seus ancestrais além do necessário. O número de ancestrais lembrados (ou inventados) correspondia muito de perto ao número dos grupos sociais realmente existentes, cada um deles exigindo um ancestral apical para sua definição.

Pode-se sustentar que o fato de esses grupos serem não simplesmente unilineares mas também patrilineares constitui uma conseqüência do *ethos* agnático do Oriente Médio e do Mediterrâneo ou dos requisitos da organização social pastoril. Uma exceção interessante existe de fato em uma área, à parte isso contínua e semelhante à do Oriente Médio — os tuaregues do Saara, que têm uma ideologia matrilinear e que possuíram, em algum grau que nunca foi corretamente investigado, uma organização social matrilinear. (Eles são também atípicos no sentido de possuir uma classificação altamente hierárquica entre grupos tribais. Esse aspecto é também ocasionalmente encontrado em outras regiões, embora em formas menos extremas.)

Ao contrário da crença popular, esses grupos nem sempre são autodefinidos genealogicamente. Entre os camponeses da montanha, a definição dos grupos, pelo menos acima do micronível de famílias ampliadas, é com freqüência mais territorial do que genealógica. Além do mais, mesmo quando a definição é genealógica, existem procedimentos reconhecidos para a relocalização de grupos e de indivíduos, em desafio ao que seriam as ordens de "sangue"(ou de "carne" ou "osso").

O que esse tipo de sistema de responsabilidade coletiva de fato requer é a qualidade inequívoca de membro. Quando o parentesco é purificado por ritual público tradicional, a situação resultante ainda satisfaz aos requisitos do sistema. Dessa maneira, em uma unidade definida por parentesco, é comum encontrar subgrupos que se tornaram parentes de fato por ritual, e não por sangue.

2. *Liderança fraca, quase eletiva ou mesmo inteiramente eletiva.* O modelo mais comum é a existência de um segmento ou linhagem principal, dotada tradicionalmente de poder de fornecer o líder a um grupo mais amplo, que abrange também outras linhagens e segmentos. É característico desse sistema a inexistência de uma regra de sucessão clara e inequívoca.

A conseqüência é que, com a morte de um dado chefe, a escolha do sucessor depende do equilíbrio de poder e de prestígio, e não da simples aplicação de uma regra. A sucessão pode caber a um filho, irmão, sobrinho ou tio paterno. Os termos relativos a tio paterno e filho do tio paterno são usados de forma classificatória, abrangendo uma categoria mais ampla do que estaria implícito no uso inglês desses termos. Assim a sucessão pode ser determinada por votação informal — pode caber a um homem cujo potencial de liderança é demonstrado pelo apoio que recebe de outros segmentos — ou por conflito, caso em que o potencial de liderança é demonstrado pelo que poderíamos chamar de práxis sangrenta.

Essas sociedades vivem em um dilema: precisam de liderança para o fim de desfechar e rechaçar ataques e para manter relações externas. Ao mesmo tempo, a organização interna que têm baseia-se mais no equilíbrio de poder do que em sua concentração. Uma generalização aproximada é tentadora a esta altura: quanto mais importantes as relações externas do grupo, mais centralizada e eficaz provavelmente será sua liderança.[2]

3. *Simbiose de populações pastoris e agrícolas.* Esse tipo de organização é especialmente apropriado a pastores e ainda mais a pastores *nômades*. A mobilidade destes últimos, e o fato de que sua riqueza está em animais, torna-os inclinados a resistir ou a evitar um governo centralizado. Essa organização, contudo, é também freqüentemente encontrada entre camponeses sedentários que vivem em terreno inacessível. As implicações políticas dessa localização são

semelhantes às da vida pastoril nômade ou seminômade. Esse tipo de organização tem probabilidades muito menores de sobrevivência entre agricultores localmente vulneráveis, ilhados pelos limites de um oásis ou dependentes de irrigação.

Agricultores vulneráveis e pastores agressivos são complementares e economicamente simbióticos.[3] Em uma situação de governo rarefeito ou inexistente, cereais ou tâmaras são trocados por carne ou produtos lácteos, mas é improvável que as taxas de troca sejam determinadas exclusivamente pelos princípios de mercado. A taxa a qual produtos são trocados ou entregues pode ser interpretada como uma espécie de cruzamento entre preço, tributo, pagamento de proteção e prêmio de seguro contra quebra da produção. Os pastores têm interesse em não deixar que seus clientes do oásis passem fome quando ocorre quebra de safra.

O estabelecimento de uma relação estável entre as duas partes é politicamente delicado e pode facilitar o aparecimento de uma liderança estável, uma chefia forte ou um quase-estado tribal. Os agricultores têm interesse em tratar com uma única autoridade que, por seu lado, tem interesse na sobrevivência dos mesmos e em sua prosperidade tributável. Os agricultores preferem esse arranjo a ficar expostos à perseguição simultânea e imprevisível de certo número de candidatos independentes a exploradores, alguns dos quais podem sentir-se tentados à captura, de uma única vez, de um grande e destrutivo butim, mesmo que isso reduza as perspectivas de tributo futuro e repetido. Afinal de contas, o tributo futuro pode ir parar nas mãos de alguma outra pessoa.

Tanto agricultores como pastores também têm interesse na disponibilidade e proximidade de artesãos e mercadores. Do ponto de vista de uma protoburguesia de oásis, um protetor relativamente forte e estável tem atrativos semelhantes aos que possui um oásis para os agricultores. Os pastores, em contraste, têm interesse em acesso a um mercado bem suprido, que cobre preços razoáveis e que seja seguro.

4. *Complementaridade com linhagens sagradas.* Uma instituição comum na região, embora não universal, é a presença de linhagens sagradas diferenciadas por status, dispersas entre as tribos segmentárias. Elas geralmente alegam descendência de Maomé. Seu alto status — especialmente se combinado com abstenção, por princípio, de envolvimento em inimizade tradicional entre as famílias de tribos leigas, exemplificando um tipo de pacifismo limitado, específico ao papel — qualifica esses grupos, ou pelo menos seus membros mais

proeminentes, para agir como árbitros de litígios entre os membros comuns da tribo. Eles proporcionam também uma espécie de frouxa liderança que, contudo, depende de apoio opcional dos liderados.

5. *Comércio externo e rotas de peregrinação.* Uma chefia forte, ou um proto-estado tribal provavelmente se localizará às margens das rotas de comércio e peregrinação (as duas freqüentemente aparecem combinadas) ou, na verdade, em uma possível rota para a *haji*, ou peregrinação a Meca. Mercadores e peregrinos em movimento precisam de transporte, acomodações e proteção. Tal como os artesãos e mercadores que se instalam em determinados locais, eles preferem tratar com um único e eficaz protetor, e não com certo número de protetores competitivos, provavelmente indignos de confiança e gananciosos. O comércio é com freqüência mais uma necessidade do que um luxo. A ecologia geral e os extremos de clima e aridez impelem grupos sociais para a especialização. Isso, por sua vez, obriga-os a comerciar. As necessidades do comércio, porém, empurram a sociedade para algum grau de ordem política.

6. *Contribuição ideológica externa.* Por razões difíceis de entender para um cientista social orientado para organizações, o mundo muçulmano é saturado por reverência pela variante de alta cultura do islã — igualitária, escrituralista, puritana e nomocrática. Esse *ethos* parece ter vida e autoridade próprias, e não é visivelmente dependente de qualquer corporificação institucional. Em condições normais, esse ideal é implementado, no máximo, em uma parte relativamente pequena da sociedade muçulmana, isto é, pelos eruditos urbanos e sua clientela socialmente bem situada. O ideal pressupõe cultura e uma ética de observância de regras, e não lealdade pessoal. A sua reprovação, freqüentemente enfática, de reivindicações à mediação especial junto ao divino (o pecado de *shirk*) torna-a inconveniente para grupos tribais analfabetos. Estas unidades têm grande necessidade de mediadores que pratiquem arbitragem entre homens em nome da mediação com Deus. Ainda assim, a autoridade do ideal exclusivo e unitarista é amplamente respeitada, mesmo pelos que não a implementam nem podem implementá-la na maioria das vezes. De tempos em tempos, esse ideal é ativado e torna-se um sentimento poderoso e eficaz e, nessas ocasiões, desempenha um papel importante na formação do Estado.

7. *O jogo político mais amplo.* Os territórios tribais do Oriente Médio são periféricos mas, ainda assim, internacionalmente importantes. Antes do aparecimento da riqueza do petróleo, raramente o

eram pelo que produziam ou continham, embora de fato possuíssem importância estratégica e, às vezes, simbólica. Esse fato levou potências externas a procurar ativamente controlá-los ou negar este controle a outras. Essas potências viviam em rivalidade mútua e estimulavam rivalidades nas regiões tribais. No século XIX, o nominalmente centralizado Império Otomano, por exemplo, operava nas regiões tribais da Península Arábica a partir de duas bases mutuamente independentes, uma no Egito e outra no Iraque. De idêntica maneira, o Ministério do Exterior britânico e o Ministério da Índia podiam ter políticas próprias diferentes.

8. *A opção mercenária ou* mamluk. Os chefes tribais propriamente ditos não possuíam a base de recursos necessária para criar exércitos e burocracias profissionais. Suas forças armadas eram a tribo, ativada por conflito, perspectiva de pilhagem ou liderança inspirada. Essa característica era simultaneamente a força e a fraqueza dos chefes. A unidade militar tribal era um grupo social preexistente, dotado de coesão por experiência e interesses compartilhados e habituado, pelas condições normais da vida que levava, à mobilidade, à violência e à frugalidade. A continuidade entre as existências social e militar das forças armadas tribais tornava-as freqüentemente formidáveis. Elas não precisavam, como recrutas comuns, ser treinadas especialmente e dotadas de um *esprit de corps* artificial. Chegavam bem treinadas e *encadré*, com líderes reconhecidos e familiarizadas com o terreno no qual deveriam estar em formação de combate.

Sua fraqueza residia nos mesmos atributos. A organização social predispunha-as tanto à separação quanto à coesão. A falta de separação entre seus papéis civil e militar tornava-as extremamente sensíveis a pressões outras que não os planos a longo prazo do comando supremo. Sabidamente, voltavam para casa quando lhes fosse conveniente, indiferentes a considerações estratégicas. Obrigações e costumes sazonais significavam pelo menos tanto para elas quanto a estratégia a longo prazo. Assim, todo chefe tribal cujo domínio vinha a exceder uma base puramente tribal tentava naturalmente suplementar e equilibrar o número de seus seguidores tribais com uma força armada profissional, individualmente recrutada e composta por mercenários e escravos. Agir desa maneira não exigia inventividade social de sua parte. O modelo dessa organização estava altamente desenvolvido no Oriente Médio desde o declínio do califado.[4] O sistema *mamluk* funcionava e, em certas ocasiões, extraordinariamente bem.

## *Discussão da Combinação dos Elementos*

É improvável que os inventores do sistema tivessem sido estudiosos cuidadosos de *A República*, de Platão. Não obstante, em estilo muçulmano, as idéias básicas constituíam uma implementação notável do platonismo. A corrupção e a decadência social deviam ser evitadas, os membros da elite governante deviam ser sistematicamente treinados desde tenra juventude nas perícias militares e administrativas e, simultaneamente, ser profundamente imbuídos de um *ethos* geral intimamente ligado à legitimidade do Estado a que serviam. Deviam ser isolados das tentações do parentesco e da riqueza, que distraem o homem do cumprimento de seu dever político.

O fato de que essas elites viessem a ser consideradas escravas e não de guardiães era relativamente sem importância. O Estado os possuía, mas eles possuíam o Estado. Um sistema de carreira baseado no mérito reforçava-lhes o compromisso com o Estado e seu serviço. Seu recrutamento em regiões estranhas geográfica, étnica e mesmo religiosamente, ou de cor de pele diferente, fortalecia-lhes a lealdade ou, de qualquer modo, lhes reduzia as tentações. Tal como os membros da tribo que constituíram a base inicial de poder de uma chefia em expansão, eles provinham de um ambiente hostil e não estavam habituados às atrações enfraquecedoras que debilitam governantes urbanos, mas, ao contrário dos membros de tribo que chegam coletivamente, eram também isolados das seduções dos laços de parentesco.

Se o sistema não durou para sempre, sua decadência final deveu-se exatamente às razões que Platão previra: essa guilda governante, sua coesão inicialmente forjada não pelos perigos compartilhados do deserto, mas pela sujeição aos rigores comuns de treinamento deliberadamente severo sucumbiu, no fim, às tentações das honrarias, parentesco e riqueza. Essa era a ordem em que Platão esperava que as tentações se fizessem sentir, como seriam refletidas em sucessivas mudanças degenerativas do corpo político. A decadência completa não precisava ser tão fiel ao modelo. O hinduísmo constituiu outro tipo notável de implementação do platonismo, embora se rendesse inteiramente ao princípio do parentesco, ao mesmo tempo em que conservava a hierarquia rígida da cultura, da coerção e da produção.[5] De modo que o sistema *mamluk* era simplesmente uma variante do platonismo. Empregava extensamente certos elementos da receita platônica: educação, isolamento, ausência de propriedades e de parentesco.

De outro ponto de vista, o sistema *mamluk* parece ter sido uma tentativa extraordinária de produzir burocratas antes do tempo oportuno. O Estado tradicional era prejudicado, em sua tendência centralizadora, pela inclinação inveterada do homem de forjar laços locais e de parentesco, o que os afastava do dever e da obediência e fazia com que o Estado se fracionasse em unidades regionais autônomas. Só no mundo moderno é que certo número de fatores — a pulverização geral da sociedade, a orientação geral para o trabalho e a vocação, a socialização geral do homem pela educação formal, e não pela comunidade local — transformou virtualmente todas as pessoas em burocratas potenciais. Pode-se confiar agora em que o homem, em geral, realizará seu trabalho em organizações burocráticas sem ceder constantemente à tentação de burlar regras para favorecer parentes. Agora todos nós somos *mamluks*. A sociedade tradicional não contava com essa vantagem. No que interessava a um desempenho burocrático confiável, tinha que depender de escravos, eunucos, sacerdotes ou estrangeiros.[6]

Cabe realmente perguntar se, quando o sistema *mamluk* e sua modificação têm sucesso brilhante em grande escala, podemos ainda falar em Estado tribal. Haveria realmente algo absurdo se nos referíssemos nesses termos ao Império Otomano, em sua forma plenamente desenvolvida. Foi assim que o Império Otomano começou, mas não conservou a forma. O princípio *mamluk* é uma alternativa à base tribal e versões puras de ambos constituem as duas pontas de um espectro: as sociedades localizadas nas extremidades opostas são raras e muitos povos do Oriente Médio se localizaram em algum ponto ao longo da metade dessa faixa.

Mas podemos formular a pergunta de outra maneira. Dado o aparecimento do Estado otomano, será ainda defensável a teoria de Ibn Khaldun, na qual venho me apoiando fortemente sobre a sociedade do Oriente Médio, como uma teoria geral do mundo muçulmano da zona árida? Minha inclinação é dizer *sim* e oferecer o seguinte argumento: sem a menor dúvida os dois elementos, o uso paradigmático por Ibn Khaldun da base tribal e da base rival de uma burocracia escravista podiam misturar-se e de fato se misturaram em proporções diferentes em várias formações estatais no Oriente Médio.

O Império Otomano começou como um conglomerado de típicos corpos políticos tribais na Anatólia. Só quando um deles obteve notável sucesso é que duas coisas aconteceram: ele adquiriu uma base atípica nos Bálcãs e na Anatólia ocidental e, finalmente, no vale do Nilo, formada de camponeses sedentários dóceis; e o elemento *mamluk* acabou por exibir uma espécie de hipertrofia, eliminando o elemento rival. As duas mudanças estiveram sem dúvida ligadas. Uma base camponesa extensa e tributável tornou possível sustentar uma máquina estatal não-tribal e a nova base não se prestava a ser governada por membros de tribo. O sistema, em seguida, reproduziu-se em formas autônomas em Túnis e na Argélia e talvez em outras regiões.

Em áreas extensas, porém, a fórmula de Ibn Khaldun, utilizando os velhos elementos, permaneceu viva e sadia. Constituiu a situação política normal de uma grande parte dos habitantes do Oriente Médio, a despeito da suserania nominal otomana. Estava sinalizando — talvez nem sempre com muito vigor — seu desejo de independência. No devido tempo, ela fez seu reaparecimento público com Abd el Kader, na Argélia, os mahdiyya no Sudão, os wahhabis na Península Arábica, os sanusiyya na Cirenaica, os rashidis no Ha'il, com pequenos chefes tribais na zona oriental da Anatólia, no imanato Ibadi em Omã e o Zaydi no Iêmen. Em áreas extensas ela nunca esteve realmente oculta.

A maneira como esses diversos elementos se combinam na formação do Estado varia muito. Podemos pensar em certo número de cenários possíveis. Tribos que pastoreiam seus rebanhos em zonas montanhosas áridas, que abrigam também um oásis e que são governadas, na medida em que a palavra é absolutamente apropriada, por uma chefia frouxa podem obter controle do oásis. Fornece-se assim à linhagem que detém a chefia uma base dupla. Daí em diante, o chefe divide seu tempo entre a base na cidade-oásis, cuja prosperidade pode promover convidando artesãos e mercadores a nela se estabelecerem, e uma visita sazonal aos parentes que permaneceram nas pastagens. Suas esposas prediletas permanecem na casa da cidade, enquanto ele fortalece seus laços com os parentes tribais através de casamentos, possivelmente de curta duração, com filhas dos chefes dos segmentos. Equilibra os interesses dos diferentes constituintes de sua chefia e encoraja os pastores a praticar suas costumeiras depredações, não contra seus próprios súditos, mas preferivelmente contra estrangeiros. Tem que equilibrar as vantagens de permitir a seus velhos seguidores e parentes os benefícios de ambos os tipos de pilhagem com as vantagens de receber dinheiro de proteção ao proibi-los. Uma boa solução é permitir justamente pilhagem suficiente para conservar a lealdade dos segmentos tribais e dar o máximo de encorajamento ao pagamento da proteção. A pilhagem marginal deve ser igual ao tributo marginal em uma chefia tribal finamente sintonizada.

O chefe precisa acautelar-se contra deserções entre os segmentos tribais, dando subsídios que possam rivalizar com os prometidos por outros chefes, sempre dispostos a seduzir alguns de seus seguidores mediante oferecimento de melhores condições. Tudo isso exige dinheiro, e assim ele mesmo ingressa no mercado de recebimento de subsídios e armas de potências estrangeiras, que por sua vez estão ansiosas para usar sua posição estratégica a fim de garantir suas próprias comunicações ou para solapar as comunicações e reivindicações de seus rivais. Todas as potências externas têm seus clientes locais, mas os alinhamentos disso decorrentes são inevitavelmente instáveis. A traição é endêmica.

As rotas de comércio e peregrinação são também complicadas. A insistência em segurança excessiva pode antagonizar dependentes tribais e reduzir a receita. O jogo é disputado também dentro da família do chefe: primos, irmãos e sobrinhos rivais se alistam e são alistados por participantes externos nesse jogo complexo e interminável. Novos candidatos aparecem com mudanças no cenário internacional e alguns mais antigos são eliminados. Nada, e certamente não a morte, põe fim ao jogo. A liderança na sociedade segmentária tem a característica dos dentes de um dragão. Ouvi essa queixa na Teerã do xá Pahlavi: quanto mais líderes tribais são mortos, mais novos líderes emergem da linhagem do chefe. O chefe ou candidato falecido ou assassinado não pode voltar para jogar em outro dia, mas seu irmão, filho ou sobrinho aparecerão, sem a menor dúvida.[7]

Mas há outro cenário possível. Consideremos uma história alternativa, em que todos esses elementos estão de fato presentes, embora com mais um participante: o fundamentalismo e o revivalismo religioso. O islã está sempre disposto à reforma e poderia mesmo ser descrito como a Reforma permanente. Os fiéis estão freqüentemente dispostos a responder a um pregador que pede uma volta à versão mais pura da fé (supondo que eles ou seus ancestrais a tenham realmente experimentado), a uma forma que não tenha sido maculada por costumes duvidosos ou quase pagãos. A equação comunidade-corpo político obriga o pregador a tornar-se também uma figura política.

Os xiitas reencenam deliberadamente o martírio inicial de sua fé especial, mas é provável que outros muçulmanos reencenem e voltem a sentir o conflito inicial entre o estabelecimento da fé e a era de ignorância a ela precedente — mas sempre presente e ameaçadora. O entusiasmo despertado por esse apelo à purificação pode dar ao chefe purificador a vantagem de um elemento extra de coesão entre seus seguidores e uma capacidade especial de organizar unidades muito maiores do que as fornecidas pela linguagem política baseada no parentesco desses seguidores. Essa ação pode lhe conferir algumas das vantagens que são difícil e muito mais dispendiosamente adquiridas por Estados maiores, através da receita produzida por controle de território agrícola extenso e através do recrutamento de mercenários e *mamluks,* com ajuda da receita. Essa fórmula especial de tribo acrescida de revivalismo religioso pode levar ao sucesso político, principalmente quando combinada com a boa sorte de um alinhamento com potências estrangeiras vitoriosas em uma guerra mundial. O regime de chefia ligado à fé pode então triunfar sobre seu principal rival, com quem em outros aspectos se parece. Esta é na verdade a história da vitória dos sauditas sobre os rashidas.

Um tipo diferente de Estado tribal também pode surgir, baseado na complementaridade mútua de líderes tribais leigos e linhagens sagradas. Nesse caso, a sociedade em geral é dividida entre uma maioria de membros leigos de tribos e uma minoria de santos hereditários. Os santos se estabelecem em volta de um ou mais santuários reverenciados por todos. Os membros leigos das tribos se comportam de acordo com regras bem conhecidas, que governam a sociedade segmentária: a responsabilidade coletiva, a disseminação do poder, a fraca liderança (eletiva ou semi-eletiva) e ampla participação pelos chefes de família em todas as responsabilidades, políticas ou não.

Os conflitos que inevitavelmente surgem entre grupos de todos os tamanhos são arbitrados ou mediados nos santuários pelo santos hereditários, que são designados por nascimento e não escolhidos em qualquer tipo de eleição humana. Os santuários estão estrategicamente situados perto dos pontos de conflito máximo — na fronteira de grandes segmentos tribais ou próximos a pastagens, que requerem reocupação sazonal e realocação periódica. O número de homens de estirpe sagrada é muito menor do que o de origem leiga, mas, ao mesmo tempo, muito maior do que o número de santos necessários para dirigir santuários ou agir como árbitros efetivos. Os santos reais, ou melhor dizendo, operacionais, são escolhidos em um manancial mais amplo de santos latentes por nascimento.

De acordo com a teoria localmente aceita, essa seleção é feita por Deus. Na realidade, *vox Dei vox populi.* A escolha do detentor da *baraka* é feita através de um processo tácito e demorado, que se estende por gerações, no qual a atribuição da graça divina funciona através da concessão de apoio a este ou aquele santo pelos membros leigos da tribo. É esse apoio que efetivamente dota de carisma alguns santos. Aquele que é tratado como santo torna-se santo. O respeito que lhe é tributado permite-lhe arbitrar eficazmente e, dessa maneira, exibir e provar sua santidade. Os donativos que recebe permitem-lhe receber lautamente em casa seus convidados, sem aparentemente preocupar-se com despesas e, dessa maneira, demonstra mais uma vez seu status santificado.

Os membros leigos da tribo são obrigados a alimentar inimizades profundas e, os santos, obrigados pela própria definição de sua função, a abster-se de violência e litígio, sendo este último apenas a continuação da inimizade por outros meios. Por seu comportamento, alguns santos despertam uma reverência especial. O respeito que inspiram em alguns de seus clientes torna-os atraentes para outros paroquianos potenciais. Um árbitro amplamente respeitado e cujo julgamento é levado em conta tem mais valor do que outro cujo veredito pode ser ignorado pela outra parte do conflito. Dessa maneira, cristaliza-se uma espécie de semi-Estado. Chefes leigos eletivos e santos hereditários pacíficos complementam-se mutuamente no sistema. Um sistema elegante, estável e satisfatório de equilíbrio interno de poder pode se desenvolver. Na região do Alto Atlas central um sistema desse tipo persistiu e proporcionou um semigoverno barato e satisfatório por quase três séculos.[8]

Dois aspectos merecem atenção no tocante aos santos de Ahansal: a estabilidade de seu poder local e sua abstenção, na maioria das vezes, da ambição política mais vasta. Eles, de modo geral, não intervieram na história marroquina geral. Só em uma ocasião um deles demonstrou mais ambição. E pagou por isso com uma morte horrível, a ocorrência da qual, no entanto, é negada pela tradição local, que atribui a ele uma ocultação que será seguida de um eventual retorno na hora da maior necessidade. Até agora, essa profecia não se confirmou. Por um acaso, sumamente afortunado para o historiador, a morte concreta do santo foi presenciada por

Thomas Pellew, o renegado inglês a serviço do então sultão, que finalmente conseguiu voltar à Inglaterra e publicar a história de suas aventuras. A fé local na ocultação, uma fé que continua nos tempos modernos, pode nesse caso ser corrigida por documentação externa independente.[9]

Esse tipo de cenário, que poderia ser chamado de versão Ahansal, difere da variante precedente, que poderia ser denominada de modelo saudita. Um tipo diferente de islã está implicado nos dois modelos. Em ambos os casos, estamos tratando de um Estado tribal, embora o cimento religioso seja muito diferente. A corporificação social do islã estende-se ao longo de uma espécie de espectro, variando de teologia erudita, puritana e igualitária em uma extremidade, a uma religião antropólatra, extática, hierárquica e popular no outro. Ambas as formas podem dar uma contribuição importante ao Estado tribal ou à formação semi-estatal. Os santos hereditários, baseados no princípio da *shirk* (mediação ou reflexo da divindade), e veementemente reprovados pela alta teologia ortodoxa, podem fornecer aquela agência centralizadora mínima que, contudo, trata de forma muito satisfatória dos problemas políticos de populações numerosas. Podem assim agir sem usar muita coisa em matéria de centralização coercitiva, isto é, sem o que chamaríamos de um verdadeiro Estado. Podem ajudar a regular os padrões complexos de uso sazonal de pastagens em uma ecologia complexa, que requer migrações sazonais de grandes rebanhos e populações humanas do Saara para as altas montanhas, e também manter a paz entre os pastores da transumância e os sedentários.

Em contraste, o islã unitarista puritano pode dotar um único líder com legitimidade suficiente para superar o espírito de separação tribal e ajudá-lo a construir um Estado mais eficaz, no qual as obrigações escritas da fé recebem uma implementação mais rigorosa. Nesse caso, os homens da religião tornam-se servidores burocráticos, ideológicos ou judiciais do Estado, em vez de parceiros iguais, ou mais do que iguais, de pequenos praticantes da coerção. O marabu reverenciado arbitra entre líderes de segmentos e contribui para fundi-los em uma espécie de corpo político; o escriba-juiz ajuda um xeque a tornar-se emir, ao lhe proporcionar a necessária legitimidade e uma burocracia rudimentar.

As formas disponíveis de cimento político religioso não se esgotam absolutamente com essas duas versões, os tipos saudita e ahansal. Existem formas intermediárias, que combinam centralização política com emprego de árbitros religiosos hereditários. O tradicional Estado iemenita, por exemplo, fundiu a autoridade central de um ímã — legitimado pela versão zaydi do xiismo — com a arbitragem local a cargo das famílias sadah, dividindo com elas a autoridade (baseada em uma posição religiosa hereditária fora do sistema tribal segmentário) com xeques tribais, cuja autoridade se baseava em liderança *dentro* das tribos e também em famílias legais.[10] Uma interessante e bem documentada forma mista desse tipo surgiu na Cirenaica sob o impacto da agressão colonial italiana.[11] Os sanusiyya combinaram a forma organizacional de uma sufi (ordem religiosa mediacionista, ou *tariqa*) com compromisso doutrinário com uma ideologia relativamente reformista, isto é, fornecer uma versão mais pura da fé a beduínos ignorantes e analfabetos. O islã reformista é em geral hostil a ordens religiosas, mas em áreas tribais, destituídas de infra-estrutura urbana, princípios organizacionais sufistas proporcionam o único instrumento institucional disponível capaz de sustentar o trabalho missionário. A doutrina tem que negociar uma solução conciliatória, se quer o mínimo de apoio social. As precondições da única forma possível de organização política na época, dado o ambiente ecológico, acabaram por levar os Sanusi para a versão ahansal, ou inserção de lojas sagradas nos interstícios cruciais do sistema segmentário. Nelas podia proporcionar mediação e arbitrar litígios. A necessidade, em contraste, de unificar uma grande área e invocar uma legitimação religiosa mais potente do que a da tradicional e preexistente *marabtin-bil-baraka* (santos menores vinculados a pequenos segmentos) impeliu-os também para uma versão mais unitarista e escrituralista da fé.

Há uma permanente tensão entre os dois princípios de legitimidade, o escrituralista igualitário e o mediacionista baseado no parentesco. O primeiro é corporificado pelos teólogos eruditos que, por si mesmos, escasso potencial têm para a formação do Estado. Nem são bem organizados nem hábeis em coerção. Podem, no entanto, fornecer a um monarca, ou ao chefe que queira tornar-se monarca, tanto legitimação quanto uma burocracia. Os segmentos tribais, a base social do segundo e rival princípio à formação do Estado, são inerentemente bem treinados no exercício da violência, mas normalmente carecem de legitimidade aos olhos da sociedade muçulmana em geral. Na verdade, a vida que levam habitualmente constitui um tipo de paradigma de ilegitimidade moral. São considerados como licenciosos e ignorantes, nem dispostos nem desejosos de levar uma nobre vida muçulmana. Esse fato, dada a intensidade social geral do compromisso com o islã, não é banal. Só os que conseguem formar grandes e poderosas unidades, em nome da ortodoxia, podem em seguida espoliar os pecadores restantes, que permanecem fragmentados e que deixaram de aderir ao movimento tipo bola de neve de revivalismo religioso.

O sistema *mamluk* pode ser considerado como uma versão extrema, uma versão que se esforça para dispensar inteiramente o elemento tribal ou de parentesco e ter existência própria. Indivíduos são recrutados para o serviço do Estado de forma pulverizada e separados de seu ambiente de parentesco por serem tecnicamente escravos e/ou de origem não-muçulmana. O treinamento religioso e militar sustentado, que *não* é tribal, torna-se um meio de induzir uma *ásabiyya* substituta. Podemos considerar os *mamluks* como uma tribo artificial, produzida por educação, ou vê-los como resultado da transformação de uma elite religiosa, em geral ineficaz politicamente, em um corpo coercitiva e politicamente eficiente. Eles são *'mamluks de robe*, bem como *mamluks d'epée*. Quando o sistema funciona bem, indivíduos que dele fazem parte desincumbem-se de ambos os papéis em vários estágios de sua carreira — podem ser soldados na juventude e administradores burocráticos mais tarde. Dessa maneira, correspondem realmente ao ideal de Platão sobre os Guardiões.

Quais são em geral as possibilidades de se construir uma ordem social e política, uma estrutura dentro da qual homens possam trabalhar criativamente e desfrutar os resultados de seu trabalho com algum grau de segurança e em que estejam presentes a civilização e a estabilidade? Nesses aspectos, de que modo o Oriente Médio muçulmano se compara com a Europa?

Vejamos a dupla de teóricos mais famosos dos dois sistemas, Ibn Khaldun e Maquiavel. O que os dois compartilham, à parte a grandeza, é uma acentuada inclinação para a análise imparcial, e não para a moralização religiosa. Ironicamente, foi Maquiavel, cuja fama deriva de um alegado cinismo, e não seu colega muçulmano, quem abandonou com mais freqüência o *Wertfreiheit* e resvalou para a preocupação moral e manifestações de pesar. A independência de Ibn Khaldun foi muito mais completa.

As descrições de ambos dos problemas da coesão e da ordem social merecem uma comparação. Eles não foram exatamente contemporâneos: Ibn Khaldun faleceu em 1406 e Maquiavel nasceu uma geração inteira ou, para ser exato, 63 anos depois. No espaço de tempo que separa a morte de um do nascimento do outro houve pelo menos um fato importante, isto é, a queda de Constantinopla e, daí, o surgimento definitivo do Império Otomano. Esse evento fez uma grande diferença, uma diferença que se reflete no pensamento de ambos: Maquiavel refletiu sobre o Império Otomano e Ibn Khaldun não podia fazer isso.

Não obstante, seus dois mundos não eram muito distantes e podem ser utilmente comparados. Maquiavel, muito impressionado com o Império Otomano, achava que sua força, como a do império de Alexandre, devia-se à fraqueza da sociedade civil no Oriente. Uma vez derrotado o centro, a sociedade não podia mais resistir e o resto caía nas mãos do conquistador. A situação era diferente na Europa, onde os barões feudais podiam inicialmente ajudar o conquistador traindo o suserano, mas ao conquistador causariam problemas eternos, mesmo que ele conseguisse derrotar seu rei. Esse argumento mereceu recentemente a Maquiavel a censura de ter sido o iniciador da heresia "orientalista" de difamação do Oriente pelo Ocidente. É bem verdade que Maquiavel não notou que, no Oriente Médio, tribos também causam problemas, mesmo depois de o conquistador ter derrotado e substituído o sultão. O caminho típico do Oriente Médio para a fragmentação política lhe escapou.

Um observador extraterrestre, investigando a vida política do homem naquela época e usando as palavras desses dois pensadores como textos principais, chegaria provavelmente à conclusão de que as perspectivas políticas do Oriente Médio eram muito melhores do que as da Europa. A tristeza e pessimismo que ocasional e irresistivelmente explodiam na prosa geralmente fria das descrições de Maquiavel tinham um fundamento mais do que sólido.

No mundo de Ibn Khaldun, descrito resumidamente na primeira parte deste ensaio, havia três princípios eficazes de ordem política: a coesão natural da vida tribal, o princípio da escravidão administrativa e militar, e a religião. Nenhum deles era perfeito ou estava a salvo da decadência, mas, em várias formas de combinação, ofereciam pelo menos certo grau de estabilidade política, paz temporária e governo eficiente. Uma coalizão tribal, dotada de unidade pela religião, podia criar um Estado. Um estado que era orientado e servido por eruditos religiosos podia funcionar, defendendo o bem e reprimindo o mal e simultaneamente observando e impondo aquela constituição política, solidamente enraizada, como se fosse legalmente pré-fabricada, na própria fé.

Logicamente, os Estados muçulmanos não precisavam de constituição, uma vez que a religião encerra e proporciona as cláusulas pétreas da ordem moral e política. Escravos do Estado, religiosamente treinados, podiam dotá-lo de força e administrar o famoso círculo de eqüidade, no qual a sociedade civil, embora sem direitos, podia produzir riqueza suficiente para sustentar o Estado e assim receber em troca a necessária proteção.[12] Dessa maneira, era possível certo grau de fusão de civilização e coesão, mesmo que o dilema humano básico — as condições de coesão e civilização são mutuamente incompatíveis — não pudesse ser inteiramente resolvido. Virtudes urbanas e tribais não podem se aglutinar, tendo uma nascido na cidade e a outra na tribo, embora vetores de cada conjunto de virtudes, os membros de tribo e os eruditos, possam ocasionalmente se aliar e, juntos, fundar e administrar um Estado.

Esses elementos estavam presentes em um grau muito menor na Itália e na Europa observadas por Maquiavel. Examinemos cada um deles separadamente:

*Tribalismo.* Maquiavel notou que o único povo na Europa que ainda vivia como os antigos era o suíço. Com isso ele queria dizer que uma sociedade com uma taxa de participação militar e política extremamente alta, e firmemente comprometida com uma religião que sustenta a virtude cívica, está conseqüentemente livre de interferência externa e é razoavelmente igualitária internamente: "Os suíços são fortemente armados e inteiramente livres" (*O príncipe*), "Os suíços... são hoje o único povo que, no que interessa à religião e às instituições militares, vive como viviam os antigos" (*Os discursos*). Essa situação corresponde claramente ao que Ibn Khaldun entendia como *ásabiyya* tribal: a coesão natural emerge quando um grupo é obrigado a se administrar e a se defender por si mesmo. As implicações militares dessa situação, a presença conjunta, em um mesmo sistema internacional, de unidades participativas dotadas de *ásabiyya* e de unidades urbanas, foi exatamente as que Ibn Khaldun postulou para toda a humanidade. Na guerra, os suíços derrotavam a todos, e ninguém, nem mesmo a monarquia francesa, podia vencer sem sua ajuda: "Os franceses não estão à altura dos suíços e, sem a ajuda dos suíços, não estão à altura de ninguém" (*O príncipe*). Os exércitos recrutados em sociedades civis urbanas, como o italiano, eram inúteis. Maquiavel observou que eles só venciam se, por alguma razão, o exército inimigo fugia.

Maquiavel se enganou ao supor que os suíços constituíam a única comunidade armada, participativa e autogovernada que restava na Europa. Mas se aproximou bastante da verdade, porque embora algumas fossem encontradas em outras regiões, eram marginais, insignificantes. Montenegro e as Terras Altas da Escócia escaparam de sua observação. Mas no começo da Europa moderna, os bárbaros, fosse como ameaça fosse como salvação, eram na verdade muito escassos. Em data tão recente quanto o século XVIII, Edward Gibbon, especulando se o destino de Roma poderia também ser o da Europa clássica, notou com um pouco de surpresa o seguinte: a Europa estava carente de selvagens.

*Escravos montados.* Por uma ou outra razão, a Europa perdera a instituição da escravidão. Especialmente na Itália, o lamentável princípio de um mercado livre de trabalho se desenvolvera e florescera em uma esfera de atividade para a qual era especialmente impróprio — o mercado de serviço militar. As conseqüências foram desastrosas e Maquiavel comentou-as longamente e com pesar. Mercenários são inúteis, disse. No perigo, abandonam seus empregadores; na vitória, tornam-se os senhores. Na verdade, é difícil dizer se é o sucesso ou o fracasso deles que encerra o maior perigo para seus empregadores. O que dizer das unidades auxiliares, as forças armadas fornecidas por aliados? As desvantagens relativas a seu uso eram pelo menos iguais. O que devia então ser feito? As sociedades civis fornecem exércitos que só vencem quando o inimigo foge; mercenários e aliados viram-se contra seus senhores quando têm sucesso. Em desespero, o único conselho que Maquiavel pôde dar foi o de usar forças *mistas*. Presumivelmente, a esperança era que todas elas não traíssem seus senhores no mesmo momento.

O mundo muçulmano era melhor favorecido: por um lado, uma espécie de Suíça generalizada e bem presente, sem relógios de cuco, cheia de comunidades rurais livres, cercava virtualmente todos os Estados. E fornecia um suprimento inesgotável de talento político e militar natural. O futuro, previu Ibn Khaldun em sua autobiografia, pertencia aos turcos e aos árabes por causa de sua abundância populacional e coesão.[13] O território relativamente pequeno dos Alpes centrais dificilmente poderia comparar-se com as vastas extensões da Ásia Central e todas as montanhas e savanas do Oriente Médio. O futuro poderia pertencer aos turcos e árabes, mas não aos suíços. Os *mamluks*, recrutados principalmente nas reservas do Cáucaso e da Ásia Central, e mais tarde dos Bálcãs, eram os Switzers das cortes muçulmanas. "Onde estão meus Switzers? Que eles guardem a porta", grita o rei em *Hamlet.* Mas logo depois anuncia: "As portas estão quebradas." Claudius teria ficado muito mais seguro se acompanhado de janízaros. Os *mamluks,* produzidos segundo a receita platônica de treinamento ininterrupto, doutrinação profunda e promoção baseada no mérito, eram claramente superiores aos mercenários oportunistas, traiçoeiros e instáveis, cuja motivação suspeita forçosamente os tornaria correligionários duvidosos.

*Religião.* O contraste continua exatamente tão desfavorável a Europa, se passamos à religião. Ibn Khaldun deixou bem claro o grande potencial político da fé. O entusiasmo religioso, quando superposto à coesão natural de grupos participativos, gera grandes unidades e disciplina mais eficaz. Ibn Khaldun não discutiu muito os serviços microestruturais prestados pelos santos menores, embora os conhecesse bem, mas foi explícito sobre os serviços que a religião poderia prestar para reforçar a unidade política.

Em contraste, o papel da religião na Europa, segundo Maquiavel, era desolador. Em *O príncipe* ele declara inicialmente que não adiantava discutir os principados eclesiásticos: "Não os discutirei; eles são excelsos e mantidos por Deus e só um homem temerário e presunçoso se arrogaria o trabalho de discuti-los." Mas as tentações da temeridade e da presunção rapidamente se tornaram demais para Maquiavel e ele passou a descrever como a habilidade política de três papas sucessivos tornou grandes, durante algum tempo, os Estados papais. Em *Os discursos,* foi mais explícito e condenatório: "Devido ao mau exemplo dado pela Corte de Roma, a Itália perdeu toda devoção e toda religião. Foi a Igreja que manteve, e mantém, a Itália dividida... a Itália... tornou-se agora presa... de todos os que a atacam. Por isso, nossos italianos têm de agradecer à Igreja, e a ninguém mais." Os suíços, diz ele, eram o único povo europeu a conservar as virtudes antigas, mas se a corte de Roma se mudasse para a Suíça, os suíços logo cairiam na mais completa desordem. Esse engenhoso experimento, no entanto, jamais foi tentado.

Assim, na Europa não há tribos (exceto os benditos suíços), nenhum corpo de servidores bem treinados do Estado, nenhuma fé socialmente eficaz e inspiradora. Que esperança, então, poderia haver para a Itália ou para a Europa? No complexo tribal/urbano do Oriente Médio muçulmano, em contraste, a fusão de coesão tribal com civilização urbana era pelo menos periodicamente restaurada. A fé e a virtude estavam condenadas a um retorno eterno. Podia-se esperar por alguma paz durante os períodos estáveis, antes que a roda da fortuna política girasse novamente. Ao norte do Mediterrâneo, porém, não parecia haver qualquer esperança.

Na base da prova disponível na época, essa conclusão teria sido inteiramente razoável. A história, no entanto, desenvolveu-se de forma muito diferente. Não constitui parte deste ensaio especular sobre como a Europa, e, no fim, até a Itália, romperam o impasse. A maneira como um novo Estado centralizado surgiu, no qual todos foram transformados em soldados e burocratas e se tornaram *mamluks*, a maneira como a relação entre o Estado e a sociedade civil foi modificada, de modo que esta última passasse a fazer parte da política e a primeira passasse a fazer parte da economia, a maneira como a religião recuperou seu potencial social sob nova forma — tudo isso é outro assunto.

Mas é apropriado considerar, pelo menos resumidamente, o destino subseqüente do mundo da política tribal no Oriente Médio. Há muitos que sustentam que o Império Otomano torna a descrição de Ibn Khaldun inaplicável a séculos recentes. Não acredito que este seja o caso. Sob a superfície, o mundo de Ibn Khaldun continuou a funcionar e reemergiu quando o império declinou. Só chegou ao fim quando novas tecnologias militares e administrativas foram importadas e inclinaram a balança de poder em favor do Estado. A nova ordem subseqüente exibe certo número de aspectos bem visíveis: a sociedade civil continua a ser fraca em comparação com o Estado, o conflito político dentro da máquina do Estado, mesmo quando nominalmente ideológico, é em geral uma questão de rivalidade de redes de clientelismo, não raro com uma base regional ou semicomunal. É um tipo de tribalismo em um novo ambiente e com um novo idioma. Em acentuado contraste com outras partes do mundo, no Oriente Médio a religião conservou, ou reforçou, sua capacidade de atuar como catalisador político. A secularização brilha pela ausência. A política é freqüentemente fundamentalista. Uma religião forte, um Estado forte, uma sociedade civil fraca e a frágil *ásabiyya* de quase-parentes, de clientelismo quase-territorial — essa parece ser a herança.

## NOTAS

1. Ver S. Andreski, *Military Organisation and Society*, 2ª ed. (Routledge and Kegan Paul, Londres, 1968).

2. Ver A.M. Khazanov, *Nomads and the Outside World* (Cambridge University Press, 1984).

3. Ver também Ross Dunn, *Resistance in the Desert* (University of Wisconsin Press, Madison, 1977).

4. Ver Patricia Crone, *Slaves on Horses: The Evolution of the Islamic Polity* (Cambridge University Press, 1980).

5. Essa interpretação do sistema de castas foi contestada recentemente, de forma muito interessante, por Declan Quigley em *The Interpretation of Caste* (Clarendon Press, Oxford, 1993).

6. Ver K. Hopkins, *Conquerors and Slaves* (Cambridge University Press, 1978).

7. Madawi Al-Rashid, *Politics in an Arabian Oasis: The Rashidi Dynasty* (I.B. Tauris, Londres, 1991).

8. Ver Ernest Gellner, *Saints of the Atlas* (University of Chicago Press, 1969).

9. *The History of the Long Captivity of Thomas Pellew in South Barbary* (Londres, 1739).

10. Ver Shelagh Weir, "Tribe, hijrah and medinah in north-west Yemen", in K. Brown et al. (orgs.), *Middle Eastern Cities in Comparative Perspective* (Ithaca, Londres, 1986) e "Trade and Tribal Structures in North-West Yemen", in *Arabie du Sud: Le commerce comme facteur dynamisant des changements économiques et sociaux* (Cahiers du GREMAMO, n.10, Paris, 1991); Gabriele vom Bruck, "Réconciliation ambiguë: une perspective anthropologique sur le concept de la violence légitime dans l'imamat du Yémen", in E. Le Roy e T. von Trotha (orgs.), *La Violence et l'état* (L'Hasmallan, Paris, 1993).

11. Ver E.E. Evans-Pritchard, *The Sanusi of Cyrenaica* (Oxford University Press, 1949) e coletânea póstuma de documentos de Emrys Peters, *Bedouin of Cyrenaica*, org. por J. Goody e E. Marx (Cambridge University Press, 1991).

12. Ver Lucette Valensi, *Venise et la Sublime Porte: La naissance du despote* (Hachette, Paris, 1987).

13. Ver Ibn Khaldun, *Le Voyage d'Occident et d'Orient*, trad. por Abdesslam Cheddadi (Paris, 1980).

# 13

# O Maghreb como Espelho para o Homem

O Maghreb deu ao mundo um de seus maiores cientistas sociais — talvez *o* maior. É praticamente impossível abordar a questão da contribuição do norte da África à maneira como entendemos a sociedade humana sem começar por Ibn Khaldun. Na obra desse notável pensador do século XIV encontramos ecos e contrastes dos temas dominantes do pensamento social europeu. Os contrastes são especialmente esclarecedores, uma vez que têm por origem a natureza característica da experiência social norte-africana.

Se tivéssemos que escolher uma única questão que, mais do que qualquer outra, está presente na preocupação européia com as origens da ordem social, seria a oposição entre *Gemeinschaft* e *Gesellschaft*, entre comunidade e sociedade. Não se trata apenas de um contraste teórico: essas palavras despertam nostalgia, medo, ódio, ambivalência. Por um lado há, alega-se, a coletividade orgânica, a fraternidade dos homens, cujas atividades diversificadas se entrelaçam para formar uma rede de sentimentos e entendimento, que cria uma cultura e senso de solidariedade inconsúteis; por outro, a associação voluntária de indivíduos autônomos, ligados apenas por contratos livremente escolhidos, negociados à luz de sua adequação racionalmente avaliada a fins privados e lucidamente definidos. Essa confrontação, ou algo muito parecido com ela, não está ausente do pensamento de Ibn Khaldun; muito pelo contrário, é absolutamente fundamental à toda a sua visão. A maneira como aparece, no entanto, é inteiramente diferente, e essa diferença se reveste de profunda importância.

Em primeiro lugar, na Europa, o contraste aparece como uma *sucessão.* Teríamos *passado* de status para contrato. No princípio, havia a *comunidade.* Mais tarde, ela foi substituída pela *sociedade.*

É essa transição que interessa sobremaneira ao pensamento europeu, tanto moral e emocionalmente quanto intelectualmente. Isso teria sido uma bênção, uma libertação ou uma catástrofe? Essa questão continua a polarizar os sentimentos e as idéias dos europeus.

Em Ibn Khaldun, a grande polarização não aparece de modo algum como uma sucessão, mas como um fenômeno *essencialmente* sincrônico. As duas formas sociais estão não apenas presentes no mesmo momento, mas *têm* que estar, uma precisa da outra, nenhuma das duas pode possivelmente sobreviver sem a outra; elas são complementares. A condição social humana é praticamente inconcebível sem a presença conjunta de ambas. Uma vez que cada uma delas é indispensável e, de qualquer modo, o mundo não está se movendo de uma para a outra, Ibn Khaldun não perde muito tempo em discutir os méritos relativos de cada uma delas. Claro, está agudamente consciente de seus respectivos pontos fortes e fracos relativos, mas sua atitude é muito mais clínica, desinteressada e imparcial do que a de autores de tempos mais recentes. Ele pareceria um estranho à adoração ou repúdio quase histéricos tanto à Sociedade Fechada ou à Sociedade Aberta.

No seu esquema temos, em primeiro lugar, a comunidade coesa, rústica, auto-administrada. O compromisso recíproco poderoso de seus membros e deles com a comunidade é forjado pela insegurança de um mundo primitivo, no qual nenhuma autoridade central mantém a paz. Sem coesão, a sobrevivência seria impossível. A coesão imposta por esse imperativo natural permite aos membros da comunidade, ou, em outras palavras, membros de tribos, não só se governarem, mas também, quando surge a oportunidade, governar outros homens. A vida tribal é a escola da virtude política, e a única desse tipo. (Há uma exceção a esse princípio, que não passou despercebida a Ibn Khaldun, mas que ele não incorporou por completo ao seu pensamento: o sistema *mamluk*, que na verdade implementa a receita platônica — treine com todo o cuidado seus governantes, da infância em diante, e prive-os de riqueza e parentes, de modo a livrá-los da tentação.) A ausência de especialização é o corolário da virtude política tribal. Os membros da tribo são coesos porque se parecem uns com os outros e desconfiam de todos que são diferentes. Mais tarde, Émile Durkheim daria a esse tipo de coesão, baseada em semelhança, o nome de "solidariedade mecânica". Essa comunidade coesa mas generalista é inteiramente incapaz de criar as precondições materiais e culturais de uma vida plena e civilizada, embora, ao mesmo tempo, aspire à possuí-las e realmente delas *necessite.*

Essas necessidades econômicas e culturais só podem ser atendidas pelas aglomerações de especialistas intermediários, conhecidas como cidades. A cidade nasce, como em *A República*, de Platão, de necessidades inflacionadas, do surgimento de desejos que excedem o mínimo humano. Mas — e esta é uma diferença importante entre os dois pensadores (e as sociedades que eles refletem) — em Ibn Khaldun essas necessidades extras não se restringem à cidade e aos seus habitantes, mas estão presentes na sociedade em geral. A sociedade como um todo, e não apenas a cidade, precisa da cidade. Os rústicos coesos, embora incapazes de satisfazer suas necessidades com os recursos e capacidades que possuem, ainda assim as sentem, também.

A população urbana, em contraste, que pode satisfazer, e satisfaz, essas necessidades adicionais, tanto entre seus próprios membros quanto entre outros, paga, contudo, um alto preço por essa competência econômica e cultural, por sua *civilização.* Sua própria especialização e diversidade, e o fato de depender, para proteção dessas atividades, não de sua própria coesão (não tem nenhuma), mas de autoridade política superior e de força externa, implica que ela é politica e militarmente castrada. É pulverizada e torna-se incapaz de ação coletiva. Está condenada a ser governada e excluída de participação no governo. Precisa de governo, mas não pode por si mesma satisfazer essa necessidade.

A sociedade precisa de ordem e governo, por um lado, e das artes, ofícios e perícias culturais que tornam possível a vida civilizada. A essência da soberba interpretação de Ibn Khaldun de seu próprio mundo (que acreditava ser o mundo humano em geral) foi que cada um desses dois ingredientes indispensáveis era de fato fornecido, mas por partes distintas do corpo social geral.

O governo é a doação da tribo à cidade, e condições econômicas e sociais aceitáveis são a doação da cidade à sociedade em geral. Nenhum desses elementos pode viver de forma independente. Ambos são indispensáveis. É bom entender claramente seus métodos, mas seria inútil moralizar demais sobre eles e recomendar a universalização de um ou de outro. A coexistência dos dois elementos leva a um processo político cíclico, uma versão coletiva da circulação das elites, um giro da roda da fortuna: governantes enfraquecidos pelos benefícios da vida urbana precisam ser substituídos, em um *Stoffwechsel* político, por uma nova invasão tribal, que instaura uma nova dinastia com uma base revivida de poder tribal. Esse fato, porém, implica simplesmente giro de pessoal e não altera a estrutura geral.

Ibn Khaldun só deveria produzir um impacto no pensamento europeu no século XIX. Nessa ocasião, os europeus estavam preocupados com mudanças bem visíveis em sua própria sociedade e cada vez mais curiosos sobre sociedades que não haviam passado pelas mesmas mudanças ou que tinham seguido caminhos diferentes. Os fundadores do marxismo, por exemplo, interessaram-se pelo material que começava a fluir da Argélia após a conquista francesa, parcialmente em busca de documentação para sua idéia sobre a ausência da propriedade privada em sociedades arcaicas e/ou asiáticas.[1] No devido curso do tempo, Engels encontrou por acaso, e apropriou-se em sua totalidade, da visão de Ibn Khaldun. No seu "Contribuição para a História do Cristianismo Primitivo", publicado no *Die Neue Zeit* em 1894-5, bem depois da morte de Marx, Engels, na verdade, sumariou sucintamente o pensamento de Ibn Khaldun, embora não mencionasse seu nome. Não há dúvida de que o conteúdo da tradução de Slane lhe chegara às mãos, com toda probabilidade através do estudioso russo Kovalevski, que fora recebido por Marx em Londres. Engels salienta que o conflito entre moradores de cidade ricos e indolentes, e invejosos e puritanos membros de tribo, leva a uma revolução revivalista, legitimada pela religião, mas que, no fim, nada muda, a não ser por um giro de pessoal. Como é diferente conosco, em que a camuflagem religiosa do conflito social gera, apesar disso, uma mudança real! Desse modo, Engels, usando as idéias de Ibn Khaldun, propõe por implicação uma filosofia dual da história, que concede progresso ao Ocidente mas consigna o Oriente (os árabes, especialmente) à estagnação cíclica.

Conquanto não possa haver dúvida real de que as idéias de Ibn Khaldun influenciaram Engels, o fato interessante sobre Alexis de Tocqueville é que ele parece ter desenvolvido algumas das mesmas idéias, mas ter feito isso de forma independente. Ele apresenta o mesmo argumento fundamental sobre a indispensabilidade das cidades, no contexto da discussão da estratégia francesa no conflito com o emir Abd el Kader, na Argélia:

> Os árabes precisam mais de cidades do que eles mesmo compreendem... nenhuma sociedade, mesmo que apenas semicivilizada, pode passar sem

> cidades. Pode passar sem aldeias, mas não sem cidades. Os povos nômades não escapam mais dessa necessidade do que os outros e, na verdade, estão mesmo mais sujeitos a ela.[2]

O argumento havia sido aparentemente sugerido a Tocqueville por observações que chegaram a seu conhecimento, feitas por membros de tribos em negociações relativas à troca de prisioneiros. Os árabes, embora permanecessem leais a Abd el Kader, ainda assim se queixavam amargamente das condições a que haviam sido reduzidos pela exclusão do comércio com os franceses. De que valem nossos rebanhos, disseram eles, se não temos acesso às cidades, nas quais podemos comprar o que precisamos mas nós mesmos não podemos fabricar? Os rebanhos, para eles, tinham evidentemente, e acima de tudo, valor de troca.

Tocqueville aborda também a questão que se tornaria fundamental para o estudo sério do Maghreb, isto é, a mecânica interna do controle social e da coesão na unidade rural autogovernada, algo que constituía o dado básico para Ibn Khaldun, mas cuja dinâmica interna ele não examinara em detalhe. Tocqueville vacila, por um lado, entre enxergar paralelos entre a centralização tentada na Argélia por Abd el Kader e a que havia sido conseguida por Carlos VII na França no século XV, e por outro, a grande diferença entre tentar uma centralização desse tipo na sociedade tribal e na feudal. A centralização em uma sociedade segmentada é mais difícil do que no tipo de sociedade que conhecemos na Europa.[3]

Esse tema veio finalmente a predominar. Um dos trechos mais decisivos e influentes ocorre no clássico *Da divisão do trabalho social*, de Émile Durkheim. Mas por trás de Émile Durkheim havia o muito injustamente esquecido Émile Masqueray e o seu *Formation de cités chez les populations sédentaires de l'Algérie*.[4] Foi Masqueray quem, em seu estudo dos três principais grupos berberes argelinos (com um olhar de soslaio ao Marrocos central), reuniu o material que no devido tempo culminaria na teoria da "segmentação". Durkheim concede-lhe uma nota de rodapé,[5] que divide com Hanoteau e Letourneux, os compiladores do direito consuetudinário dos kabilas. Durkheim, porém, deve muito a Masqueray. Durkheim formulou a idéia da organização social segmentária, na qual os grupos são não apenas compostos de subgrupos semelhantes e que se assemelham a grupos vizinhos, mas na qual assemelham-se também aos grupos maiores de que fazem parte. Na formulação do modelo, Durkheim usa os kabilas como exemplo. E continua, comentando o controle social da propriedade, que exagera, e que para ele é tão-somente um corolário da ausência de individualismo nesse tipo de sociedade, o que o interessa menos do que interessou aos marxistas.

Duas linhas correm a partir de Masqueray e Durkheim até o presente. A mais famosa, pelo menos no mundo de língua inglesa, parte de Durkheim até o falecido Sir Edward Evans-Pritchard, através do qual a "segmentação" tornou-se um dos termos mais usados no vocabulário do antropólogo social. Evans-Pritchard aplicou a idéia em seu estudo dos nuer do Nilo e dos beduínos da Cirenaica, o mais perto que chegou de trabalho no Maghreb. Em suas mãos, ela se tornou uma teoria extensamente usada sobre a maneira como a ordem social pode ser mantida na ausência do Estado. Grupos igualitários, altamente participativos (pelo menos, no que interessa a homens chefes de família) mantêm a disciplina interna através de oposição a outros grupos semelhantes, perante os quais são coletivamente responsáveis por crimes cometidos por seus próprios membros. Internamente, a ordem é, da mesma maneira, mantida por oposição a subgrupos. A inimizade tradicional entre famílias, o juramento coletivo, o pagamento, recebimento e distribuição coletivos de pagamento de assassinatos são as formas naturais das relações em sociedades desse tipo. O ato equilibrador entre os grupos é repetido em certo número de níveis de tamanho, tantos quantos corresponderem a possíveis pontos de conflito. Esse fato produz o característico efeito de "aninhamento", sendo os grupos partes de grupos maiores que organizacional, funcional e terminologicamente se parecem com eles, de modo que não há um nível ou unidade proeminente ou decisivo. A "oposição equilibrada" é encontrada em todos os níveis. Grupos têm apenas uma fraca liderança, que, na prática e às vezes na lei, é eletiva e depende do apoio dos liderados. Os grupos só são ativados e levados à cooperação efetiva pelo conflito, embora sejam periodicamente lembrados de sua existência por ritual. O equilíbrio de poder e a ativação da coesão por ameaça externa, que é apenas *um* princípio de manutenção da ordem em outras sociedades, nesse caso torna-se *a* mais importante e praticamente a única.

A outra linha de influência procede diretamente de Masqueray para Robert Montagne, cujo *Les Berbères et le Makhzen* (Paris, 1930), estuda especificamente o Marrocos e cuja dívida com Masqueray é tão evidente como a de Evans-Pritchard com Durkheim (e mais reconhecida). Os antropólogos sociais britânicos estavam mais interessados na mecânica da manutenção tribal da ordem do que nas relações tribo-estado, ao passo que Montagne interessava-se por ambas. Em conexão com o primeiro problema, sua teoria sobre o papel crucial das metades, das *esquerdas*, lembrava a teoria Durkheim/Pritchard, exceto na medida em que deixou de incluir o efeito de "aninhamento", ou seja, a operação do mesmo princípio de "oposição equilibrada" em níveis de tamanho muito diferentes. Por outro lado, ele contribuiu com uma importante e fascinante teoria sobre a oscilação dessas sociedades entre duas formas, o modelo participativo igualitário por um lado, e, por outro, a emergência efêmera de chefias fortes. Ele teve também muitas coisas interessantes a dizer sobre a relação entre tribos e chefes e o Estado. Masqueray e Montagne foram também diretamente influenciados por Ibn Khaldun e podem ser considerados como membros de sua linhagem intelectual. Montagne influenciou o antropólogo americano Carlton Coon e assim, através dele, David Hart.

A idéia de que o homem primitivo, ou melhor dizendo, talvez, o homem sem o Estado, é mais coletivista do que anarquista, tem um amplo alcance e seria absurdo reivindicar para ela uma origem norte-africana. Ainda assim, Ibn Khaldun e seus sucessores (tanto os que o leram quanto os que foram influenciados pelo mesmo material norte-africano) proporcionam uma das ilustrações mais concretas e realistas desse argumento. Mostram que Thomas Hobbes errou: a vida do homem pré-Estado não era solitária, medíocre, sofredora, brutal e curta. Ao invés disso era gregária e coesa, relativamente próspera, humana e participativa e com possibilidade de longevidade tão boa quanto a de seus contemporâneos centralmente governados. O próprio Estado nasceu da coesão de comunidades sem Estado, e a pulverização é a conseqüência da ordem política, e não de sua ausência...

No devido tempo, a idéia de segmentação, com um conteúdo algo modificado, migrou também da antropologia social para a ciência política e foi usada para caracterizar e, esperava-se, explicar o tipo de sistema político no qual redes rivais de patronagem lutam por controle, cruzando a estratificação social e usando a ideologia apenas no sentido mais nominal e superficial. Esse enfoque é visível, por exemplo, no influente estudo de John Waterbury sobre o sistema político marroquino, *The Commander of the Faithful.*

Com o fim do colonialismo, toda essa tradição, ou conglomerado de tradições, passou a ser sujeita a uma crítica incessante. Robert

Montagne constituiu sem dúvida o ápice da etnografia colonial e da sociologia francesa no Marrocos, e por isso suas idéias sofreram por associação à sua posição política. O último livro que escreveu, não muito antes de falecer, *Révolution au Maroc*, previu o fracasso do nacionalismo marroquino e foi quase que imediatamente desmentido pelos fatos. Ainda assim, embora tivesse errado no prognóstico, o mesmo não se pode dizer da análise em que se baseou. Ele usou as razões certas para chegar à conclusão errada. Argumentou que os nacionalistas ideológicos não poderiam ter sucesso porque ignoravam as realidades sociais do campo marroquino. Se reformularmos a questão e perguntarmos por que o centro tradicional de autoridade prevaleceu sobre os radicais esquerdistas, poderemos ainda obter um bom grau de esclarecimento com o livro.

Mas tudo isso é um debate relativamente específico e coisa do passado. Em décadas mais recentes, a antropologia social anglófona passou por uma nova e curiosa mutação, dentro da qual podemos discernir dois tópicos. O primeiro, a convicção de que o tema deve ser o estudo não de estruturas sociais, mas de sistemas de significado ("culturas"). O outro, o desejo avassalador de expiar os pecados do colonialismo. Os dois temas têm um elo curioso. Sustenta-se que o estudo de estruturas sociais implica ver em nossos próprios termos as estruturas sociais de outros povos, e essa orientação foi de fato usada como meio de dominação e como ratificação da dominação. A clareza e objetividade a que esse tipo de antropologia aspirava eram espúrios. Em contraste, se começamos da igualdade básica de todos os sistemas de significado e tentamos meramente transmitir um sistema a membros de outro, nós nos abstemos de reivindicar ou endossar desigualdades *e* conseguimos aprimorar nosso método. O método "interpretativo" garante igualdade intercultural; a igualdade intercultural exige o método interpretativo.

É apenas um acaso que muitos dos praticantes mais influentes dessa versão hermenêutica-relativista, seja em sua forma antiga e moderada (Clifford Geertz), seja em sua versão mais extrema (Paul Rabinow, Vincent Crapanzano), trabalharam no Marrocos? O que quer que tenha sido, a conseqüência curiosa é que problemas muito específicos a respeito da manutenção da ordem no campo marroquino são discutidos extensamente no contexto de uma questão geral extremamente abstrata e esquiva sobre a própria natureza da sociedade e a possibilidade de compreendê-la. Seria a ordem mantida (ou teria sido) por grupos de primos patrilaterais que mutuamente se infundiam medo e acabavam por se controlar uns aos outros? É uma boa pergunta concreta — discutida amplamente no contexto de se há uma maneira objetiva de descrever sociedades, se essa objetividade disfarça a dominação e se o procedimento correto é transmitir significados estranhos através de expedientes literários excêntricos e obscuros. Cabe acrescentar que nem todos os críticos da teoria da segmentação são motivados por interesses mais amplos e abstratos: estudiosos como Abdallah Hammoudi, Henry Munson e Dale Eickelman foram levados a criticá-la por razões muito concretas.

Este não é o lugar para resolver a questão mais geral ou mais limitada, se é que elas serão um dia definitivamente solucionadas. Tudo que tentei fazer, com brevidade e tanta objetividade quanto me foi possível (dado que tenho fortes idéias sobre esses assuntos) foi resumir as questões e esboçar a história do debate. Omiti estudiosos cuja obra não se relaciona diretamente com este debate (Fatma Mernissi, Jacques Berque, André Adam, L. Rose, H. Geertz, Raymond Jamous, Ken Brown, D. Seddon, Elaine Combs-Schilling, Vanessa Maher, e muitos outros).

Mas talvez divirta os marroquinos, e os maghrebianos em geral, descobrir como sua sociedade foi usada como teste de projeção (política e filosófica) pela grande comunidade erudita. Cabe-nos apenas aguardar impacientes seu veredito.

## NOTAS

1. Ver *Marxisme et Algérie. Textes de Marx/Engels.* Apresentados por René Gallissot com a colaboração de Gilbert Badia (Paris, 1976)

2. Citado em *Alexis de Tocqueville, De la Colonie en Algérie.* Apresentação de Tzvetan Todorov (Editions Complexe, Bruxelas, 1988), p.81.

3. Tocqueville, p.65 e seg.

4. Ernest Leroux, Paris, 1886. Reeditado com "apresentação" de Fanny Colonna (Edisud, Aix en Provence, 1983).

5. *De la division du travail social,* 10ª ed. (PUF, Paris, 1978), p.152. [Ed. bras.: *Da divisão do trabalho social.* São Paulo: Abril Cultural, 1978.]

# 14
# Lawrence da Morávia

Alois Musil (1868-1944) é conhecido pelos antropólogos ocidentais apenas como o autor de *Hábitos e costumes dos beduínos Rwala* (1928). O livro é o padrão e, até hoje, provavelmente, a melhor etnografia sobre os beduínos do norte da Arábia, extensamente usada (com o devido crédito) por autores subseqüentes sobre o assunto, como, por exemplo, Michael Meeker no seu *Literature and Violence in North Arabia* (1979). Há ainda um estudo posterior importante sobre os rwala, de autoria de William Lancaster, *The Rwala Bedouin Today* (1981). À parte esses livros, pouco ou nada mais se sabe sobre Musil no Ocidente. Dois escritores austríacos (*Musil von Arabien: Vorkämpfer der islamischen Welt,* de Erich Feigl, Ullstein, Berlim, 1988, e *Alois Musil: Wahrheitssucher in der Wüste,* de Karl Johannes Bauer, Böhlau, Viena, 1989) escreveram sua biografia e, em tcheco, é encontrado algum material sobre ele, especialmente alguns ensaios biográficos e uma bibliografia, que foram publicados por ocasião do centenário de seu nascimento em 1968, ano em que, no entanto, acontecimentos mais espetaculares em Praga desviaram a atenção das comemorações.

As duas biografias em alemão não são independentes uma da outra: Feigl, um jornalista, publicou a primeira, mas reconheceu a ajuda de Bauer, o historiador, que apresentou sua dissertação de doutorado em 1985 e, mais tarde, transformou-a em livro. As duas obras coincidem até certo ponto tanto em material quanto em interpretação. A impressão, as fotografias e a bagagem erudita são melhores no livro de Bauer; o mapa, de importância crucial, das viagens de Musil é mais legível no livro de Feigl, que também cabe melhor no bolso. Aparentemente, nenhum dos dois autores falava a língua tcheca, o que era uma condição necessária, embora talvez não suficiente, para interpretar o *pensée intime* de Musil.

É estranho o fato de Alois Musil ser tão pouco conhecido, na medida em que ele foi um dos homens mais notáveis deste século, tendo levado uma vida de profunda importância em uma grande variedade de sentidos. Em primeiro lugar, o fato mais espetacular, embora talvez não, no fim, o mais importante: ele foi o T.E. Lawrence das Potências Centrais no outro lado da Primeira Guerra Mundial. Provavelmente, foi um soldado mais eficiente e bem-sucedido do que Lawrence, não só porque chegou a um posto mais alto — major-general, ou vice-marechal —, mas porque realizou mais, com meios mais escassos e muito menos apoio. O objetivo de Musil era impedir que as tribos e xeques do norte da Arábia lutassem entre si ou contra os turcos e, se possível, fazer com que resistissem aos ingleses e seus aliados. Nesse sentido, parece ter obtido êxito: o simples fato de que os turcos resistiram em Medina até o fim da guerra, o fato de pequenos trens continuarem usando a estrada de ferro de Hejaz (tendo sido, em certa ocasião, saqueados pelos homens de Lawrence), e o fato de que os sucessos de Lawrence tenham surgido tarde na guerra não afetaram muito seus resultados — tudo isso confirma o sucesso de Musil. Os dois tinham conhecimento um do outro. Lawrence notou que coisas estranhas estavam acontecendo, que um austríaco, como o descrevia, estava prestando assessoria ao Estado-maior do exército turco em Damasco. E ironicamente acrescentou que tinha esperança de que os turcos usassem melhor os conhecimentos especializados de Musil do que os ingleses utilizavam os seus.

Musil teve oportunidade de manifestar sua opinião sobre seu rival inglês em um debate transmitido pela rádio tcheca em 1935, após Lawrence ter se suicidado em sua motocicleta. O título da palestra incluía a palavra “lenda” e não era destituída de espírito crítico; Feigl notou que ela invalidava a opinião geral de que obituários nunca são confiáveis. Bauer cita mais demoradamente esse debate. Musil menciona o conhecimento deficiente da língua árabe por parte de Lawrence; o fato de que, embora realmente constituísse o flanco direito do exército britânico na Palestina e na Transjordânia, ele nunca pôs os pés na Arábia propriamente dita e nela era desconhecido; que o ouro, e não o carisma pessoal, é que lhe trouxeram seguidores, que por sua vez o deixaram logo que o ouro deixou de aparecer. Musil evidentemente não admirava o adversário, cuja fama excedera tanto a sua. Mas o respeitava muito como escritor e pensava que em seu gênero — que não definiu — nunca houve nada tão bom desde as Guerras Napoleônicas.

Quem, então, foi esse "austríaco" que trabalhou tão bem, mas que, ainda assim, permaneceu desconhecido, enquanto Lawrence transformava-se em lenda, e por que a fama o ignorou? Trata-se de uma história fascinante e importante.

Alois Musil não era etnicamente austríaco, embora fosse, enquanto durou o Império, súdito extremamente leal e, na verdade, dedicado dos Habsburgo. Descendia de um camponês morávio, que devia ter pertencido a uma sólida família de pequenos proprietários rurais, uma vez que a árvore genealógica da família pode ser rastreada até princípios do século XVIII. Até hoje há esterco no quintal da casa da família, ora ocupada pelo idoso último sobrinho sobrevivente de Alois Musil, cuja esposa se queixa amargamente de que a safra de maçãs, encalhada porque frutos importados enchem o mercado, ocupa toda a sala de visitas. Ele era primo em segundo grau do incomparavelmente mais famoso Robert Musil, o autor de *O homem sem qualidades*. Alois e Robert se conheciam e se correspondiam, e há uma ligação importante entre o homem que escreveu ironicamente sobre "Kakania", como Robert se referia com ironia ao Império Austríaco, e o homem que tentou salvá-lo. Grande parte da vida de Alois parece ter saído diretamente do grande romance de Robert. Mas o ramo da família de Robert Musil — os dois tinham um bisavô comum — havia ascendido no mundo no seio da classe média ou alta, adquirindo um "von" no processo (que Robert, no entanto, não se dignava a usar), enquanto a família de Alois permaneceu na terra, ainda camponesa, sólida e próspera. Alois, que tinha sentimentos populistas, observou mais tarde em sua vida que uma nação depende de seus camponeses, que estão perto da terra. De forma bem característica, a ascensão do ramo de Robert implicou germanização, ao passo que o de Alois permaneceu profundamente tcheco em cultura e em espírito.

Tal como muitos outros filhos de camponeses da área, Alois ingressou na Igreja, tendo resolvido escolher esse caminho na época em que freqüentava a escola secundária. Era séria sua vocação, os interesses o inclinavam para o estudo e para a fé, e foi essa propensão que, estranhamente, o conduziu a um alto posto militar e a grandes realizações. Os dias das ordens religiosas militares e do soldado-monje são coisas do passado remoto (mesmo que um recente arcebispo de Canterbury tenha sido condecorado com a Cruz Militar), mas é interessante a ligação entre as duas esferas de atividade: foi a fé que inspirou a erudição que, por sua vez, veio a ser de valor militar. Alois teve como patrono inicial na Igreja o famoso arcebispo Kohn, de Olomouc, de origem camponesa rústica como ele, mas também judeu convertido, que se recusou a lisonjear o anti-semitismo mudando de nome. Circulou uma história, sem dúvida apócrifa, dizendo que, quando assinou o decreto que o nomeava arcebispo, Franciso José perguntou preocupado, "Ist er wenigstens getauft?", ("Ele foi pelo menos batizado?"). Kohn, mais tarde, pressionado pelo Papa, pediu demissão do cargo. Musil, por seu lado, foi acusado de inovação *in articulis fidei.*

O filho de camponês que se tornou padre tinha uma preocupação teológica: o monoteísmo. Esse interesse continuaria a ser o tema dominante de sua vida. Entre os árabes, escolheu o nome Musa e deu à sua casa em terras tchecas o nome de Vila Musa. A fé pode tê-lo convencido da validade do monoteísmo, mas esse fato de modo nenhum lhe inibiu a curiosidade e a teorização sociológica sobre suas origens sociais. A teologia levou-o ao Velho Testamento, ao interesse pela sociedade do Velho Testamento, pelo idioma hebraico e, em seguida, pelo árabe, pelo contexto geográfico dos eventos contados no Velho Testamento, e pelas sociedades que, no seu tempo, habitavam aquela região. Não se tratava de uma curiosidade infundada: Musil convenceu-se de que o *deserto* fornecia a pista para a origem e mesmo a preservação do monoteísmo. Pastores nômades não haviam sido convertidos ao monoteísmo; fora seu espírito, seu estilo de vida, que o havia gerado.

Como estudioso do Velho Testamento, ele investigou a toponímia da Bíblia. Convenceu-se, por exemplo, de que o Monte Sinai autêntico se situava a leste de Aqaba, uma colina vulcânica sem relação com a montanha que hoje é assim conhecida. Essa conclusão parece fazer sentido: pessoas que fugiam do Egito dificilmente escalariam uma alta e árida montanha localizada na rota de volta ao Egito. Um local a leste do golfo de Aqaba é muito mais plausível. Mais ou menos na mesma época em que Malinowski absorvia as idéias filosóficas de Ernst Mach, que o ajudaram a transformar a antropologia de uma disciplina especulativa-histórico-genética em outra sincrônica-social, Alois Musil mudava analogamente do interesse pelo deserto arábico como local da história do Velho Testamento para o interesse pelos seus atuais habitantes. No centro desse interesse estavam as raízes do monoteísmo na experiência social, e não na revelação. Era, na realidade, a mesma direção de pensamento: o papel social, e não a origem histórica, é que fornecia a explicação correta. Alois Musil, no entanto, simplesmente pôs em prática esse *insight*, sem transformá-lo em teoria. Foi, na verdade, acusado de escrever versões naturalistas dos milagres bíblicos. Robert Musil, tal como Malinowski, estudou Ernst Mach para escrever sua tese de doutorado. Que mundo pequeno.

O conhecimento especializado adquirido enquanto tentava compreender a sociedade do Velho Testamento e a moderna sociedade dos beduínos — com base na suposição de que elas se assemelhavam — acabou por produzir conseqüências mundanas. O príncipe Sixtus de Bourbon-Parma (cuja irmã, Zita, era esposa do príncipe herdeiro e portanto, após 1916, a última kaiserina austríaca) estava ansioso para fazer uma viagem de aventuras ao Oriente Médio. A proporção de romantismo e desejo de conquistar influência política em sua motivação é às vezes alvo de especulação. Nominalmente, e sob pseudônimo, o príncipe foi o chefe da expedição. Esta, porém, necessitava também de um estudioso/guia e quem melhor para isso que o homem que, naquela época, possuía grande reputação como explorador e erudito? Os britânicos haviam tentado nada menos que três vezes recrutar seus serviços. Caso tivesse aceito as propostas britânicas, ele poderia ter realmente sido não a contra-imagem austríaca de Lawrence, mas sim, por assim dizer, o próprio Lawrence. Em 1906, Musil era suficientemente conhecido como cartógrafo-explorador de terras árabes para ser convidado pelo ministro do Exterior britânico, Sir Edward Grey, para traçar a fronteira entre o Egito ocupado pela Grã-Bretanha e a Palestina otomana. Musil aceitou a missão, causando alguns problemas muito mais tarde no século: os israelenses construíram um hotel no lado ocidental de Eilat (local de veraneio que certamente não existia na época de Musil), e os egípcios reivindicaram a posse do território, tendo o mapa de Musil provado que tinham razão. Antes de Musil, é claro, não havia uma fronteira clara.

Mas ele não se juntou aos britânicos na guerra. Em vez disso, graças às suas ligações, nesse momento firmes na corte dos Habsburgo, tornou-se uma *éminence grise* em Hofburg. No devido tempo, começaram a circular boatos sobre a influência daquele padre tcheco. Na verdade, na ocasião havia dois padres católicos que mantinham ligações pessoais e ocupavam posições na corte: Musil e seu amigo e colega erudito Pater Schmidt, chefe da escola antropológica austríaca, também muito interessado em monoteísmo e bem conhecido por sua opinião sobre o monoteísmo como religião inicial da humanidade, que fora perdida ou diluída por uma espécie de desenvolvimento religioso degenerativo. Ele combinava essa idéia com um tipo de teoria difusionista centralizada na Babilônia. O padre Schmidt estava evidentemente satisfeito com a etnografia de Alois Musil, que parecia confirmar suas idéias mais gerais.

Quando, mais tarde, ouviram-se alusões cruéis a um Rasputin Habsburgo, não ficou inteiramente claro se o alvo era Musil ou Schmidt, talvez ambos, uma vez que agiam de comum acordo. Há algo de estranho no fato de Musil ser descrito dessa forma: esse padre ponderado, incrivelmente trabalhador, puritano, apaixonadamente atraído pelas formas puras, sem mediador, da fé, dificilmente podia ser mais diferente do *homem de Deus* destemperado e rústico da corte czarista. Rasputin dera uma importante contribuição para a destruição do império Romanov, ao passo que Musil fez outro tanto para salvar o dos Habsburgo.

Promovendo pessoalmente uma "Pax Austriaca" no deserto que se estende entre a Palestina, Síria e Iraque, ele protegeu os flancos dos exércitos turcos que enfrentavam os britânicos que subiam de Basra e do Egito. As políticas tribais do período eram muito complexas, embora saibamos muita coisa sobre elas graças ao trabalho de estudiosos como John Kelly, Madawi Al-Rashid e Joseph Kostiner. Musil chegou mesmo a pensar em uma invasão beduína do Egito através do Sinai, o que teria sido uma imagem invertida do avanço posterior de Lawrence na direção de Damasco. Suas realizações foram conseguidas a despeito dos turcos, e não com ajuda deles: Enver Pasha não o suportava e até mesmo desconfiava dele, e tentou sabotar seu trabalho. De seu ponto de vista, ele provavelmente teve razão: Musil não parecia gostar muito de turcos ou prussianos e imaginava algum tipo de Oriente Médio Austro-Árabe. Como é provado pela documentação contida no livro de Bauer, ele não se importava em contar mentiras aos alemães, com vistas a desorientá-los sobre a situação na península. A duplicidade tinha troca. Exatamente na mesma ocasião em que, ao que parece, de acordo com o depoimento de Musil em seu próprio livro escrito em tcheco, *Mezi Samary ("Entre os Shammar",* 1931), Enver Pasha dava-lhe instruções para negociar a paz entre os rashidis de Hail e os sauditas, instruía também diretamente os rashidis para que continuassem lutando contra os sauditas, que considerava aliados dos britânicos e traidores.

Musil esteve perto dos combates na complexa guerra entre os vários quase-estados tribais, notadamente entre os shammar e os sauditas. Ele fez uma vívida descrição da morte de um agente britânico que trabalhava para os sauditas, baseando-se em um relatório que lhe foi feito diretamente pelo negro (como o chama) Ibrahim an-Nodeli:

> Este é o revólver que tomei do inglês em Adzhrab. Ele usava um grande chapéu branco e operava o canhão. Disparou sete tiros, mas nenhum deles acertou o alvo... caíram na areia, sem explodir... Nós nos lançamos contra a guarnição da peça e a pusemos em fuga. O inglês não fugiu, permaneceu junto ao canhão até o último momento. Vendo que havia sido abandonado, olhou em volta à procura do cavalo, que fora levado pelos defensores que fugiram. Começou a correr, afundando na areia. Esporeei minha égua... De repente, um tiro, a égua caiu e eu com ela. Segui a pé o inglês. Estou acostumado à areia e ele não estava, e eu estava descalço e ele usava botas. Logo o alcancei. Ele parou, virou-se e levantou as mãos acima da cabeça, sorrindo. Atirei e acertei nele de lado. Caiu de joelhos e, mais uma vez, ergueu os braços... Saquei da espada e abri sua cabeça em duas. Ele devia ter uns quarenta anos de idade. Saud ibn Subhan enviou suas roupas e chapéu para Medina.

Musil, de modo muito característico, repetiu friamente a história, sem comentários.

Ele não diz o nome do homem que literalmente se manteve firme até o fim, foi abandonado (e roubado de seu cavalo) pelos companheiros e, em seguida, assassinado, sorrindo sob o grande chapéu branco, pelo seu captor. Evidentemente esse homem foi o capitão Shakespeare, nessa ocasião agente britânico adido aos sauditas. O fato parece ter acontecido no dia 22 de janeiro de 1915. Musil comunicou-o inicialmente a Viena, ao barão Burian, o novo ministro do Exterior, em carta datada de 27 de fevereiro de 1915. O que parece ter sido a mesma história foi incluído em relatório enviado em 28 de junho ao embaixador alemão em Istambul, e que se encontra atualmente em Bonn, nos arquivos alemães referentes à Primeira Guerra Mundial. Nessa ocasião, ele procura reduzir a importância da pequena batalha: não houve vitória dos rashidis sobre os sauditas, apenas sobre um segmento dos shammar, que haviam passado para o outro lado, e o inglês não estava envolvido: o infeliz artilheiro europeu, diz ele, "era presumivelmente um holandês de Batávia, um mercenário a serviço de Feysal ben Er-Rashid". Nesse relatório, ele diz claramente que esteve presente à luta em Adzhrab, a localização antes mencionada como local da morte do oficial inglês. Os ingleses se referem a esse encontro como a Batalha de Jarrab. Por alguma razão, era importante para Musil dissuadir os alemães de pensar que o inglês esteve envolvido e que os sauditas haviam sido derrotados. Bauer reproduz os dois relatórios sem, contudo, comentar o fato de que eles evidentemente se referem ao mesmo episódio ou notar a discrepância deliberada entre eles, ou mesmo discutir os possíveis motivos disso.

As atividades de Musil no deserto, importantes e impressionantes como tenham sido, não constituíram sua tentativa mais importante para mudar o curso da história do século XX e salvar o Império. O episódio que assinala o ponto alto de sua influência, e que naturalmente se reveste de maior fascínio para os austríacos, foi a tentativa secreta feita pelo Império Austríaco e a dinastia de salvar-se mediante uma paz em separado. O irmão da imperatriz, a quem Musil servira de guia no deserto, era também um Bourbon (agudamente consciente, como ele mesmo disse em carta a Musil, de ter nada menos de 56 soberanos entre seus ancestrais. Ninguém pensaria que houve tantos tronos e espaço de tempo para abrigar tantas cabeças coroadas, mas, presumivelmente, os pequenos principados soberanos da Itália tornam essa contagem mais ou menos possível), e suficientemente bem colocado através de suas relações para fazer sondagens junto aos Aliados sobre a possibilidade de uma paz em separado, o que poderia salvar a dinastia. Por razões óbvias, tratava-se de uma operação extremamente delicada: a idéia básica era salvar a monarquia do Danúbio de desmembramento traindo os aliados turcos e alemães. Em termos grosseiros, a proposta feita aos Aliados foi a seguinte: vocês deixam que os Habsburgo continuem a mandar no vale do Danúbio e os franceses podem ter a Alsácia-Lorena e, os russos, Istambul. Em uma carta que pode ou não constituir prova incriminadora da cumplicidade de Musil, ele diz que a perda de Istambul seria menos desastrosa para os turcos do que a perda dos lugares sagrados de Hejaz.

Poincaré resolveu manter em sigilo a sondagem: logo que fosse divulgada, a iniciativa teria que ser desmentida. Não era apenas o caso de que traição nunca prospera, porque, se isso acontece, ninguém ousa chamá-la por esse nome — mas é também o caso de que, se fracassa, ninguém admite que a tentou. Sendo assim, o que realmente aconteceu constitui matéria de discussão e especulação entre os historiadores: a imperatriz Zita, irmã do amigo e companheiro de viagem de Musil, viveu tanto que teve oportunidade de sobra de comentar essas intrigas, mas se contradisse com tanta freqüência que, como observa Bauer, seu depoimento nenhum valor tem e inspira suspeitas, até hoje, de que foram tentativas de obscurecer a verdade.

O depoimento do próprio Musil, por outro lado, parece bem claro: em 1917, era óbvio para o novo imperador Karl e para o próprio Musil que a guerra estava perdida e que alguma coisa desse tipo precisava ser tentada. Coube a Musil redigir algumas das cartas mais importantes ligadas ao caso. Os dois padres de Hofburg eram importantes teóricos do monoteísmo, e a pesquisa de campo inspirada por esse interesse levou não só à ajuda decisiva no terreno, nos flancos das frentes de guerra da Mesopotâmia e Palestina, mas também à diplomacia secreta da guerra.

É essa mistura de alta erudição, alta sociedade e alta política, tudo isso a serviço da salvação da cultura austro-habsburga e do corpo político que faz com que a vida de Alois pareça ter saído diretamente das páginas do romance do primo Robert. Os dois se conheciam e se correspondiam. É difícil não desconfiar que as comemorações e intrigas descritas em *O homem sem qualidades* foram na verdade inspiradas pela Sociedade Orientalista, fundada, entre outros, por Alois, para promover a influência, o comércio e cultura austríacos no Oriente: a comissão de fundação incluía *tout Vienne* — o príncipe herdeiro, o prefeito de Viena, Freiherr von Skoda, das fábricas Skoda, *und so weiter*. Aqui encontramos também todos os elementos da Campanha Secundária do romance.

Musil fracassou em ambos os ambiciosos planos: nenhuma paz foi negociada que salvasse os Habsburgo e, enquanto Lawrence e seus beduínos, no fim, chegaram a Damasco, Musil e os seus nunca chegaram a Suez. O fato de que a história é cruel com os perdedores constitui apenas parte da explicação do motivo por que a fama passou ao largo de Musil: enquanto Lawrence tinha um gênio para a publicidade, enquanto fingia fugir dela (um jeito no qual encontrava rival apenas no colega austríaco de Musil, Wittgenstein), Musil em sua velhice realmente a evitava e se recolheu aos estudos eruditos. Embora sua cartografia e etnografia dos Rwala tenham surgido em inglês, a descrição de suas aventuras só foi publicada em tcheco e, dessa maneira, continuou desconhecida do público internacional. Em estilo direto e imparcial, seu contexto político-militar, embora mais do que óbvio, não foi explicitamente mencionado: as viagens são contadas, de forma visível e quase provocadora, sem a menor explicação do motivo por que, para começar, ele esteve na região. A torturada intensidade de Lawrence despertava interesse literário: a simplicidade do estilo de Musil — ele praticava a simplicidade, além de valorizá-la — fez com que, no fim, fosse tratado como autor de livros de aventuras para a mocidade tcheca. Se a vida de Musil pertencia, de fato, ao *fin de siècle*, o mesmo não acontecia com seu estilo: nada havia nele de obscuridade tortuosa e ainda não encontrei em sua obra uma única frase que não fosse simples e clara.

Dessa maneira, a despeito dos esforços de Musil, no deserto ou na diplomacia secreta, o Império Habsburgo não foi salvo e, ao contrário, foi desmembrado. Feigl culpa o chauvinismo étnico míope do primeiro governo republicano austríaco, em seguida à Primeira Guerra Mundial, por ajudar a expulsar Musil da Áustria e de Viena, através de um decreto que facilitava a dispensa de todos os servidores públicos "não alemães-austríacos". Não era intenção implementá-lo contra Musil, mas, no que não é de surpreender, dadas suas realizações, ele se sentiu magoado por ter que preencher formulários ou se ver como *sub judice*. Feigl acusa esse decreto de ter, por assim dizer, se antecipado e mesmo superado as Leis de Nuremberg de Hitler, na gana de restringir as oportunidades de emprego, na então reduzida Áustria, a austro-alemães. Os eruditos de Viena, no entanto, queriam que Musil permanecesse lá, enquanto os de Praga tinham esperanças de atraí-lo. Fosse ou não resultado desse cabo-de-guerra, Praga ganhou. Não obstante, houve um protesto em fevereiro de 1919, no novo parlamento tcheco, contra a nomeação do homem que havia servido com tanta distinção no outro lado. Musil, no entanto, contava com padrinhos poderosos, acima de todos com o novo presidente, Tomás Masaryk.

Há uma grande ironia nisso tudo: durante o tempo em que Musil se esforçava, em dois níveis muito diferentes, para salvar a monarquia dos Habsburgo, Masaryk fazia o máximo para destruí-la. Durante a guerra, Masaryk adotou a estratégia de tentar convencer os Aliados da importância da contribuição tcheca para a vitória, de modo a, como prêmio, obter a independência do país, e se apenas Musil tivesse respondido favoravelmente às sondagens dos britânicos e houvesse sido tão eficaz no lado deles como foi no lado da Áustria,

Masaryk teria sem dúvida lembrado suas realizações. Elas, no entanto, tinham que ser reduzidas de importância e isso, juntamente, talvez, com a simplicidade de seu estilo, explica a obscuridade de Musil. A despeito de seu envolvimento com o lado errado, o ministro do Exterior tcheco pensou em levá-lo para as conversações de paz de Versalhes, mas desistiu à luz da consideração de que os britânicos pediriam sua prisão. Esse fato não parece plausível: Musil não era culpado de nenhum crime de guerra e teriam os britânicos o poder ou a inclinação de prender membros de uma delegação *aliada* enviada a Versalhes?

Masaryk, nessa ocasião como em outras, agiu com generosidade e fez o que podia para ajudá-lo após a guerra: além de auxiliá-lo a conseguir a cátedra de idioma árabe na Charles University, apresentou-o também a Charles Robert Crane, um americano patrono da cultura (cuja família, incidentalmente, deu a Masaryk sua nora americana). Este fato resultou, por fim, na publicação, por iniciativa americana, do único livro que o levou a tornar-se conhecido entre os antropólogos. Dedicado a Masaryk, o livro manifestava gratidão pelo estímulo recebido. Foi impresso em Praga. O livro é ilustrado também com um retrato de Musil, em traje beduíno, descrito na legenda como um xeque rwala, Musa. George Sarton, diretor da revista *Isis*, ao fazer a resenha do livro, concluiu à vista do texto que o culto xeque Musa devia ter ajudado Musil em suas pesquisas. E, de fato, ajudou. Musa era Musil.

Musil e Masaryk haviam estado em campos diametralmente opostos em seus trabalhos durante a guerra. À parte isso, havia muito mais para juntá-los do que separá-los e é razoável pensar que sentiam uma forte simpatia mútua. Ambos eram camponeses morávios de origem, haviam subido desse ambiente formativo para se tornar professores e ambos gravitaram inicialmente para Viena. Ambos eram fortes e valentes, eram Hanáks, nativos da planície de Haná, no sul da Morávia, e ambos viveram claramente à altura da reputação de obstinação e coragem dos Hanák. "Hanáci drzte se" (Os Hanáks não se entregam) era um provérbio mesmo no exército do *K. und K.*. É plausível imaginar que a lógica do caminho que os levou a suas respectivas e opostas posturas na guerra foi semelhante: ambos eram puritanos, com um forte senso da conexão entre monoteísmo e moralidade autêntica, e ambos sentiam forte atração pela religião direta, sem intermediários, na qual a divindade impõe obrigações morais ao indivíduo, sem ajuda de muito ritual ou mediadores. Essa atitude levou Masaryk a abandonar a Igreja Católica e, no fim, a combater o Império, que estivera a ela ligado (não obstante o fato de que, por essa ocasião, os laços eram menos do que firmes) e a idealizar os hussitas que, sem abolir o clero ou o ritual, pelo menos insistiam na igualdade dos crentes, leigos ou do clero, no ritual. Era esse fato que os transformava em *Utraquists*. Tudo isso levou Masaryk a conceber uma filosofia da história que ligava o autoritarismo da Igreja ao do Império, e encontrava o significado da história em derrotar a ambos, dessa maneira justificando a criação de um novo Estado, que gostava de imaginar como restauração da inspiração hussita. Masaryk só se voltou contra os Habsburgo no final de sua vida, após muita hesitação e em circunstâncias excepcionais: há bons motivos para desconfiar que a filosofia geral da história que ele invocava — a história como progressão de Estados e igrejas autoritários para suas contrapartidas democráticas — era em parte racionalização de uma decisão política, a que só chegou com grande ambivalência e que não era compartilhada na época pela maioria de seus compatriotas.

Musil tinha o que, *au fond*, eram sentimentos muito parecidos sobre religião, mesmo que eles o levassem, teológica e politicamente, em direção muito diferente. Ele idealizava não os hussitas, mas os beduínos. Pensava que neles achara aquela relação direta com Deus e o moralismo, e não com o ritualismo, a que os protestantes dão tanto valor. A visão nacionalista ou masarykiana dos tchecos é a de protestantes hussitas reprimidos, os Marranos da Reforma: a nação era, como escreveu Friedrich Schiller, levada à missa pela força. Se essa interpretação se aplica a Musil, ele encontrou uma maneira inteligente de sublimar seus sentimentos de Irmão Morávio: como erudito católico, estudou e adorou os beduínos. As razões que tinha para admirá-los dificilmente poderiam ser mais relevantes para o dilema religioso que dividira a Europa:

> O serviço divino é diferente entre nômades e sedentários. Os nômades não têm locais sagrados, nem imagens, nem sacerdotes, nem mesmo rituais. Em sua religião, lembram muito os patriarcas bíblicos. Em conversa cordial, perguntei a meu irmão Nuri, príncipe dos rwala: "Por que vocês não têm locais dedicados ao serviço de Alá?"
>
> "Musa, não podemos tê-los... levaríamos cinco anos para voltar a acampar no mesmo lugar... E Alá não está presente em toda parte?... Oramos a ele em terras estrangeiras e o servimos sem locais ou templos sagrados."
>
> "Têm alguma uma imagem ou objeto que representem Deus?"

"Não temos nenhuma. Como você me disse, Deus é espírito. De que modo podemos representar um espírito?"

"E não há mediação entre vocês e Deus?"

"Deus é meu pai, eu sou seu filho. Há necessidade de mediação entre pai e filho?"

O xeque beduíno, se essa é uma descrição exata de seus sentimentos, teria sido um membro ideal dos Irmãos Morávios. Esse relato de uma conversa relembrada entre Musil e seu principal protetor e "irmão", o xeque Nuri dos rwala, foi tirada de um trabalho inédito final de Musil, "Ze Sveta Islamu" (Do mundo do islã), no qual trabalhava ao falecer e que nunca foi publicado ou traduzido. Um curto fragmento, que inclui essa conversa, veio a público como parte do catálogo tcheco da exposição realizada na Morávia, por ocasião do centenário do seu nascimento, em 1968. Que os sentimentos fossem protestantes, antimediação, anti-ritual e antiimagens gravadas dificilmente podia ser mais claro: parecia que eram os nômades, fossem os dos tempos bíblicos ou os patriarcas contemporâneos, que seguiam pela trilha certa em religião. É interessante notar que três morávios do sul, durante e após o fim do século, meditaram sobre monoteísmo e moralidade: Tomas, Sigmund e Alois (em ordem de idade). Tomas foi levado a uma teoria da história que postula uma transição secular dos Estados e igrejas totalitários para os liberais, o que o fez abandonar a Igreja e formular uma idealização dos hussitas; Sigmund pensou ter encontrado as origens do monoteísmo nas intrigas da corte egípcia, e do puritanismo na aceitação pelos oprimidos de um monoteísmo rejeitado pela corte; enquanto Alois permaneceu na Igreja, mas deu expressão a sentimentos puritanos protestantes na idealização dos beduínos, que transformou em protestantes especialmente puros.

Feigl alega que Musil era hostil às aspirações políticas sionistas, não, realmente, por causa de anti-semitismo, mas por preocupação com o impacto que esses objetivos produziriam sobre a população nativa. Bauer oferece mais provas sobre esse ponto e a situação parece mais complexa. Max Brod escreveu a Musil sobre esse assunto, por instigação de Masaryk, mas, infelizmente, parece que a resposta não remanesceu, embora tenhamos, de fato, o texto de um artigo de Musil publicado no *Prager Presse* em 24 de setembro de 1921, por ocasião do congresso sionista realizado em Karlsbad, em princípios daquele mês. Nesse trabalho, afirma ele que "esta grande hora" do povo judeu interessava-o como orientalista e como homem, e que simpatizava (*mitempfinden*) com as aspirações da alma judaica desde 1895. É verdade também que ele se manifesta com clareza sobre o problema: adverte os judeus que eles, na Palestina, só têm inimigos (fossem muçulmanos ou cristãos, árabes, ingleses ou franceses) e repetidamente recomenda unidade aos sionistas, se quiserem atingir o objetivo de "uma vida nacional livre e completa em sua terra natal" (*Heimat*).

É interessante o conselho que oferece aos sionistas em outro artigo ("A nova Europa", 3 de junho de 1920). Os sionistas não deviam desperdiçar tempo pensando na fundação de universidades, mas, em primeiro lugar, deveriam trabalhar na criação de escolas *básicas*. Esse é o tcheco típico falando: a estratégia correta para a restauração nacional é a concentração em educação primária, que constitui a base de tudo. Facilmente podemos imaginar Musil repetindo o lema masarykiano do *drobná práce* — trabalhe nos detalhes, na base, devagar, exaustivamente, pacientemente.

Alguns conselhos procedem também de Musil, o orientalista, e não do tcheco: ele não acha que o renascimento do hebraico fosse uma boa idéia. Seria melhor repetir a prática pós-babilônica. Os que voltaram do exílio usavam o hebraico na religião, mas o aramaico na vida diária. O árabe não está mais longe do hebraico do que o aramaico e, então, por que não respeitar esse precedente e, dessa forma, obter a vantagem de comunicação fácil com os vizinhos? Musil não acredita que colonos europeus irão se dedicar a trabalhos agrícolas na Palestina: a região é quente demais. Recomenda, em vez disso, um estudo acurado (*genau*) das comunidades agrícolas remanescentes nas aldeias da Mesopotâmia, há muito esquecidas, com vistas à aplicação dos resultados à educação dos imigrantes. "A força de uma nação está nos seus camponeses." Essa orientação contribuiria também, acrescenta, para a fusão dos colonos com os sefardins nativos e, dessa maneira, promoveria o entendimento entre o progresso e a ortodoxia.

A vida amorosa de Musil provocou, pelo menos até agora, menos interesse ou justificação do que a de Lawrence. Bauer fala de um boato persistente entre os orientalistas de que Musil se casara em segredo com uma mulher beduína, mas sugere que essa história pode ter origem em um episódio contado pelo próprio Musil, de que um xeque lhe oferecera a própria filha em casamento e sua riqueza como herança, dado que não fora abençoado com um filho. É curioso que Musil tenha contado essa história sem comentários, uma vez que o direito consuetudinário tornaria difícil ao pai ignorar os direitos anteriores de parentes patrilineares, fossem no tocante à moça ou à propriedade. Em circunstâncias normais, um xeque dificilmente se sairia bem com um plano como esse. O próprio Musil frisa com grande firmeza e clareza esse ponto em seu livro (em inglês) sobre os rwala.

Na velhice, o relacionamento mais importante de Musil parece ter sido com uma secretária, Anna Blechová, pessoa muito dedicada a seu trabalho. Como ela mesmo contou, não sem certo humor, ele lhe disse: "Eu sabia como trabalhar antes de você chegar, mas foi você quem me ensinou a trabalhar como um escravo." E ela fez uma observação intrigante: disse que nos seus últimos anos (Musil faleceu em 1944), embora preocupado com a política mundial, ele "não previu exatamente os fenômenos que ocorreram". Seria isso uma insinuação discreta de um alinhamento político, considerado inaceitável na ocasião em que essas linhas foram escritas? Talvez haja mais alguma coisa a ser descoberta neste particular. Poderíamos acrescentar que embora Musil fosse um puritano de muitas maneiras — certa vez, repreendeu um de seus alunos pelo luxo de tomar um banho por semana —, ele de fato gostava de tomar vinho, inclusive champanhe, no deserto, e era, ao que parece, um *connaisseur*.

Portanto, Musil constitui um caso extraordinariamente complicado, paradoxal e difícil para os que condenariam todos os estudiosos ocidentais de problemas do Oriente como sendo inspirados pela necessidade de interpretar mal e de dominar. De que lado ele estava nesse conflito maniqueísta? Como camponês tcheco-morávio, ele não era membro de uma raça imperial. Era colono ou colonizado? Serviu a um império que era também o aliado, não o inimigo, de um império *asiático*, os dois tentando se apoiar mutuamente e caindo juntos. Ambos eram arcaicos e não-nacionais. Por seu turno, o império asiático não era em absoluto leniente com seus súditos asiáticos. Musil estava, é verdade, ansioso para promover a influência dos Habsburgo no Oriente Médio e tinha esperança de obter para eles uma espécie de protetorado sobre os católicos locais. Não teria se incomodado com o estabelecimento na península de um Estado árabe cordial "conosco". Nesse sentido, ele lembrava Lawrence.

Mas, no fim, na questão crucial relativa a onde seria encontrada a verdade e a quem cabia a honra por sua descoberta, nada houve de eurochauvinista nele. Muito ao contrário. O grande *insight*, para ele, era o trabalho dos semitas, não dos gregos:

> Os traços da Arca da Aliança do Velho Testamento levam ao deserto interior... Eu estava ansioso para penetrar na vida psíquica dos verdadeiros semitas, puros, sem mistura de elementos estranhos, não sujeitos à dominação de estrangeiros e nunca submetidos diretamente a uma iluminação externa... a familiaridade com a atividade psíquica de autênticos semitas em sua terra natal foi muito proveitosa para mim, porque mostraram as razões por que foram justamente eles que doaram ao mundo os três monoteísmos. Por que os semitas solucionaram mistérios, cuja significação escapou até aos grandes pensadores gregos? Por que foram justamente os semitas, que não criaram escolas filosóficas, os que enriqueceram o mundo antigo com visões que, mesmo para nós, são motivos de conjecturas sempre novas? Eu só podia responder a essas perguntas no deserto árabe.

A verdade crucial, portanto, foi descoberta pelos semitas, tanto nos tempos antigos quanto nos modernos, concedida a eles pela vida no deserto e não por alguma caprichosa revelação. Era imemorial, brotando de um estilo de vida, não de uma fonte específica. Em um artigo póstumo, um autor tcheco perguntou, com grande plausibilidade, se o professor Musil não fora muçulmano. A pergunta apropriada poderia ter sido — não teria sido ele uma espécie de monoteísta genérico, um unitarista secreto, sem filiação a qualquer dada igreja? Ele pensava que os beduínos eram monoteístas, mas dificilmente muçulmanos, só aprendendo alguma coisa sobre sua religião formal no período em que ele os estudou. Mas estavam sendo convertidos, segundo ele, vindos não de algum politeísmo pagão, mas de um tipo natural, primordial, de monoteísmo. Haviam-no aprendido com a vida, não com pregadores. Musil teve algum problema com o vício beduíno na crença em *jnun* e precisaria sustentar — embora, tanto quanto sei, nunca houvesse dito isso —, que a *jahiliyya* era uma projeção, sem justificativa, de muçulmanos urbanos sobre os beduínos, que no seu estado natural não foram culpados dela. A verdade seria encontrada na pureza, na simplicidade, no monoteísmo, e essas qualidades emergem no deserto. Ibn Khaldun ensinara que o deserto gera virtude; Musil pensava que evocava a verdade. *Extra solitudinem nulla salus.* De que modo podia uma visão dependente de um estilo especial de vida ser universalmente válida? Ele não parece ter estudado essa questão. Talvez só a virtude trouxesse a verdade e todos nós devemos procurar a virtude na simplicidade. Em sua velhice na Morávia, o estilo de vida de Musil era certamente populista. Cuidou ininterruptamente de numerosas fruteiras (plantou nada menos de cinco mil) e certificava-se de que à terra era dado uso correto, quando não estava mergulhado em estudos eruditos. Seria expiação ou consolo que buscava na terra? Entre os árabes, ele fora um populista vicário, mas, ao contrário de outros dessa espécie, procurava pureza, não tradição. Por tudo isso, dificilmente podemos desconfiar de que esse morávio puritano tenha sido culpado do desejo de difamar ou dominar, ou de faltar com respeito por aqueles cujo espírito e situação estava tão ansioso para compreender.

# 15

# ANTROPOLOGIA E EUROPA[1]

Os que trabalharam para fundar a Associação Européia de Antropólogos Sociais merecem as mais efusivas congratulações. Por coincidência, seus esforços foram coroados de êxito no exato momento em que a Europa ocidental estava se reunificando e a Europa oriental sendo libertada. Não será possível, e tampouco deve ser, considerar a criação de uma associação *européia* de antropólogos como acontecimento à parte dos formidáveis acontecimentos que mudaram o mapa político e cultural da Europa.

A bifurcação e reunificação da Europa desempenharam no passado um papel importante no desenvolvimento do pensamento social. Desde a Idade Média, essa divisão ocorreu duas vezes. Na primeira, sob a forma do esfacelamento da unidade religiosa medieval da Europa ocidental, confirmada pela aceitação dessa divisão profunda na Paz de Westfália, em 1648, e na entronização do princípio do *cuius regio eius religio*. Daí em diante, a Contra-Reforma dividiria a Europa com a Reforma.

O fim das guerras de religião constituiu, suponho, a primeira manifestação da *détente*. A partir daí, os dois sistemas ingressariam no regime de coexistência e concorreriam através de meios pacíficos, pelo menos na maioria das vezes. No devido curso do tempo, tornou-se bem claro quem havia vencido. O princípio do crescimento econômico não era ainda oficialmente reconhecido como *a* fundação da legitimidade social e política, mas, em resultados, já funcionava. As sociedades comerciais e protestantes do noroeste da Europa superavam as terras sulistas que, sob a tutela da Contra-Reforma, estavam restaurando, talvez de forma dura demais, os antigos valores e princípios sociais.

As reflexões sobre essa desigualdade são conhecidas como Iluminismo e constituíram o começo efetivo da teoria e pesquisa sociais modernas. O Iluminismo deu direção e significado à Revolução Francesa. O fato de a Revolução levar em primeiro lugar ao terror e, em seguida, à ditadura, proporcionou alimento à reflexão. Evidentemente, a *rattrapage* social não podia ser atingida com tanta facilidade pela simples aplicação da razão à sociedade, o que fora a receita do Iluminismo. Uma compreensão mais sofisticada do material social que devia ser transformado era necessária, e ela surgiu.

Entre os diagnósticos do fracasso da Revolução Francesa, e entre as tentativas de conseguir melhores resultados na vez seguinte, o marxismo foi sem dúvida o mais influente e, com toda probabilidade, o mais refinado e mais bem orquestrado. O marxismo incorporava os conhecimentos disponíveis na época a seus fundadores e, destarte, apresentava-se como a culminação da sabedoria existente. Ironicamente, quando pôde assumir a posse de um Estado e, no fim, de um conglomerado inteiro de Estados, conseguiu também, mais uma vez, dividir em duas a Europa. Yalta foi uma espécie de paz de Westfália, confirmando o sistema sócio-econômico do "cuius regio eius". A teoria social, nascida das conseqüências da divisão da Europa em norte e sul, terminou impondo também uma divisão leste-oeste.

Mais uma vez, os dois sistemas tiveram que competir em uma situação de paz. Dessa vez, não foram nem mesmo convencidos da necessidade de assim agir por uma guerra muito prolongada entre si. Haviam, na verdade, travado uma sanguinolenta guerra contra uma terceira parte, mas o principal argumento que os convenceu da necessidade de competição pacífica e os induziu a seguir suas regras foi o fato de que, nesse momento, as armas eram tão terríveis que um conflito aberto teria destruído ambos os contendores e não haveria vencedor.

Dessa vez, o resultado da concorrência pacífica tornou-se sentido e visível com muito mais rapidez — mais rapidez do que virtualmente qualquer um esperara. Em primeiro lugar, a validação pelo sucesso econômico não fora antes um princípio aceito e, em segundo lugar, o crescimento era nesse momento muitíssimo mais rápido e o fracasso relativo tornou-se, em comparação, mais visível. A maioria da população não era mais composta de camponeses que viviam em comunidades auto-suficientes, capazes de manter a produção mesmo quando parcialmente isoladas do mundo externo. Nesse momento, a grande maioria, dos dois lados da nova cortina, era urbanizada e industrializada e o corte das comunicações parece ter produzido um efeito desastroso sobre a produtividade. Os bolchevistas, assim, não conseguiram imitar as realizações dos jesuítas. *Essa* divisão da Europa durou por meros quarenta anos e, no pior cálculo, setenta.

Em significação, a reunificação da Europa em 1989 é comparável à Revolução Francesa e à Reforma. De forma muito errada, alguns a compararam com 1848. Segundo sei, Metternich, em 1848, não disse a Windischgratz, Radecky e Jelacic que se abstivessem de usar a força contra os rebeldes e nem lhes avisou que não deviam esperar ajuda de sua parte, se assim fizessem. Os levantes naquele ano partiram de baixo e fracassaram; os de 1989 foram desencadeados e inspirados de cima, e tiveram sucesso. Constituíram resultados, em minha opinião, do reconhecimento, sem precedentes, pelos líderes de uma ideocracia, de que sua ideologia fracassara.

O que importou nos notáveis eventos daquele ano não foi que a Europa tivesse sido reunificada, mas que isso tivesse ocorrido em termos de uma nova opinião sobre a realidade social. Essa opinião não possui ainda contornos claros. O que ela rejeita é óbvio, ao passo que o mesmo não acontece com o que ela aceita. Talvez ela jamais adquira uma forma clara, talvez faça parte da essência da ordem social, que prevaleceu na competição pacífica que durou entre quarenta e setenta anos, que ela não é e nunca será baseada em uma visão coerente, mas, ao contrário, incluirá uma solução conciliatória pragmática desajeitada. Talvez a tese do Fim da Ideologia seja justificada, afinal de contas. A teoria, nascida do mal-estar da primeira grande divisão da Europa, fracassou *e* gerou uma nova bifurcação, que agora chegou ao fim. Vamos ter que repensar tudo isso, mesmo que os frutos de nosso pensamento não forneçam material para uma nova e grande ideologia, mesmo que o tempo dessas ideologias tenha passado. Veremos.

Uma ciência social como a antropologia não pode permanecer indiferente a mudanças como essas. Afinal de contas, nelas ela tem suas raízes. A antropologia social, de qualquer modo como é praticada na Grã-Bretanha e no que poderíamos chamar de zona intelectual da libra esterlina, está ligada em suas origens à história do pensamento europeu e às suas divisões internas. A antropologia social britânica, como profissão oficial dotada de guilda própria, padrões rigorosamente impostos, terminologia e paradigma compartilhado, retroage de fato a Bronislaw Malinowski, à revolução funcionalista e à substituição de Frazer por Malinowski como antropólogo modelar. Essa transformação, ocorrida entre as guerras, ligou-se de forma muito íntima a outra interessante bifurcação ocorrida na Europa, não idêntica às mencionadas até agora, mas não sem relação com elas. Refiro-me à divisão entre individualistas/universalistas e românticos/holistas.

Desde fins do século XVIII, o pensamento europeu tem estado dividido entre duas tradições, o individualismo, exemplificado pela linha que corre de Descartes a Hume e Kant, e o coletivismo romântico, que surgiu como reação a ela, inicialmente antecipado por Vico, mas que se tornou de fato influente através de pensadores como Herder e Hegel. A primeira tradição culminou em uma visão na qual a corte de apelação final para as reivindicações cognitivas e morais era a consciência individual, que julga quaisquer alegações que lhe são feitas confrontando-as com seus próprios dados ou opondo a elas sua estrutura interna inescapável. Esta foi, se quiserem, a doutrina protestante da soberania da consciência, articulada em vestimenta secular ou semi-secular. Em contraste, a tradição romântica, que surgiu em oposição a cartesianos e empiristas, insistia em que a vida intelectual e moral era um jogo de equipe, praticado por coletividades funcionais inteiras e que a vida intelectual, em todos os seus aspectos, só podia desenvolver-se em termos de um conjunto de idéias e práticas compartilhadas e preservadas por uma comunidade, e não cogitadas por mentes individuais isoladas. O conhecimento real era um bem comunal e que não podia ser privatizado.

*Ambas* as tradições teriam que ser opostas aos restos do feudalismo e do absolutismo barroco, mas em nome de adversários diferentes: o primeiro, um individualismo liberal, uma sociedade aberta e, o segundo, as comunidades étnicas que, nesse momento, emergiam ou reemergiam, postulando o novo princípio de que unidades políticas deviam basear-se em "nações". A confrontação entre as duas tendências esteve interligada, por razões bem óbvias, vinculadas à sua história e composição, desenvolvidas com mais clareza no Império dos Habsburgo. Um Estado dinástico muito ligado à Contra-Reforma, à fé e à hierarquia, foi desafiado por liberais e nacionalistas. Os liberais encontraram sua ideologia em um individualismo pulverizado, empirista em teoria do conhecimento, e não pode ter sido coincidência que as formulações mais eloqüentes e profundas do liberalismo em nosso século tenham vindo de Viena, do trabalho de homens como Hayek e Popper, e que tantas formulações modernas do empirismo se radiquem na obra de Ernst Mach. Os nacionalistas, por outro lado, encontraram seu idioma no mesmo tipo de celebração romântica da vida comunal da aldeia e de uma cultura compartilhada, mas idiossincrásica e não universal.

Esse foi o confronto. Os individualistas sentiam um agudo senso da necessidade de validar alegações na experiência do indivíduo, que não deviam ser consideradas como mitologias auto-sustentáveis e piegas; os românticos, por outro lado, estavam agudamente conscientes do caráter bem presente, unificado e inter-relacionado da *cultura*. Os individualistas consideravam sociedade e cultura como a mera soma de objetivos e estratégias individuais; os românticos viam-na como a maneira como a cultura falava e agia *através* de indivíduos, que nela encontravam sua realização, e eles, também, possuíam um fino senso de continuidade histórica.

A maioria dos participantes do debate alinhou-se em um ou outro campo. É fato bem conhecido que todo bebê filosófico que nasce vivo é um pouco positivista ou um pouco hegeliano. De modo geral, os bebês conformaram-se a essa divisão do mundo e se colocaram em um ou outro lado da grande linha divisória. Mas não Bronislaw Malinowski. Nisso reside sua singularidade e ela está ligada à maneira como criou uma nova disciplina e uma nova profissão.

Graças a todo seu meio formativo, ao interesse de seu pai pelos dialetos poloneses, às longas estadas em Zakopane e à observação dos *gurali*, ao envolvimento com *littérateurs* do turbulento e romântico movimento modernista, através de tudo isso, ele se tornou receptivo ao senso de cultura e de sua unidade. Os etnógrafos nacionalistas e populistas da Europa oriental não entravam nas aldeias com o objetivo de observar, registrar, codificar, proteger e fortalecer uma cultura nacional. Eram inspirados mais por amor do que por universalidade teórica. Mas se, como parte de sua formação, Malinowski pertencia aos românticos, era também uma pessoa que dedicou sua dissertação de doutorado ao neopositivismo, a Mach e Avenarius. Era agudamente sensível à tendência machiana de substituir inferências de inobserváveis pela construção baseada em observáveis, e os dois temas na obra de Mach que o impressionaram acima dos demais foram, por um lado, a necessidade de relacionar idéias com sua base empírica e, por outro, nos casos em que tal base fosse em si inadequada, invocar as necessidades funcionais do organismo como explicação dessa transgressão.

Foi a combinação desses dois elementos que gerou o funcionalismo caracteristicamente malinowskiano em antropologia. A hipostatização romântica da cultura permaneceu, embora justificada de maneira inteiramente nova por uma epistemologia empirista. O senso de cultura como uma realidade independente foi separado da adoração da história: ao contrário, ela foi submetida a uma rigorosa crítica empirista. Nas sociedades primitivas, onde não havia registros, a especulação histórica tecida pelo observador, tendo como base crenças e costumes locais, recebeu condenação como sendo, o que de fato muitas vezes acontecia, especulativa e insensível à comprovação. Foi substituída pelo tratamento malinowskiano característico das crenças sobre o passado como sendo *mapas* de práticas correntes, que eram um exemplo tão perfeito quanto possível da implementação do princípio machiano de substituir inferências de inobserváveis por inferências dos observáveis que se quisesse descobrir. A prática nacionalista e populista de imersão em uma cultura, por amor a ela, foi transformada no principal instrumento metodológico da nova ciência e dotada de fundamentos lógicos positivistas. O romântico do Leste europeu mudou-se dos Cárpatos para Trobriand, fez muito da mesma coisa que antes, mas forneceu novas razões para assim agir.

Essa orientação serviu bem à sua carreira científica: o holismo e o anti-historicismo de base positivista (não reconstruções especulativas, sem base alguma, sobre o passado) deram-lhe meios para derrubar a antropologia de Frazer em seus dois pilares fundamentais — o método de acumulação de dados fora do contexto, sem importar-se com o lugar que ocupavam nas respectivas culturas, e a suposição de um esquema explicativo evolucionista. Mas essa orientação era apropriada também para sua predileção política, nacionalismo cultural e internacionalismo político.

Ele, porém, não foi o único natural da Europa central a reagir contra o uso excessivo da história pelos nacionalistas: em uma cultura eslava vizinha, T.G. Masaryk definiu na verdade sua posição geral, que denominava de "realismo", como a de evitar o historicismo exagerado na difusão de reivindicações nacionais e formulação de políticas. A diferença entre Masaryk e Malinowski foi que o primeiro percorreu apenas parte do caminho para moderar, mas não abjurar inteiramente, o historicismo, ao passo que Malinowski mostrou-se radical e total na substituição de invocações do passado pela invocação de funções presentes, sincrônicas. E Masaryk fez tudo isso no campo em que surgira a questão, na política e na teoria social, enquanto que Malinowski, por assim dizer, sublimou tudo isso em antropologia social. A suspeita de usos correntes, políticos, do passado, que deve ter surgido de observações que fazia dos costumes políticos que o cercavam, foi substituída e reapareceu como princípio metodológico na investigação imparcial de sociedades mais simples...

Não havia, em certo sentido, necessidade para Malinowski ser o primeiro a ligar o culto do trabalho de campo intensivo, imersivo por assim dizer, a uma justificação empirista. Seu predecessor e superior na London School of Economics, Edward Westermarck, exemplificou de muitas maneiras a mesma mistura usada por Malinowski: como sueco de origem finlandesa tinha mais motivos do que Malinowski para desligar-se do romantismo étnico local. (Não está inteiramente claro por que Malinowski assim procedeu — pois nada havia em seu meio formativo que o empurrasse nessa direção — mas o fato é que assim o fez.) Westermarck, tal como Malinowski, sentiu-se atraído pelo empirismo britânico e apreciava muito a prática do trabalho de campo, embora continuasse, em teoria, a ser acumulador de dados e evolucionista. A fusão de um meio formativo filosófico empirista com a prática do trabalho de campo não gerou em seu caso, como aconteceu no de Malinowski, o novo estilo funcionalista.

E foi assim que nasceu o estilo caracteristicamente britânico de antropologia: a fusão da prática de pesquisa de campo, nascida no nacionalismo populista do Leste europeu, com as premissas filosóficas fornecidas pelo empirismo radical... Essa paternidade continua dominante até hoje: o perfil básico da profissão e seu paradigma não mudaram realmente. O *structuralisme* de Lévi-Strauss forneceu novas razões para dar continuidade ao velho idioma sincronicista, baseado em analogias duvidosas com a lingüística: o que funciona no caso da fonética não funciona no caso da sociedade. Facilitou também uma mudança da atenção, da estrutura social para a cultura, mudança esta, de qualquer maneira, estimulada pelo fim do colonialismo e pela erosão e inacessibilidade das estruturas. Essa última intrusão, ou retorno do marxismo à antropologia, não significou realmente que antropólogos tivessem julgado útil o marxismo. Significou, sim, que parisienses que eram marxistas resolveram, afinal de contas, estudar, pelo menos por uma vez, os mesmos fatos etnográficos. E, finalmente, surgiu a moda interpretativa ou hermenêutica na antropologia.

Esse fato ligou-se, devido a uma curiosa defasagem temporal, à descolonização e à expiação da culpa colonial européia. O argumento era que a lucidez procurada, e às vezes alcançada, pelos antropólogos malinowskianos na construção de modelos de sociedades estranhas, era em si uma ferramenta ou forma de dominação e que seus praticantes não se preocupavam o suficiente com a maneira como estavam impondo sua própria visão ao material. A clareza de estilo e pensamento foi acusada de ser suspeita. Descartes levara a Kipling: não havendo Kipling, nada de Descartes. A clareza devia, daí em diante, ser abandonada e substituída pela percepção do fato de que há na verdade um observador, cuja cultura se impõe nos próprios conceitos que usa, e que deve deles desfazer-se antes de poder apresentar suas descobertas. Se elas são claras, ele é, com toda probabilidade, um dominador positivista. A expiação dos pecados da dominação é exibida melhor desnudando a própria alma, e é melhor que a alma seja complexa e atormentada, expressando-se em uma prosa correspondentemente torturada. As massas empobrecidas do Terceiro Mundo podem encontrar consolo no pensamento de que seus antigos opressores e exploradores estão sofrendo nesse momento as agonias da obscuridade do estilo.

Esse tipo de tendência hermenêutica em antropologia, especialmente nas mãos de seus avatares mais recentes e extremados, é simplesmente idealismo em nova linguagem: a suposição, nem sempre aplicada com consistência, é que as limitações conceituais, e não as físicas ou econômicas, são as que tornam as sociedades o que elas são. Este método é condenável por várias razões, incluindo, em especial, o fato de que prejulga a questão da importância relativa de limitações conceituais e coercitivas em favor da primeira. Alega-se, por exemplo, que é o que o Estado *quer fazer*, e não o que faz, que realmente importa. Nas entrelinhas lemos também que, afinal de contas, o Estado não poderia ser o que é (e daí, presumivelmente, dizer o que quer dizer), se não fosse também capaz de coagir... Ou, mais uma vez, os praticantes desse estilo justificam a tortuosidade de suas apresentações com o fato de que o mundo tornou-se mais complexo desde os dias da primeira geração de funcionalistas malinowskianos. Tornou-se, realmente, mas dizer isso implica admitir que uma realidade social externa está, afinal de contas, disponível para estudo e descrição — porque acaba justamente de descrevê-la. De modo que o *outro* não pode ser assim tão dolorosamente inacessível — o que *também* é alegado... Pode-se dizer também contra esse movimento que, ironicamente, ele não promove realmente a compreensão do papel do "significado" na vida social, ao usá-lo como uma categoria final irredutível, como meio de auto-embelezamento e não de análise.

Há outro argumento contrário, e talvez mais importante, à essa visão. Ela finge, em nome da expiação dos antigos pecados da dominação e da desigualdade intercultural, provar que todas as formas de cognição são iguais, que a explicação de uma em termos da outra é inadmissível e, dessa maneira, estimula um certo estilo, no qual o prazer com o tormento refinado da incapacidade de cruzar o abismo que separa o pesquisador de seu objeto substitui qualquer tentativa de dizer alguma coisa muito coerente sobre o objeto. Mas essa afetação de igualdade cognitiva nada mais é, na verdade, que afetação. *O* fato fundamental a respeito de nosso mundo é que, queiram ou não queiram, uma forma superior, mais eficaz, de cognição existe de fato. Ela nasceu, e não podia ser de outra forma, no ventre de uma cultura, pois tudo tem que começar em algum lugar. Mas é perfeitamente claro a esta altura que ela não está ligada a qualquer única sociedade, cultura ou tradição, é acessível à toda a humanidade e, segundo parece, é implementada de modo mais eficaz no presente em culturas nas quais ela *não* se originou... O fato é que existe uma forma de saber, conhecida como ciência, que aparentemente possui certo número de características espantosas: cresce sem parar, é aberta, mas ao mesmo tempo há um grau extraordinário de consenso entre seus praticantes, um consenso *não* imposto pela coerção, que transcende qualquer cultura e que, tudo indica, explodirá as crenças prediletas de todas elas. Está sendo adotada, embora não talvez de coração e sempre, em todo o mundo, pela simples razão de que gera uma tecnologia poderosíssima, de tal modo que os que não a possuem tornam-se irremediavelmente fracos e sujeitos à uma humilhante "privação relativa".

Esse é o fato básico de nosso mundo. Aqueles que, na observância de uma expiação exagerada e um tanto tardia o negam, partem por isso mesmo de uma premissa *tão* distante da realidade concreta de nossa situação que seu pensamento pouco mais pode ser do que uma auto-ilusão. Não podemos mudar fatos, mesmo que a igualdade intercultural seja incompatível com alguns deles. Sartre, por exemplo, errou quando disse que era legítimo negar fatos, como maneira de salvar do desespero um subúrbio da classe operária francesa. De igual maneira, não temos o direito de negar fatos que estão à vista de todos, mesmo *se* isso fosse uma precondição para salvar Bongo-Bongo do desespero e da humilhação. Mas, na verdade, não é nada disso. Ao contrário, inventar uma filosofia absurda no interesse de agradar os nativos de Bongo-Bongo é, na realidade, um ato de condescendência insultuoso, ofensivo. Nós não mentimos nem cometemos o pecado de auto-ilusão com aqueles que respeitamos.

Talvez esse subjetivismo auto-indulgente tenha profundas raízes sociais. A humanidade, em matéria de *crenças*, passou por certo número de estágios. Em primeiro lugar, houve o período em que a humanidade tinha rituais e lendas mas nenhuma teoria, nada de teologia. Em seguida, chegou a época em que, pelo menos no caso de algumas culturas, o centro de gravidade da religião mudou para a teoria, a *doutrina*. Finalmente, raiou o dia em que o conhecimento único separou-se de quaisquer reivindicações a uma fonte ou autoridade transcendentes, e veio a referir-se exclusivamente a *este* mundo e a ser validado pelos procedimentos e formas de indagação, inequivocamente *deste mundo*. Esse fato, por sua vez, gerou um mundo de crescimento cognitivo e econômico sustentado, um mundo em que arranjos sociais vieram a ser legitimados sobretudo pelos frutos de tal crescimento, e não mais por uma visão geral das coisas.

Os pensadores do Iluminismo, que supunham que, porque a religião oferecia uma visão social, a ciência tinha que oferecer outra, apenas desta vez, a *correta*, cometeram um erro. A revelação oferece uma visão e, a ciência, não outra, mas *nenhuma*. Alguns notaram isso e chamaram-no de Fim da Ideologia, mas até mesmo eles se enganaram um pouco nesse particular. Supuseram que o homem pós-ideológico seria uma criatura de sólido bom senso pragmático. Talvez ele seja, nos seus assuntos pessoais e empresariais. Na vida privada, porém, talvez seja absurdamente auto-indulgente e acrítico. Acostumou-se a viver cercado de engenhocas dotadas de controles intuitivamente óbvios e espera mais ou menos um universo analogamente amigável ao usuário e pode ser sumamente receptivo ao lema do *vale tudo*. A explosão "pós-modernista" de subjetivismo nas humanidades e nas ciências sociais talvez seja um reflexo desse estado de espírito mais amplo, dessa, por assim dizer, californização do Ocidente. Se assim for, talvez tenhamos que aprender a conviver com ela durante muito tempo.

A recém-criada Associação *Européia* de Antropólogos, ao que tudo indica, se tornará um fórum no qual, mais uma vez, interagirão os segmentos antes separados da Europa. Na última vez, em antropologia, se interpreto corretamente a situação, o amor do Leste europeu pela cultura étnica e o desejo de registrá-la e preservá-la como um todo misturaram-se com o empirismo da Europa ocidental como método *e* com idéias tomadas de empréstimo da biologia, de maneira a gerar, inicialmente, a escola funcionalista e, mais tarde, toda a tradição que se seguiu. Quais serão os elementos orientais e ocidentais dessa vez, supondo que uma fertilização realmente ocorrerá?

É impossível prever a cristalização de idéias antes que isso aconteça: se pudéssemos prevê-la, ela já teria acontecido. Mas podemos, talvez, lançar aqui apenas algumas observações de natureza negativa: os europeus orientais, após quarenta ou setenta anos de ditadura ininterrupta, dificilmente se sentirão tentados a abraçar uma forma de idealismo que insiste em que a coerção é essencialmente conceitual. Eles sabem muito bem que, embora ela possa manifestar-se conceitualmente, é muito mais terreno e brutal o nível em que aplica o chicote a súditos recalcitrantes. Tampouco é provável que aceitem com entusiasmo a doutrina da igualdade de todos os sistemas de crença: eles sabem que o que lhes trouxe liberdade foi exatamente o fato de que a doutrina de organização social, de conhecimento social e de outras naturezas revelaram-se, no fim, manifesta e visivelmente inferiores à sua rival. De modo que *não* é o caso do *vale tudo*. Não tentem dizer a um europeu oriental que o marxismo se sairá tão bem como qualquer outra coisa, simplesmente porque *vale tudo*.

Por essas várias razões eu não esperaria, pelo menos em termos lógicos, que a reunificação intelectual da Europa facilitasse o atual estado de espírito de excesso de hermenêutica-subjetivismo condescendente. Expectativas lógicas, porém, nem sempre se confirmam e meu prognóstico talvez seja desmentido pelos fatos. Resta esperar para ver.

## NOTA

1. Discurso de abertura na reunião de fundação da Associação Européia de Antropólogos Sociais, em Coimbra, Portugal, em 1990.

# 16

# O Próximo *Fin de Millénaire*

"Da estagnação do espírito em toda a Europa, nesses dois decênios do século XIX, elevara-se bruscamente uma febre alada. Ninguém sabia ao certo o que estava na forja; ninguém poderia dizer se se tratava de uma arte nova, de um homem novo, de uma nova moral ou de uma nova divisão de classes na sociedade. Por isso cada um afirmava o que muito bem lhe apetecia. Mas em toda a parte os homens se erguiam para combater as velharias. Bruscamente, aqui e ali, surgia sempre o homem necessário; finalmente, fato essencial, os inventores intelectuais aliavam-se aos inventores práticos. Desenvolviam-se talentos que noutros tempos haviam sido abafados e mantidos à parte da vida pública. Eram tão diversos quanto possível e as contradições que os separavam revelavam-se insuperáveis.

Amavam-se os super-homens mas amavam-se também os subhomens; adorava-se a saúde e o sol, mas adoravam-se também os jovens tísicos; havia entusiasmo pela profissão de fé dos heróis e pelo credo social do homem da rua; era-se crédulo e cético, naturalista e exato, robusto e mórbido; sonhava-se com alamedas de castelos, com jardins no outono, lagos vítreos, pedras preciosas; sonhava-se com haxixe, com doenças e com demônios, mas também com planícies, com grandes horizontes, forjas e laminagens; viam-se lutadores, proletários em revolta. Adão e Eva no Paraíso, a sociedade de pernas para o ar. Isto representava sem dúvida uma série de contradições e de gritos de guerra tão diferentes quanto possível, mas tendo um certo sopro comum. Ao analisar-se essa época encontrar-se-ia sem dúvida no fundo uma certa falta de senso, qualquer coisa como a quadratura do círculo ou uma pedra de madeira. Mas na realidade tudo se baseava na cintilação de um sentido único. Esta ilusão, que se encarna na data mágica da mudança de século, era tão forte que alguns se precipitaram com entusiasmo no século novo, ainda intacto, ao passo que outros aproveitavam os derradeiros instantes do velho para se deixarem viver, como acontece numa casa em mudança, sem que nenhuma das partes sentisse, de resto, uma grande diferença entre as respectivas atitudes." (Robert Musil, *O homem sem qualidades.* vol.1, Lisboa, Edição "Livros do Brasil", p.63-4.)

Uma velha citação diz que a história se repete: inicialmente como tragédia, em seguida como farsa. Neste caso, talvez tenha acontecido o oposto: a primeira vez foi, sem dúvida, engraçada. Era bom dissolver as certezas excessivamente confiantes do século XIX, e o modernismo *fin de siècle* fez justamente isso.

Desta vez, contudo, não é óbvio que ainda haja quaisquer certezas para destruir. O ceticismo ou derrubada de truísmos produz agora um efeito inverso, de bumerangue: ao solapar os critérios de toda a crítica racional, confere uma *carte blanche* a qualquer comodismo intelectual. O relativismo total termina sustentando o dogmatismo barato. Se vale tudo, então o indivíduo pode ser tão dogmático quanto quiser: os padrões críticos, que anteriormente poderiam tê-lo inibido, foram revogados. O que poderia haver para controlá-lo? Os que tentarem restringi-lo, em nome do fato ou da lógica, serão acusados de positivistas, imperialistas, ou das duas coisas: afinal de contas, o objetivismo esteve à serviço da dominação. A permissividade total termina em dogmatismo arbitrário.

O *fin de siècle* foi libertador, o *fin de millénaire* talvez seja intencionalmente destrutivo. Precisamos ter cautela com alguns de nossos auto-escolhidos libertadores. Esse estado de espírito talvez não seja o dominante, mas, em algumas esferas das humanidades, ciências sociais, filosofia, ele faz tanto barulho que poderíamos até pensar que é. Uma vez que reprovamos a dominação mundial, temos que abjurar também a lei da não-contradição. Isso parece uma inferência curiosa. Ainda assim, ela tem uma espécie de lógica extravagante: os europeus escutaram filósofos que lhes disseram que sua preeminência era também o triunfo da razão sobre a terra. Assim, talvez o término dessa eminência traga também o repúdio à razão. O raciocínio é egocêntrico, de qualquer maneira.

Sem a menor dúvida, o estado de espírito é semelhante ao descrito tão eloqüentemente por Robert Musil, mas um século se passou e, desta vez, o que vai haver é o fim de um milênio, e não de um simples século. Com a aproximação do ano 1000, os europeus esperaram o fim do mundo, que não aconteceu. Minha suspeita é que, com a aproximação do ano 2000, eles não esperam que o mundo acabe, mas desta vez ele vai acabar. De qualquer modo, não desejo contribuir para a dissolução do mundo, juntando-me ao repúdio a toda ordem, coerência e objetividade. Os princípios da versão corrente desse estado de espírito terminalista são tão difíceis de identificar quanto os da época de Robert Musil: temos os nomes, tal como pós-modernismo, mas é menos do que fácil descobrir o que, afinal, eles representam. Mas quero tentar identificar os elementos que entram na composição dessa poção de feiticeira.

Indubitavelmente, um dos elementos desse estado de espírito ou clima é uma ânsia de expiação pós-imperial. Na era precedente da fé, o Ocidente dominou o mundo: agora, muitos desejam reparar o que foi feito e, ainda mais, o que foi pensado. Os pecados do pensamento são considerados, de certa maneira, mais hediondos do que os dos atos. Acrescentaram insulto ao dano e a dor do insulto persiste, ao passo que a marca do dano já passou para a história. Quando dominou o mundo, o Ocidente não se contentou apenas com esse sucesso, como, talvez, poderia ter acontecido com algum conquistador do passado: não era suficiente ser o vencedor e beneficiar-se com a dominação. Foi elaborada uma teoria que, de modo humilhante para os perdedores e vítimas, ratificou a dominação e transformou-a em conseqüência não de uma vitória possivelmente contingente, mas de um decreto baixado pelo próprio processo da história, da evolução, da natureza das coisas. Uma grande Cadeia do Ser de vencedores desceu em volta dos derrotados.

No período de seu triunfo, o Ocidente acreditou em progresso. Este era sua teodicéia, a nova justificação dos desígnios de Deus, ou do mundo, para o homem. O significado da vida seria encontrado em um esforço bem-sucedido para o alto. A dominação dos vitoriosos se devia ao fato de que eles haviam progredido mais do que todos os outros ao longo do caminho prescrito para toda a humanidade. O inverso do progresso era o atraso, de modo que as vítimas não eram apenas perdedoras, mas também amaldiçoadas e haviam sido condenadas pelo veredito do processo cósmico.

Esse era o refrão permanente imposto pelo colonialismo industrial às suas vítimas: eles eram humanos, mas menos do que os que haviam provado seu valor pela ascensão para degraus mais altos da escada evolutiva. Dominação era sinal de eleição, de uma posição mais alta na Cadeia do Ser. Essa carga avaliativa e filosófica da idéia do atraso era muito pesada e, no devido tempo, foi inventado um neologismo para permitir ao homem referir-se a ela sem conservar, ou era isso o que se esperava, a carga emotiva. Essa foi, é claro, a origem da palavra "subdesenvolvimento".

É perfeitamente compreensível que alguém queira escapar dessa classificação odiosa. Mas por que esse desejo deveria obrigá-lo a ir tão longe na direção oposta, a terminar em relativismo total? O raciocínio subjacente a essa idéia parece ser o seguinte: suponhamos que houvesse verdades objetivas, universais, absolutas — suponhamos, por exemplo, que dois mais dois é, *sempre,* igual a quatro, aconteça o que acontecer, em qualquer cultura, em qualquer contexto. A idéia parece muito inofensiva e, na verdade, a maioria de nós acredita exatamente nisso. Mas, espere: imaginemos que alguém, em algum lugar, negue essa regra de aritmética? Suponhamos, pior ainda, que uma comunidade inteira negue isso, pelo menos em algumas ocasiões?

Uma coletividade unida em uma crença é uma cultura. É isso o que o termo significa. Mais particularmente, uma coletividade unida em uma falsa crença é uma cultura. As verdades, especialmente as verdades demonstráveis, estão à disposição de todos e não definem qualquer comunidade de fé. Já os erros, especialmente os erros notáveis, são específicos à cultura. Eles, de fato, costumam ser emblemas da comunidade e da lealdade. O assentimento a um absurdo é um *rite de passage* intelectual, um portão para a comunidade definida pelo compromisso com essa convicção. E agora começam os problemas: se insistimos em chamar de *falsa* essa crença excêntrica, condenamos uma cultura inteira. Estamos excluindo-a da humanidade ou, pelo menos, condenando-a a um nível inferior, por ser atrasada, retardada, apropriada para a colonização. Essa situação não deve ser mais tolerada. Assim, qual a alternativa? Reconhecer que todas as culturas são igualmente válidas, que carregam consigo suas próprias normas de validade e que julgá-las e condená-las de fora, em nome de normas supostamente universais (que, na realidade, são instrumentos de dominação e espoliação) é errado. Conclui-se que: o respeito pelos demais acarreta o relativismo.

Essa idéia parece bastante coerente e muitos a julgam assim. Infelizmente, há muita coisa problemática com essa posição, tanto em termos práticos quanto teóricos. Em primeiro lugar, os beneficiários desse relativismo, em número considerável, provavelmente na maioria dos casos, não parecem em absoluto ansiosos para se beneficiar dele. Ao contrário, estão apenas ansiosos demais para adquirir tecnologia, que traz consigo poder econômico e militar. Em segundo, para começar e, falando internamente, essas outras culturas, em um sem-número de casos, nada tinham de relativistas ou interculturalmente igualitárias. Sua estruturação interna em castas, qualquer que tenha sido o nome que lhe foi dado, pode ter estado muito longe do que entendemos como tratar com igual respeito toda diversidade. A visão que tinham dos bárbaros externos pode muito bem ter estado aquém de reverência universal por todos os produtos culturais do espírito humano. De modo que nosso relativista ecumênico, ansioso por respeitar todos os sistemas de verdade e valor, no interesse de não menosprezar nenhum ser humano — *humani nihil alienum* ("nada que é humano me é alheio") — se vê cometendo, em segunda mão, o próprio pecado que quer evitar: as culturas que aprova (ou muitas delas) o cometem, de modo que, ao aprová-las, ele se compromete a desprezar o que elas desprezam, dentro ou fora de suas fronteiras.

Além do mais, seja ou não aceitável, a estratégia relativista só tem significado em um mundo de ilhas culturais razoavelmente identificáveis, separáveis. Pode-se fazer em Roma como fazem os romanos, se sabemos mais ou menos quais são as fronteiras de Roma. Nosso mundo, porém, não é na verdade tão remoto assim: ele consiste de unidades culturais que se tocam, em rápida mudança, freqüentemente passando por processos de fissão e fusão. A escolha não é entre os ritos de Roma e os de alguma outra cidade, mas sim entre adversários em uma briga interna dentro de Roma. A receita relativista não ajuda o indivíduo a escolher, mesmo que acredite nela, porque proporciona apenas uma recomendação, na suposição da existência de unidades claras, dadas. Elas simplesmente não existem em brigas modernas. Dessa maneira, o relativismo é inutil, mesmo que não tivesse outros defeitos.

Mas vamos deixar de lado os defeitos e estudar as razões de sua popularidade. À parte a procura da expiação, há o que poderíamos chamar de a fraqueza americana. A América (talvez em conjunto com outras sociedades colonizadoras européias em regiões onde a população nativa é pequena ou inexistente) demonstra uma tendência muito forte e bastante característica de se considerar em termos absolutos. Sabidamente, os que declararam a independência dos EUA acharam que suas intuições morais e políticas eram evidentes por si mesmas, humana e universalmente, e disseram isso com ousadia em um documento que é mais freqüentemente citado e reproduzido do que qualquer outro texto secular na história da humanidade. Por razões de grande interesse e importância, um certo individualismo e atitude prática, que normalmente só predominam sob o industralismo bem-sucedido, vieram a dominar as colônias norte-americanas, mesmo quando elas eram apenas associações de fazendeiros livres.

Em outras palavras, a América nasceu moderna: o liberalismo não era sua dissensão, mas sua ortodoxia. Numerosos teóricos notaram esse paradoxo básico. Mas ele se reveste de certas conseqüências práticas: sociedades liberais européias têm uma recordação muito vívida do *ancien régime* que derrubaram e, portanto, da relatividade histórica dos novos valores. Os americanos, não. Podem ter derrotado George III, mas não têm uma idéia clara do tipo de sociedade que ele representava, mesmo que os ancestrais dos atuais americanos estivessem fugindo não dos Stewart ou dos hanoverianos, mas dos Romanov ou dos Habsburgo. Desta maneira, o individualismo racional liberal representa para eles não *uma* condição humana, mas *a* condição humana.

Isso, é claro, é uma ilusão. O individualista que sustenta que é um fato evidente por si mesmo ele ser livre para buscar a felicidade, escolher objetivos e convicções, e tratar o governo como uma conveniência pública, não é um homem como tal, mas um tipo incomum de homem. Quando, ao longo da educação mais ou menos avançada, esse fato é reconhecido, a descoberta será provavelmente, no começo, desnorteante e, em seguida, embriagante. A descoberta de uma profunda diversidade em visões humanas ocorre como uma atordoante surpresa. Ela pode ser sentida como uma grande libertação, mas também como um *insight* moral, cuja rejeição implica desprezo pelos demais e merece severa reprovação. Quando superposto e fundido com o desejo de expiar a dominação e a adoção de uma postura de superioridade, o relativismo parece ser uma revelação moralmente obrigatória e sua refutação ser politicamente incorreta. Desse modo, encontramos na América uma grande e ansiosa clientela, os consumidores do relativismo fácil.

Mas há ainda outra razão de natureza social: o fracasso das ciências sociais. Em 1945, quando a América herdou a liderança mundial e o *Fardo do Homem Branco* (agora, sob a forma de ajuda para combater o subdesenvolvimento), esse fato se fez acompanhar da esperança de que o esforço necessário seria facilitado por compreensão sociológica. Talcott Parsons adaptou o weberianismo para compreender um mundo que passava pelas dores da industrialização. Os que o cercavam consideraram-no o Newton da sociologia e, a eles mesmos, a Real Sociedade. A ciência natural era técnica e sua linguagem ininteligível para os leigos. De idêntica maneira, a ciência social devia ser semelhante, mas tudo o que esses homens realmente conseguiram foi criar um jargão impenetrável, mas não dotado de quaisquer outros méritos. Os esperados princípios newtonianos jamais surgiram. Eles arruinaram o estilo da prosa nas ciências sociais, mas não fizeram nenhum progresso cognitivo. O que fazer?

Incapazes de oferecer quaisquer generalizações precisas ou poderosas, mas precisando de algumas revelações profissionais para justificar sua profissão, muitos cientistas sociais passaram a demonstrar como sociedades constroem (supostamente) seus respectivos mundos. "A reconstrução social da realidade" tornou-se a frase-mestre. Permite-lhes alegar que têm alguma coisa importante para dizer que, se não fosse por eles, desconheceríamos. Justificam muitas das ciências sociais dando a elas uma contribuição particular ao conhecimento humano. Dizem-nos como construímos nosso mundo, quando antes pensávamos, ingenuamente, que ele existia sem nós. Mas isso também tornava iguais todos esses mundos socialmente criados.

Meu exemplo favorito, o de *sentar-se,* é um exemplo de como isso funciona. Suponhamos que dizemos a alguém que *se sente.* Nenhum problema, nenhum mistério nisso, nada está escondido, nada exige explicação, podemos supor ingenuamente. Mas como estamos enganados. Um homem que se senta *sabe* que está se sentando. Ele possui o *conceito* de sentar-se, que compartilha com outros membros de sua cultura e como que lhe orienta e inspira a conduta. Sem o conceito, não haveria ação, mas apenas um estado físico inerte.

O que significa *sentar-se*? Colocar o traseiro em contato contínuo com uma *cadeira* — de modo que mais dois conceitos são imediata e inevitavelmente envolvidos. A noção de cadeira é associada a posto — há pessas em cuja presença não podemos nos sentar primeiro — e à fronteira cultural entre sociedades que usam cadeiras e as que usam tapetes. Há uma associação com cadeiras que conferem autoridade — a cadeira do presidente da reunião, tronos, a autoridade *ex cathedra.* Toda hierarquia e autoridade política, religiosa, erudita, estão implicitamente presentes.

Quanto ao *traseiro*, suas associações são pelo menos tão potentes. A fronteira entre os que podem e não podem mostrar seu traseiro é a fronteira entre crianças, que não são pessoas plenamente morais, e adultos que são. Entre estes últimos, mostrar o traseiro é tanto um sinal muito importante de intimidade privilegiada como de filiação a um clube nudista. Traseiros são cômicos, robustos, sujos e sexualmente estimulantes, portanto perigosos. Seu absurdo é uma válvula de segurança que libera parte da tensão gerada por sua forte desejabilidade. Daí estarem intimamente ligados às fronteiras estéticas, morais e de parentesco de toda uma cultura. Dessa maneira, toda vez que sentamos, empregamos *ipso facto* um conceito que nos liga a todo um universo cultural-moral, a seus valores, tensões e conflitos. Sem esse universo, nosso ato não seria o que é, seria apenas uma condição física morta, sem sentido, e não uma parte da vida: mas nosso ato, ao reafirmar o conceito, sustenta esse universo, cujos conceitos estão ligados entre si em uma totalidade viva. Esta interação nos dois sentidos foi chamada de "estruturação" e esta palavra destina-se a explicar como a sociedade é, e não é a mera soma dos indivíduos que a compõem. Ela é constituída de atos individuais, mas também está presente neles e *os* define.

Trechos em prosa como o citado acima não são raros em boa parte da teoria social corrente, embora minha tentativa de reproduzi-los talvez não esteja à altura dos padrões mais altos do gênero, e eu não espere receber muita aclamação por eles. Esse estilo, porém, não confere apenas prestígio a seus praticantes e cria um produto próprio que eles podem oferecer: tem ainda outro papel a desempenhar. O fato de que todos esses mundos são socialmente construídos transforma-os em uma opção, em um sistema de idéias historicamente específico, adotado por uma comunidade separada, não-universal. Isso significa que eles possuem apenas uma validade restrita, não absoluta. Eles não existem, mas pensar neles (coletivamente, toda a cultura) faz com que existam. Esse argumento pode ser usado para negar a validade de qualquer fato ou afirmação, mas também, claro, para provar e validar qualquer alegação preferida. Desse modo, qualquer caracterização hostil de grupos favorecidos pode ser eliminada com algumas linhas, sem qualquer pesquisa tediosa e cansativa de suas bases empíricas. Isso é o que se chama de "desconstrução". De idêntica maneira, contudo, convicções apreciadas são automaticamente coonestadas, derivada que é sua autoridade do apoio que dão à coletividade em questão. Essa facilidade em proceder à legitimação ou à deslegitimação, à vontade, é parte integral dessa permissividade e antinomismo conceituais *fin de millénaire*, a alardeada libertação das camisas-de-força empíricas ou lógicas anteriores.

O argumento da validade concedida por interesses favorecidos foi, claro, antecipado em algumas versões do marxismo, que escapou do relativismo implícito em algumas de suas doutrinas por alegações como, por exemplo, que o que quer que facilitasse a libertação da classe operária era *ipso facto* verdadeiro (nas palavras de qualquer guru da época). O marxismo posterior deu suas próprias contribuições importantes para esse estado de espírito. Outrora, há muito tempo, o marxismo foi dotado de muitas opiniões positivas, com verdadeira consciência, por assim dizer, e só formulou sua teoria de falsa consciência como um apêndice relativamente secundário, a fim de explicar, por exemplo, a incapacidade dos alemães da época da juventude de Marx de enxergar a verdade, porque procuravam consolo por sua fraqueza em fantasia filosófica. À medida que partes cada vez maiores da doutrina do marxismo eram refutadas pela história, e que a verdadeira consciência encolheu assintoticamente para zero, a teoria da falsa consciência expandiu-se de forma correspondente para ocupar a área vazia. E assim ela tornou-se a especialidade muito apregoada do marxismo terminal, entregando-se seus praticantes à exatamente o mesmo tipo de atitude que Marx e Engels haviam ridicularizado em *A ideologia alemã*: eles se consolavam de sua impotência política pavoneando-se em uma terra de ninguém filosófica.

Houve outro movimento, que esteve muito em moda há umas duas décadas, mais ou menos, conhecido como etnometodologia, que dispunha de estilo próprio para alcançar essa permissividade antinômica. Foi fundado por um homem que compartilhava, descontando as nuanças da ortografia, o nome de um cantor popular e de uma rede de restaurantes baratos, o que, por algum motivo, revela uma certa propriedade. O truque central da "etnometodologia" era a utilização do seguinte dualismo: nossas declarações são reivindicações à verdade, mas também feitas por pessoas de carne e osso, em geral com objetivos em mente e em contextos sociais definidos. Os praticantes desse estilo concentravam-se nesses últimos aspectos e permitiam que eles vencessem todas as demais considerações. A prova ou a correção processual, por exemplo, não podiam ser invocadas uma vez que eram, afinal de contas, apenas manobras em um jogo, empreendidas por uma parte interessada, e era legítimo que seu rival fizesse outros movimentos. O fato de que uma pergunta crítica gera uma contradição ou um erro por si própria nenhuma importância tinha. A pergunta de um crítico era um movimento feito pelo adversário e pode ser explicada e desprezada como tal: essa caracterização era tratada como uma deslegitimação válida, mas também como licença para ignorar todas as propriedades processuais costumeiras.

Esse tipo de expediente também era importante na psicanálise, onde os motivos são mais valiosos do que a prova na interpretação do significado de uma afirmação. No freudianismo isso é um corolário do alegado domínio do inconsciente, ao passo que, na etnometodologia, era obrigado a derivar do papel social do discurso. Em ambos os casos, a reivindicação ao autêntico era introduzida sub-repticiamente no fim (não se podia realmente passar sem ela), mas apenas à discrição e sob o controle do praticante. Não sei se a etnometodologia ainda é praticada, ou se foi vítima de obsolescência planejada, que é inerente à vida dessas manias, mas, ainda assim, deu sua contribuição ao nosso clima.

O mesmo se aplica, em uma escala incomparavelmente mais ampla, a Wittgenstein e à fenomenologia. A doutrina de Wittgenstein, da natureza essencialmente social de todos os conceitos e da, por assim dizer, autoridade final de comunidades de fala ("formas de vida") encerra exatamente as implicações antinômicas tão apreciadas pelo estado de espírito em questão: todas as culturas constroem seu próprio mundo e não pode haver outra maneira. Wittgenstein é hoje um *vieux jeu* na filosofia: um número enorme de pessoas conhece bem os movimentos iniciais, de modo que familiaridade com os movimentos não confere mais prestígio — mas continuam a ser usados em campos como estudos literários, onde ainda constituem novidade. A fenomenologia destaca e autentica também o *Lebenswelt*, o mundo vivido. Essa idéia desempenha papel semelhante a uma "forma de vida" em Wittgenstein. Em ambos os casos, nota-se a tendência a ligar a correção política ao mundo "vivido", ou comunal, e verberar como "cienticismo" o uso de conhecimento crítico.

Poderá esse estado de espírito geral, com sua grande variedade de origens sociais e intelectuais (que tenho certeza que não esgotei) receber uma caracterização geral? Robert Musil, ao descrever o último *fin de siècle*, contentou-se em fazer uma lista das contradições e compará-las com a complacente tranqüilidade anterior. Poderemos fazer mais do que isso? O que satura esse estado de espírito é a insistência no relativismo, na subjetividade, na permissividade intelectual, no antinomismo e na conseqüente obscuridade. Estamos na presença de uma orgia conceitual, na qual as regras são suspensas e desprezadas e, os que se apegam a elas tornam-se alvos de zombarias. Os violadores das velhas regras são agressivamente presunçosos e mostram-se ansiosos para estigmatizar os que não os seguem moral e politicamente. Se tudo isso provoca grandes danos é difícil de dizer: carnavais são divertidos, mas carnavais sem fim podem tornar-se maçantes. Tratar todas as alegações cognitivas como máscaras e fantasias em uma festa permanente, todas elas opcionais e livres de qualquer limitação factual ou lógica, todas alegadamente em nome da igualdade intercultural, simplesmente não irá funcionar.

Há um antropólogo americano muito influente que gostaria que acreditássemos que nada temos a temer do relativismo, e que critica com rigor os "anti-relativistas", dizendo que estes seriam indivíduos, sem razão alguma, temerosos de uma coisa inteiramente inócua — com medo, ao que parece, de suas próprias sombras. Ele mesmo, com algo de uma constrangida despreocupação e um encanto juvenil discreto, sente-se inteiramente à vontade com sua sombra e sem nenhuma dificuldade para domesticá-la. Ela não morde, se lhe mostramos que dela não temos medo.

A verdade é inteiramente diferente. Só mesmo a incapacidade de compreender as questões em jogo é que permite esse tipo de jovial indiferença. O relativismo cognitivo é absurdo, o relativismo moral é trágico. Não podemos compreender a condição humana se ignoramos ou negamos sua transformação total pelo sucesso da revolução científica. O reconhecimento da desigualdade de reivindicações cognitivas não implica, de maneira nenhuma, tratamento desigual de povos — muito pelo contrário. Os iniciadores da revolução científica não exercem monopólio algum sobre ela e não são necessariamente seus melhores praticantes. O conhecimento válido ignora fronteiras, jamais as cria. Não podemos simplesmente compreender nossa condição social compartilhada, a menos que comecemos do fato irrefutável de que o conhecimento autêntico da natureza é possível e ocorreu, transformando inteiramente os termos de referência em que opera a sociedade humana.

Fingir que a revolução científica do século XVII e sua aplicação subseqüente no estágio posterior da revolução industrial não transformou o mundo, mas que ocorreram apenas mudanças de uma cultura para outra, constitui tão-somente um fingimento irresponsável. O mesmo se aplica à "construção social da realidade", que foi grotescamente exagerada: ela precisa ser complementada pela *construção natural da sociedade*. Há limites à extensão em que a sociedade pode construir seus mundos e esses limites precisam ser explorados. Nosso novo poder de controlar trouxe também o sentido da extensão em que somos controlados. Não é verdade que qualquer velho mundo seja possível e, dentro da faixa de mundos possíveis, nem todos eles são cognitivamente iguais.

Simultaneamente, a grande mudança que nos trouxe compreensão e controle da natureza privou-nos da possibilidade de pôr no seguro nossos valores — algo a que grandes segmentos da humanidade se tornaram acostumados durante a era da fé na religião doutrinária. A legitimação moral exige uma sólida base de dados, por assim dizer, para nosso mundo, e sua ligação sólida com a avaliação moral. Ambos os tipos de solidez foram destruídos pela própria forma de conhecimento que também nos libertou da penúria. Assim, nossa crise moral é também resultado de termos sido libertados de carências e de tirania. Nosso provação é escolher as opções sociais de nossa condição próspera e desencantada. Não temos alternativa nesta questão. Fingir que não é assim, alegar que o problema nem mesmo existe, e que foi substituído por um carnaval permanente, é absurdo. O *fin de millénaire* deve ter seus fogos de artifício, mas não deve nos privar de nosso senso de realidade.

# ÍNDICE REMISSIVO

Este livro foi composto pela
Textos & Formas em Garamond
e impresso, em abril de 1997,
por Tavares e Tristão Ltda.